심리학자가 보는

영화 속 심리

Psychology in the Movie

김은영 저

학지사

머리말

영화는 인류의 모든 예술 분야를 포함하는 총체적 종합 예술로서, 매체 특성상 다양한 상황과 스토리와 다수의 대인관계를 짧은 시간 동안 압축적이고도 상징적으로 보여 줄 수 있는 특징이 있다. 영화감독은 영화를 통해서 관람객들에게 메시지를 전하려고 하지만, 우리는 영화를 자신이 처해 있는 입장에서 주관적인 관점으로 관람하기 때문에 때로는 영화감독의 의도와는 달리 왜곡과 상대성이 발생할 수 있다. 그렇기 때문에 영화감독들은 그에 따른 책임감을 요구받기도 하고, 관람객들에게 감동을 줄 수 있고 영향력을 발휘할 수 있는 좋은 영화를 제작하기 위해 여러 측면의 노력을 경주하고 있다.

영화는 21세기 4차 산업혁명시대의 핵심이 되면서 오늘날 많은 사람의 정서적인 부분에 영향을 주고 있는 예술분야로서 인정받고 있다. 이를 반영하듯 최근 몇몇 대학교는 지금까지의 전통적인 영역을 넘어서 영화를 춤, 영어, 철학, 심리학 등의 분야에까지 활용하고 있고, 융합학문적 관점에 기초하여 교양교과목으로 '스크린 영어' '영화 속 춤 이야기' '영화 속 철학 이야기' '영화 심리'와 같은 과목들을 개설하면서 학생들의 흥미와 동기를 유발하고 있다. 영화는 교육 장면에서 집단에 에너지를 주고(Koch & Dollarhide, 2000), 대집단에서도 토론을 활성화시킨다(Anderson, 1992). 따라서 영화에 심리학적으로 접근한다면, 학생들은 영화를 단지 수동적으로 감상하는 것에 그치는 것이 아니라, 영화 속에 담긴 다양한 인물을 분석하고 줄거리를 심리학적 측면에서 살펴보면서 영화를 좀 더 능동적으로 관람할 수 있을 것이다.

실제로 이 책은 저자가 재직하고 있는 대학교에서 '영화 속 심리 이야기'라
는 교양교과목을 개설하여 지난 3년 동안 학생들에게 영화를 심리학적인 측
면에서 가르치면서 축적된 내용에 기초하여 집필하였다.

　　우선 어떤 영화를 선정할 것인가와 이 책을 어떤 내용의 심리학적 지식으
로 구성할 것인가에 대해서는 그 어떤 책을 집필할 때보다 고민을 많이 하였
다. 수없이 많은 영화 중에서 수업시간에 다룰 영화를 선정하는 것은 어려운
일이었다. 사람마다 영화의 장르와 인물과 나라와 이슈 등에 대한 선호도가
다르기 때문이다. 또한 이미 출판되어 있는 몇몇 영화 심리 관련 책처럼 매
장에서 천차만별의 영화를 선정하여 심리학적으로 접근을 하는 것은 독자들
에게 심리학적 지식을 쉽게 이해하도록 하기보다는 오히려 심리학을 더욱
어렵게 만들 것 같았기 때문이다.

　　많은 고민 끝에, 어떤 영화를 선정하든 간에 한 번보다는 여러 번 반복해
서 보다 보면 우리가 보지 못한 내용들이 보이면서 영화에서 주목하는 것이
달라지게 된다는 점에 착안하여 몇 가지 기준(제1장에서 기술)을 가지고 〈가
버나움〉 〈캐스트 어웨이〉 〈굿 윌 헌팅〉 〈베일리 어게인〉의 네 편의 영화를
선정하였다. 그다음으로는 네 편의 영화에 대해서 ① 주요한 심리학적 이론,
② 심리학과 관련된 핵심 주제 중에서 인간관계에 관련된 내용들, 즉 성격검
사, 가족, 공감과 경청, 갈등, 친구, 스트레스, 감정을 다룰 수 있도록 구성하
였다.

　　선정된 네 편의 영화에 대해서 각각 두세 장에 걸쳐서 심리학적 지식을 함
께 곱씹고 되새기면서 여러 가지 의미를 발견해 내고 영혼을 살찌우도록 서
로가 도울 수 있다면, 삶에 지친 우리가 영화와 함께 자기치유를 하는 기회를
갖게 되지 않을까 생각한다. 만약 그렇다면 영화가 더 이상 남의 이야기가 아
닌 자신의 이야기로 삶을 풀어 갈 수 있는 것이 되고, 그것이야말로 진정한

마음으로 보는 영화가 아닐까 생각한다. 또한 서로 좋아하고 싫어하는 영화가 다르더라도 우리에게 각자의 방식으로 도움이 될 것이라고 생각한다.

이 책은 교양 차원에서 영화를 심리학적 관점으로 바라보고 싶은 독자를 염두에 두고 기술하였기 때문에 '포괄적이면서 평이하게' 서술하고자 노력하였다. 저자가 재직하고 있는 대학교에서 교양교과목을 가르치면서 본 학생들의 영화 감상평 내용 중에서 적합한 자료를 편집하여 읽을거리로 삽입하였다. 그리고 각 장의 말미에 활동문제를 넣어서 교수자들을 위해서는 강의시간에 활용할 수 있도록 하였고, 학생들을 위해서는 수업시간에 배운 심리학적 지식을 점검하고 자신에게 활용할 수 있는 능력을 향상시키는 데 도움을 주고자 하였다. 또한 각 장의 말미에 탐색문제도 넣어 학생들이 수업시간에 배운 심리학 이론과 심리학적 개념을 영화와 관련해서 토론해 볼 수 있도록 하였고, 이를 통해서 자신을 성찰할 수 있도록 하는 기회를 제공하였다.

책을 마무리하면서 영화에 심리학을 적용한, 정리가 잘된 괜찮은 책을 쓰자는 의도가 얼마나 제대로 책에 녹아들었는지 생각하면 솔직한 마음으로 편안치는 않다. 심리학을 전공한 사람으로서 단독 집필로 영화에 대해서 창의적으로 적용하여 한 권의 책을 완성하는 작업은 너무나도 어렵고 외로운 작업이었다. 영화를 전공으로 하시는, 나보다 더 유능하고 성실한 많은 분께 스스로 부끄러워지는 것이 아닌가 하는 염려가 수시로 들었기 때문이다. 그러나 영화를 심리학적 측면에서 배우면서 학생들이 보인 배움에 대한 열정과 즐거움을 학생들과의 만남에서 재차 얻을 수 있었기에 용기를 내 보게 되었다. 책을 쓰는 과정에서 나름대로 노력은 했으나 미흡한 면이 적지 않을 것으로 생각되며, 미비한 점은 앞으로 계속 수정하고 보완해 나갈 생각이다.

이 책에 대해 저자가 바라는 점은 이 책을 읽는 모든 독자가 직접적으로 경험할 수 없는 다양한 것을 영화를 통해서 간접적으로 경험함으로써 자신의 행동, 사고, 감정, 성격, 인생을 이해하고 성찰해 보려는 욕구가 생기는 것이다. 마지막으로 좋은 책을 만들기 위해 힘써 주신 학지사 관계자 여러분께 진심으로 감사를 드린다.

2022년
김은영

차례

제1장

영화와 심리

같은 영화를 같은 공간에서 보더라도, 또한 같은 영화를 여러 번 보더라도 개인의 철학, 느낌, 태도, 생각, 감정 등에 따라서 다르게 보인다. 다양한 관점으로 바라볼 수 있는 영화를 통해 부모가 원하는 삶, 타인과의 비교로 길들여진 삶에서 벗어나서, 자신의 생각과 느낌과 관점을 주체적으로 갖고 자신의 삶을 바라보는 것이 가능하다.

영화를 심리학적 관점으로 살펴본 이 책을 통해 영화를 자신의 삶에 비추어 보고 생각하면서 앞으로 어떤 태도로 삶을 살아갈 것인가, 지금 당면한 상황을 어떻게 유연하게 대처하고 직면할 것인가 하는 것에 도움이 되기를 바란다.

1. 영화가 현대인에게 미치는 영향

영화는 영화 작가의 생각과 경험을 바탕으로 다양한 종류의 예술 장르가 병합하여 풍부한 시각적 자극을 청각적 자극과 결합시킴으로써 관객들에게 상상력을 가지고 꿈과 같은 경험을 하게 하고 희로애락의 다양한 감정을 불러일으키는 종합적인 예술이다.

스탠리 큐브릭(Stanley Kubrick)은 "쓰거나 생각할 수 있는 모든 것은 영화로 만들어질 수 있다."라고 말했다. 영화는 어떠한 예술보다 개인의 의식에 빠르게 침투하는 힘을 가지고 있다. 스티븐 하일러(Stephen Huyler)는 "좋든 나쁘든 영화와 텔레비전은 정신장애와 그것을 치료하는 사람들에 대한 대중의 인식에 지대한 영향을 미친다."라고 말했다.

오늘날 데이트나 친목 도모를 할 때 영화관을 필수 코스로 선택할 만큼 영화는 우리 삶과 밀접하게 맞닿아 있고, 많은 사람은 영화를 가장 영향력이

〈리옹의 뤼미에르 공장을 나서는 노동자들〉   〈열차의 도착〉
            (1895)   (1896)

[그림 1-1] 뤼미에르 형제의 영화

큰 대중매체로 인식하고 있다(Cape, 2003). 이러한 영화는 연령, 성별, 국적, 문화 및 시대를 초월하여 이제 우리의 삶과는 분리할 수 없는 우리 문화의 일부분이 되어서, 실제로 영화가 미치는 사회적 영향은 범문화적이라고 볼 수 있다. 케이블방송이나 위성방송을 통하여 영화를 볼 수도 있고, 온라인 영화가 보편화되면서 인터넷으로 다운로드해서 볼 수도 있고, 월 요금제로 무제한으로 다양한 나라와 다양한 장르의 영화를 볼 수 있게 되면서, 영화는 이제 영화관에 직접 가지 않더라도 집, 학교, 지하철, 버스 등 공간을 초월하여 쉽게 볼 수 있는 매체가 되었다.

최초의 영화는 뤼미에르(Lumière) 형제의 영화 〈리옹의 뤼미에르 공장을 나서는 노동자들〉(1895)이다. 그리고 이들 형제의 가장 유명한 작품은 〈열차의 도착〉(1896)으로 알려져 있다.

어떤 것이든 처음에 접하게 되는 것은 낯설고 신선할 수밖에 없듯이, 영화가 세상에 나왔을 때 사람들은 영상이 움직인다는 것에 놀랐고 영속적인 기록매체가 있다는 것과 살아 있는 사물의 움직임 등에도 열광하였다고 한다. 이 영상은 지금 보면 매우 단순하고 장면의 연결이 매끄럽지 않은 매우 서툰 짧은 영상에 불과하지만 그 당시에는 굉장히 충격적인 장면이었던 것으로 보인다. 현대에 3D 영화가 나온 것이 센세이셔널한 일이었듯이, 그 시절에는 움직이는 영상 그 자체만으로도 놀라웠을 것이다.

그러나 최초의 영화가 나온 후 불과 100여 년이 지났을 뿐인데, 영화산업은 비약적인 발전을 이루었다. 현대 영상 테크놀로지의 발달에 힘입어 최근 영화관은 시각적 · 청각적 효과를 극대화할 수 있기 때문에 관객들은 영화에 빠져들어 몰입하게 되고, 경험하는 영화의 스토리와 등장인물이 처해 있는 상황에 온통 마음을 빼앗기는 무아지경과 같은 상태를 경험하게 된다. 영화는 우리로 하여금 두어 시간 이내에 공포, 분노, 슬픔, 로맨스, 미적 엑스터시의 상태에 매우 빠르고 효과적으로 빠져들게 한다. 많은 관객은 일시적으로 일상의 스트레스, 갈등 및 근심 · 걱정을 잠시나마 잊게 되는, 일상적인 경험에서 잠시 유리되어 일종의 해리상태를 느끼게 되는데, 이를 '심리적 클러치(psychological clutch)'(Bulter & Palesh, 2004)라고 한다. 이와 같이 영화를 보면서 매일 반복되는 일상과 피곤한 현실에서 벗어날 수 있기 때문에 우리는 영화에 매료될 수밖에 없는 것 같다.

우리는 다양한 영화를 보면서 온갖 인간 군상들과 그 시대의 문화나 사회상을 경험하게 된다. 영화에 등장하는 인간의 여러 모습을 통해 분노와 좌절, 슬픔과 아픔, 절망과 희망, 웃음과 탄식 등이 동반된 인생의 파노라마를 경험하면서, 자신의 현실세계를 투영하여 보기도 하고 현실에서 하지 못한 일들을 간접경험하면서 대리적으로 해결하기도 한다. 그래서 최근에는 영화가 실제로 치료 장면에서 통합적으로 활용되고 있고, 영화치료는 상담, 심리치료, 독서치료, 미술치료, 음악치료 등과 같이 자신의 상처를 바라보고 치유하는 하나의 방법으로 사용되고 있다. 영화 관람객들이 영화 속 등장인물이나 사건에 자신을 동일시하여 영화 속 인물이 느끼는 감정을 마치 내가 경험하는 것처럼 감정이입하기도 하고, 자신의 욕망이나 욕구를 투사하면서 카타르시스를 느끼기도 한다. 게다가 영화는 다양한 사람의 삶의 모습과 다양한 입장을 객관적으로 볼 수 있게 하기에 자신을 바라볼 수 있는 거울 역할을 하기도 한다.

또한 영화를 학술적으로 접근하고 해석하려는 움직임이 있어 왔다. 인문학이 강조되면서 나타난 현상으로서, 심리학, 철학, 과학, 예술, 경제의 관점으로 융합학문적 접근을 시도하여 이해하기 어려운 분야를 우리에게 익숙한 영화로 알아듣기 쉽게 설명해 주고 있다. 이 책은 이러한 융합학문적인 접근 중 하나이다. 영화에 나오는 배우들의 행동을 분석하면서, '저 배우는 왜 저렇게 행동하였을까?' '행동의 동기, 즉 이면에 담긴 동기는 무엇일까?' 등 영화 속에 담긴 심리가 무엇이 있는지를 인간의 성격, 욕망, 갈등과 같은 다양한 주제와 연결하여 탐구함으로써 좀 더 어렵다고 볼 수 있는 심리학이라는 학문에 대한 이해도를 쉽게 높일 수 있을 것이다.

2. 영화를 심리에 적용할 때의 장점

영화를 심리에 적용할 경우에 갖게 되는 장점은 다음과 같다.

첫째, 교육, 상담, 치료, 연수과정 등에서 다양한 대상에게 접근이 용이하고 활용 가능성이 탁월하다. 2시간이면 충분히 관람할 수 있기 때문에 대부분의 사람이 영화를 부담 없이 쉽게 접근할 수 있다. 요즘에 영화는 남녀노소가 보편적으로 관람하기 쉬운 대중적인 매체 도구로 활용되면서 우리의 삶에 지대한 영향을 미치고 있다. 미국의 심리학자 켄 거건(Ken Gergen, 1991)은 영화가 세상에서 가장 영향력 있는 수사적 도구 중 하나로 자리 잡았다고 설파했다.

특히나 최근에 현대인들이 다양한 스트레스와 어려움을 겪어 상담의 수요가 증가하고 있지만 시간적, 경제적, 사회적 제약 등으로 상담 받기를 꺼리거나 회피하는 사람들에게 영화를 활용하여 심리학의 내용을 소개할 경우, 영화 관람 자체가 하나의 촉진제가 되어 심리학에 대한 호기심과 친근성으로 상담을 받을 기회를 높일 수 있을 것이다. 이와 같이 영화는 영화치료뿐 아니라 교육 장면에서도 집단에 에너지를 주고(Koch & Dollarhide, 2000), 대집단에서도 토론을 활성화시키면서 교실에서 강력한 전파력을 발휘하고 있다(Anderson, 1992).

둘째, 핍진성과 편재성이 강하다. 핍진성(verisimilitude: 정말 같음, 있을 법함, 정말 같은 이야기)과 편재성(ubiquity: 도처에 있음)이 강하여, 관객의 지각에 강력한 영향을 주어서 흔히 현실을 잊은 채 영화를 보는 내내 다음 줄거리를 각자 나름대로 예상하고 어떤 반전이 있을지 기대하면서 보편적인 인간의 욕망, 아이디어, 고통, 자긍심을 풍부하게 갖게 한다. 영화를 보는 자체만으로도 정서적 카타르시르를 경험하고 음악, 장면 등 정서를 그 어느 때보다도 극대화하는 경험을 통해 자기 나름대로의 의미를 부여하고 가치관을 확립하게 된다. 그래서 우리의 청각, 시각, 문자언어 등을 모두 동원하는 영화를 수동적으로 관람할 수도 있지만, 조금만 더 주의를 기울여서 영화를 적극적으로 관람한다면 관람자의 지각에 영향을 주면서 우리의 인지적 · 정서적 통찰, 행동적 측면의 촉진에 강력한 영향을 미칠 수 있다. 김수지(2005)는 영화가 인지적 및 행동적으로도 많은 도움을 주지만, 특히 정서적 통찰의 영역에서 매우 유용하다는 주장을 하였다.

셋째, 영화 자체가 보조 치료의 속성을 지니고 있다. 영화는 우리에게 위로와 지지를 해 줄 수 있는 하나의 조력자이다. 영화를 같이 본 사람들끼리 영화의 주제와 등장인물에 대해 토론하고 관람 경험을 공유함으로써 '나만 그런 어려움을 겪고 있는 것은 아니구나.'라는 공통의 경험으로 상호 간에 공감대를 형성하기도 한다. 또한 영화를 보면서 자신의 내적인 심리적 자원을 파악하고 더 나은 미래에 대한 희망과 용기, 심리적 위로를 얻게 되기도 하고, 영화를 바라보는 관점이 서로 다르다는 것을 통하여 인간경험의 깊이와 넓이가 확장되기도 한다.

좋은 영화든 나쁜 영화든

유쾌한 캐릭터이든 유쾌하지 않은 캐릭터이든

유쾌한 결말이든 우울한 결말이든

치료적 가치를 얻을 수 있습니다.

중요한 것은 영화의 미학이 아니라

영화가 얼마나 우리 삶의 고통과 공명하는가입니다.

―비르기트 볼츠(Birgit Wolz)―

3. 네 편의 영화를 선정한 기준

이 수업을 수강하는 학생들이 저자에게 많이 질문하는 것은 우리가 살펴보는 네 편의 영화를 선정한 기준에 대한 것이었다. 수없이 많은 영화 중에서 수업시간에 심리적인 관점으로 다룰 영화를 선정하는 것은 어려운 일이었다. 사람마다 좋아하고 싫어하는 영화의 장르와 인물과 나라와 이슈 등이 다르기 때문이다.

책도 좋은 책은 한 번 보기보다 여러 번 반복해서 보다 보면 새로운 내용이 보이듯이, 어떤 영화를 선정하든 간에 좋은 영화도 한 번보다는 여러 번 반복해서 보다 보면 우리가 보지 못한 내용들이 보이면서 영화에서 주목하는 것이 달라진다는 점에 착안하게 되었다. 예를 들면, 영화에서 처음 볼 때는 스토리 전개를 흥미진진하게 따라가면서 영화를 보지만, 반복해서 영화를 볼 때는 인물의 다양하고 미묘한 심리의 변화에 대해 주목하게 된다.

어떤 영화를 선정하더라도 다각적인 측면에서 영화에 담긴 여러 가지 의미를 함께 찾아간다면, 비록 영화 장르에 대한 선호도가 다르더라도 각자의 방식으로 자신을 성장시키는 데 도움이 될 것이라고 생각하였다.

그럼에도 불구하고 몇 가지 기준을 가지고 네 편의 영화를 선정하였다. 그 기준은 다음과 같다.

첫 번째 기준은 영화에 다양한 심리학적 이론이 포함될 수 있어야 한다는 것이었다.

출판되고 있는 심리학 및 상담심리 분야의 책들에서 많이 다루어지고 있는 기본적인 이론이 심리학의 제1세력인 프로이트 이론, 아들러 이론, 에릭슨 이론, 제2세력인 행동주의 이론, 제3세력인 로저스 이론, 매슬로 이론이므로, 이러한 이론을 설명할 수 있는 영화를 선정하려고 하였다.

두 번째 기준은 영화에 심리학의 주요 주제들이 포함될 수 있어야 한다는 것이었다.

출판되고 있는 심리학 및 상담심리 분야의 책들에서 많이 다루어지고 있는 심리학의 주요 주제들이 성격검사, 부모·자녀관계, 이성관계, 친구관계, 스트레스, 감정, 갈등, 커뮤니케이션 등이므로, 이러한 주제를 포함할 수 있는 영화를 선정하려고 하였다.

이러한 광범위한 주제를 다룰 수 있으면서도 기호와 지적 수준과 무관하게 부담 없이 편하고 쉽게 볼 수 있는 영화로 〈베일리 어게인〉을, 우리의 시선을 사회문제에도 돌릴 수 있는 영화로 〈가버나움〉을, 우리의 삶이 그러하듯 행복과 불행, 사람과 미움, 우월감과 열등감, 삶과 죽음 등과 같이 양립할 수 없는 것들이 공존하는 영화로 〈캐스트 어웨이〉를, 인생의 문제에 대해서 실존적 질문을 던지고 위로와 영감을 주면서 치유적 경험을 제공하는 영화로 〈굿 윌 헌팅〉을 선정하였다.

세 번째 기준은 최근의 영화와 오래된 영화를 포함하는 것이었다.

1900년대 초반·중반의 영화를 포함하고 싶었으나, 너무 오래된 영화를 선정하는 것은 현대의 독자들이 공감하기 어려운 부분도 있을 것으로 여겨져서 1997년 영화인 〈굿 윌 헌팅〉을 오래된 영화로 선정하였고, 2018년 영화인 〈가버나움〉을 최신 영화로 선정하였다.

네 번째 기준은 역할모델(role model)이 될 만한 캐릭터가 나오는 영화를 포함하는 것이었다.

역할모델이 자신에게 적합한지 아닌지는 그 캐릭터가 보이는 행동에 대해 자기를 투사시킬 수 있는가에 달려 있다. 자신과 유사한 문제에 대해서 고민하고 극복해 나가는 주인공을 보면서 역할모델로 삼고 자신의 삶에 대해서 배워 나갈 수 있을 것이다. 대부분의 영화가 인물 중심으로 영화 전체의 심리적 상태를 이끌어 나가지만, 심리적 연속성을 유지시키는 다른 방법으로 무생물이나 동물을 중심으로 이야기를 만들어 나가는 영화를 선택하고 싶었다. 그래서 무생물인 배구공 윌슨이 등장하는 〈캐스트 어웨이〉를 선정하였고, 최근 들어 반려견과 반려묘를 많이 키우고 있기 때문에 사람들이 공감할 수 있도록 강아지가 등장하는 〈베일리 어게인〉을 선정하였다.

4. 영화를 보는 관점의 차이

영화를 심리학적 관점에서 살펴보면서 저자가 독자들에게 원하는 것은 세 가지이다.

첫째는 우리가 이미 가지고 있는 익숙한 관점의 변화를 가지는 것이고, 둘째는 자신 안에 내재해 있는 성격의 강점을 자각하는 것이고, 셋째는 영화를 통해서 더욱더 행복해지는 것이다.

1) 관점의 변화를 가지기를

'관점'에 대한 사전적 정의는 사물이나 현상을 관찰할 때 그 사람이 보고 생각하는 태도나 방향을 의미한다.

우리는 동일한 그림을 같은 공간에서 보더라도 개인의 태도, 느낌, 감정, 철학, 관점에 따라 다르게 본다. [그림 1-2]는 어떤 사람에게는 화병으로 보

[그림 1-2] 어떤 그림으로 보입니까?

이기도 하고, 또 다른 사람에게는 두 사람이 마주 보고 있는 것으로 보이기도 할 것이다.

[그림 1-2]와 같이 물리적 대상의 모양을 지각하는 과정에서뿐만 아니라 길을 가다가 사람, 사물, 광경, 아름다운 자연의 모습을 보더라도 각 사람마다 서로 다른 감정을 느끼고 서로 다른 태도를 취하기도 하는 것과 같이, 사람마다 동일한 자극에 대해서 각기 다른 해석을 하게 된다. 이와 같이 인간은 자신의 내면적인 특성을 투사하여 의미를 구성하는 존재이다. 동일한 자극을 대할 때 어떤 자극 측면에 주의를 기울였는가, 어떤 마음상태에서 기대를 하였는가에 따라서 심리적 과정이 개입하면서 각기 다른 의미를 구성하게 된다.

특히 영화를 볼 때에는 더욱더 주관적인 심리적 과정이 개입되면서 각자가 가진 관점으로 영화를 보게 된다. 관객은 영화 내용을 알기 전에 이미 자신만의 지각적 선호와 선입견을 가지고 영화를 보기 때문에, 같은 영화를 관람하면서도 똑같은 경험을 하기보다는 시각적이고 청각적인 이미지를 주관적으로 선택하고 처리하여 자신만의 이야기로 변화시킨다.

또한 같은 영화를 보더라도 현실에서는 이루어질 수 없는, 상상하는 과정이 개입된다. 영화를 보는 내내 관객들은 흔히 현실을 잊은 채 다음 줄거리를 예상하고 영화 속에서 어떤 반전이 있을지 기대하면서 감독과 일종의 게임을 벌이고, 다음 장면에 대한 호기심 속에서 영화를 지속적으로 보게 된다. 사랑하는 사람과 애정을 표현하기도 하고, 슬픔을 경험하기도 하고, 위험한 순간에 슈퍼맨처럼 뛰어들어서 어려움에 처한 사람들을 구해 내기도 하고, 외면하기도 하고, 자신의 이익을 추구하기도 하고, 정의의 편에 서서 악한 자들과 몸싸움을 하기도 하고, 불의의 편에 서서 선한 자들을 위협에 빠뜨리기도 한다. 이러한 다양한 상상을 함으로써 현실과는 다르게 무언가를 해낼 수 있기 때문에 내적인 대리만족을 느끼고 행복감을 느끼기도 하며 현실을 살아가면서 발생할 수 있는 많은 좌절 속에서 살아갈 수 있는 힘을 얻기도 한다. 이와 같이 영화는 환상과 현실을 연결시키는 데에도 사용되어서, 환상 속에서 대리적으로 문제를 해결하고 감정을 배출하였기 때문에 현실로 돌아와서는 자신이 가지고 있는 현실의 문제를 책임감 있게 해결하기도 하고, 현실 속에서 감정을 건강하게 조절하면서 살아갈 수 있기도 하다.

영화를 통해서 우리가 지금과 다른 환경에서 태어났다면 어떠했을지를 상상하게 된다. 창의적으로 생각하는 사람들은 절대로 일어나지 않을 거라고 믿는 일들을 상상하기 때문에, 영화는 현실에서는 안 되는 많은 것이 아주 멋지게 이루어지면서 우리의 상상이나 창의적인 생각을 자극한다.

아인슈타인의 명언 중에서 상상력의 중요성을 강조한 것이 있다.

상상력은 지식보다 더 중요하다. 지식에는 한계가 있지만 상상력은 세상을 감싸고 있다.

『해리 포터(Harry Potter)』를 쓴 작가인 조앤 롤링(Joanne Rowling)은 2008년 6월 하버드 대학교 졸업식 연설에서 상상력에 대해서 강조하였다.

상상력은 존재하지 않는 것을 그릴 수 있는 인간만이 갖고 있는 독특한 능력으로서 발명과 혁신의 원천입니다. 그러나 그 가장 변혁적이고 계시적인 능력 속에는 우리가 나누지 못한 경험을 가진 사람과 공감할 수 있게 해 주는 능력이 있습니다.

　상상력을 통해서 우리는 우리가 직접 경험하지 않고도 다른 사람들의 경험에 공감하면서 타인의 고통에 관심을 가지고 타인의 마음을 이해하게 해 주는 위대한 힘을 갖게 된다. 상상력을 사용하지 않고 자신이 직접 경험한 세상의 경계선 안에서만 살려고 하는 사람들은 타인과 공감하는 능력이 떨어지면서 자신의 한계 속에서 더 큰 두려움에 시달리고 자신이 키운 더 큰 괴물을 만나게 된다. 타인들의 시선과 관점을 따르는 것에 익숙해 있는 우리가 영화를 통해서 자신의 관점의 지경을 넓히되 자신을 성찰하면서 주체적으로 자신만의 고유한 관점을 갖는다면, 이것이야말로 자신의 삶을 진심으로 바라보게 되는 것이다.
　이를 위해서는 등장인물의 내면 심리, 등장인물들 간의 갈등, 갈등을 해결하는 방법, 스트레스 관리 등에 초점을 둔 심리적 관점으로 영화를 보는 것이 도움이 되기도 한다. 영화를 심리적 관점으로 본다면, 영화가 주는 긴장감이나 정서에 초점을 둔 오락적 관점이나 영화의 주체, 형식, 내용, 감독의 스타일 등에 대한 분석과 평가에 초점을 둔 비평적 관점에서 탈피해서 좀 더

〈표 1-1〉 영화를 보는 오락적 관점 대 심리적 관점

	오락적 관점	심리적 관점
초점	줄거리	인물
'왜'에 대한 대답	액션	관계
무엇을 얻는가	흥미	통찰
주요 관심사	결과	과정
누구를 보는가	배우	자신
무엇을 하는가	긴장	분석
동일시 방법	무의식적	의식적

다양한 차원, 즉 인지적, 정서적, 행동적 차원으로 영화를 풍성하게 관람할 수 있을 것이다.

영화를 보는 심리적 관점을 오락적 관점과 비교해서 살펴보자.

첫째, 영화를 보는 초점이 오락적 관점에서는 줄거리(plot)에 있는 반면, 심리적 관점에서는 인물(person)에 있다.

영화를 보면서 나와 가장 유사한 혹은 가장 다른 영화 속 인물을 찾아 그 주인공의 성격, 가치관, 환경 등을 생각해 본다. 나와 유사한 인물은 누구이고 나와 닮은 특성은 무엇이고 전혀 닮지 않은 특성은 무엇인지를 생각해 본다. 또한 특별히 마음에 들어서 동일시하고 싶은 긍정적 모델인 인물은 누구이며 특별히 따라 하고 싶은 행동이 있는가를 생각해 보고, 마음에 들지 않는 부정적 모델인 인물은 누구이며 그 이유는 무엇인가를 생각해 보면서 활용 시 주의점을 확인하는 것이다.

둘째, '왜'에 대한 대답을 오락적 관점에서는 액션(action)에서 찾으려 하는 반면, 심리적 관점에서는 관계(relation)에서 찾으려고 한다.

영화 속 인물 내적 또는 인물 간의 관계와 변화의 과정을 보면서 인간의 성격, 욕망, 갈등, 스트레스, 의사소통 등 현실에서도 일어날 수 있는 내용을 간접경험함으로써 부모·자녀 관계, 이성관계, 친구관계, 직장관계에 대해서 생각해 보는 것이다. 등장인물의 성격은 어떻게 보이는지, 등장인물들이 갈등에 대해서 어떻게 반응하고 해결하는지, 스트레스에 직면하면 어떻게 대처하는지, 의사소통은 어떻게 이루어지고 있는지를 보면서 관계가 향상되거나 악화되는지와 관계의 변화에 대해서 어떻게 반응하는지를 살펴보는 것이다.

셋째, 무엇을 얻는가를 살펴본다면, 오락적 관점에서는 흥미(interest)를 얻게 되는 반면, 심리적 관점에서는 통찰(insight)을 얻게 된다.

영화를 보면서 등장인물의 행동과 동기를 이해하며 등장인물에 대한 심리적 통찰이 가능해진다. 또한 심리적 통찰을 자신에게 적용시켜서 자신의 과거의 무의식 속에 억압되어 있던 결핍동기, 성장동기, 욕망, 욕구 같은 것을 건드리는지를 생각하고 현재의 삶과 연결지으면서 미래의 삶의 변화를 위해 중대한 결심을 하게 되었는지를 살펴보는 것이다.

넷째, 영화를 보는 주요 관심사가 오락적 관점에서는 결과(result)에 있는 반면, 심리적 관점에서는 과정(process)에 있다.

영화를 보면서 영화 속에 나타난 명장면, 명대사, 영화음악 등을 통해 영화 속 인물이 느끼는 감정, 즉 분노, 시기, 기쁨, 슬픔, 수치심, 질투, 두려움, 사랑, 외로움, 불안, 공포를 마치 내가 경험하는 것처럼 느껴 보는 것이다. 이러한 감정적 경험은 말보다는 표정을 통해서 훨씬 더 강렬하게 표현되기 때문에, 영화를 관람하면서 혼자 울고 웃으며 영화의 과정에 집중하게 된다.

다섯째, 영화를 보면서 누구를 보는가에 있어서 오락적 관점에서는 배우(player)를 보는 반면, 심리적 관점에서는 자신(self)을 보게 된다.

영화를 보면서 이 영화가 내게 주는 메시지는 무엇이며, 나의 삶에 어떤 영향을 주었는지를 생각할 때, 영화는 더 이상 남의 이야기가 아닌 나 자신의 이야기가 되면서 자신을 성찰하게 된다. 또한 영화를 구성하는 여러 요소 가운데 주인공이든 음악이든 촬영이든 명대사이든 명장면이든 어느 하나라도 특출하면 그것만으로도 그 영화가 우리 자신에게 특출해지면서 자신의 인생관, 가치관, 직업관에 영향을 미치기도 한다.

여섯째, 영화를 보면서 무엇을 하는가를 살펴보면 오락적 관점에서는 긴장(strain)을 하게 되는 반면, 심리적 관점에서는 분석(analysis)을 하게 된다.

영화를 보면서 긴장과 흥미를 느끼기도 하지만 카타르시스, 위로, 격려, 변화의 모델 중 어떤 것으로 기억되는지를 생각해 보고, 용기, 지혜, 호기심, 휴머니즘 같은 긍정심리학의 가치를 주제로 담고 있는지를 분석해 볼 수도 있다.

일곱째, 영화를 보면서 오락적 관점에서는 무의식적으로 동일시가 일어나는 반면, 심리적 관점에서는 의식적으로 동일시가 일어나게 된다.

영화를 보면서 영화감독의 의도가 무엇인지를 호기심 있게 생각해 볼 수도 있고, '내가 만약 영화감독이라면?'이라고 생각하면서 영화 제목을 자신이 다르게 지어 봄으로써 자신의 내면에서 일어나는 깊은 동기를 알아차리게 되면서 영화를 본 감동을 자신만의 방식으로 기억할 수도 있다. 또한 인간관계에서 유용해 보이는 태도나 행동은 무엇이 있는지, 등장인물의 갈등 대처 방식은 나와 어떻게 다른지에 대해 탐색하는 과정을 통해서 의식적으로 영화를 보는 것이 가능해지기도 한다. 영화를 볼 때에 끊임없이 거리를 두고 '내가 영화를 본다.'는 의식을 가지고 영화를 보는 것이 거리두기 기법 (distanciation)이다. 이 기법은 영화를 보면서 일어나는 여러 가지 정서와 생각을 인식하도록 돕고, 영화를 활용하여 자신이 가지고 있는 부정적 신념을 깨고, 자신의 지각적 특징을 관찰하도록 하며, 영화를 가급적 관람자 외부에서 객관적으로 보게 하도록 한다.

영화를 보는 심리적 관점을 종합하면, 인물들 간의 관계와 이야기의 과정을 보면서 자신에 대해 의식적으로 통찰하고 분석하는 것이라고 할 수 있다. 이러한 것이 가능하게 하는 심리기제가 있는데, 주인공을 동일시 (identification)하는 기제, 공감(empathy)하는 기제, 자신의 금기된 욕망과 정서를 주인공에게 투사(projection)하는 기제, 관찰학습(observational learning)하는 기제가 있다.

(1) 동일시하는 기제

동일시(identification)는 영화나 영화 속 인물이 마치 자신과 자신의 삶을 대변해 주는 것처럼 느끼면서 자신의 내면적 욕구를 해소하고 자신이 가지고 있는 불안을 감소시키려는 심리적 기제이다. 주인공의 불행과 고통, 기쁨과 환희를 자신의 것으로 느껴, 울고 웃고 조바심을 내고 자신이 직면한 상황과 영화 속의 현실을 동일시함으로써 해결방안을 강구하게 된다(이경남, 2013). 동일시로 인해서 등장인물의 어떤 특성을 동경하게 되고, 그것으로 현실에서 살아갈 수 있는 희망과 용기를 얻고, 등장인물의 긍정적 해결방식을 동일시하면서 현실적 대안을 스스로 발견함으로써 개인적 성장에 도움을 얻게 된다면 영화를 통해서 자기가치감이 고양될 것이다.

영화는 동일시 기법(identification method)을 통해서 관람객이 영화의 경험 속으로 빨려 들어가서 현실을 잊고 스크린 속의 등장인물에게 동일시를 일으켜 깊은 정서를 느끼도록 돕는다.

(2) 공감하는 기제

공감(empathy)은 영화 속의 인물이 표현하는 다양한 감정과 마음을 깊이 이해함으로써 과거에 경험했던 정신적 상처를 재경험하는 심리적 기제이다. 등장인물을 통해 공감하고 공감을 받음으로써 정신적 상처가 나만의 문제가 아니라 누구나 경험하는 일일 수도 있다는 것을 알게 되고, 고통스러운 감정으로부터 해방되어 자신의 내면세계를 탐색하게 되고, 현실적인 문제해결을 위한 의욕과 활력을 북돋게 된다(권석만, 2012).

(3) 투사하는 기제

투사(projection)는 자신의 바람직하지 않은 특성을 타인에게 전가하는 것인데, 영화를 보면서 자신도 자각하지 못하는 어떤 특성을 알아차리는 경험을 하게 되는 심리적 기제이다. 영화 속 인물을 아주 싫어한다면 자신이 의식하지 못한 단점을 그에게 투사한 것일 수 있고, 마찬가지로 어떤 인물을 매우 이상화한다면 자신이 의식하지 못한 장점을 그에게 투사한 것일 수 있다. 따라서 자신이 투사하는 부분을 의식적으로 알아 가는 과정을 통해서 지금까지 자신의 문제가 무엇인지, 금기시해 왔던 것이 무엇인지를 파악할 수 있는 기회를 갖게 된다.

〈표 1-2〉 필름 매트릭스-용납되지 않는 자신에 대한 투사

용납되지 않는 자신의 일부에 대한 투사의 단계
1. 영화 안에서 인식하지 못한 자기 외부의 인물 관찰하기
2. 자기 안에서 인식되지 않는 성격, 행동, 또는 어떤 속성을 좋아하거나 싫어하기
3. 성격, 행동 또는 속성이 자신이 아직 완전히 인식하지 못한 장점이나 억압된 '그림자 자아'의 일부가 아닌지 살펴보기

출처: Wolz (2004/2005).

비르기트 볼츠(Birgit Wolz)는 저서 『시네마 테라피(E-motion picture magic)』(2004/2005)에서 투사를 통한 영화치료 방법을 '필름 매트릭스'라고 명명하면서, 영화 속 등장인물에게 투사하는 관람자의 내면에 집중하여 〈표 1-2〉와 같은 단계로 탐색해 볼 것을 제안하였다.

투사의 단계를 거쳐 획득된 자기인식은 수용하기 힘들었던 내면의 자기를 만나게 한다. 좋아하지 않는 자신의 어떤 특성에 대한 맹렬한 저항과 비난은 오히려 변화를 만드는 에너지와 동기를 앗아 갈 수 있다. 따라서 투사의 단계를 거쳐서 자신이 인식하지 못했던 자기혐오나 자기거부를 떨쳐 버리는 과정을 통해서 비로소 자기에 대한 수용과 이해가 이루어진다(김은하 외, 2016).

(4) 관찰학습하는 기제

관찰학습(observational learning)은 다른 사람의 행동을 관찰해 두었다가 유사한 행동을 하는 학습기제이다. 그래서 의식적으로든 혹은 무의식적으로든 관람자의 행동, 태도, 인식에 영향을 미치는 영화를 선정하여 학습했던 내용들을 자신이 유사한 상황에 처했을 때 행동으로 수행(performance)할 수 있도록 함으로써 개인의 성장과 치유를 도울 수 있다. 예를 들면, 등장인물이 행동하는 새로운 방법과 새로운 사고방식을 관찰하여 자신의 대안적인 방법을 탐색하는 것에 적용하기도 하고, 등장인물이 하는 행동을 기준으로

하여 무엇을 하고 무엇을 하지 말아야 할지를 학습(learning)하게 된다.

2) 성격의 강점으로 가져가기를

영화를 오락적 관점이 아닌 심리적 관점으로 보게 되면서 자신만의 고유한 관점을 가지고 자신을 성찰하고 통찰하며 자신의 삶을 진정으로 바라보게 되면, 자신에게 내재해 있던 성격강점을 발견하게 될 것이다.

우리가 다양한 장르의 영화를 보면서 자기 자신에게 시선을 향하여 자신의 성격강점이 무엇인지를 파악하려고 노력하면서 대표강점을 찾게 되어 강점을 활용한다면, 숨겨져 있던 자신의 능력이 발현되어 나타나는 것처럼 여기게 되고 의욕과 활기가 넘치게 되며 더욱더 행복해질 것이다.

성격강점은 사고와 정서, 행동에 반영된 긍정적 특질이며, 피터슨(Peterson)과 셀리그먼(Seligman)이 2000년에 VIA(Values In Action) 연구소를 설립한 후에 체계적인 연구를 통하여 6개의 핵심덕목과 24개의 강점으로 구성된 분류

〈표 1-3〉 성격강점을 묘사한 영화

영화	덕목	강점
〈엘링〉(2001)	용기	용기와 인내
〈어웨이 프롬 허〉(2006)	인간애	사랑
〈미시마〉(1985)	절제	자기조절
〈캔버스〉(2006)	지혜와 초월	창조성과 희망
〈케이 팩스〉(2001)	지혜	균형감과 창조성
〈인썸니아〉(2002)	용기	용기와 인내
〈아메리칸 뷰티〉(1999)	초월	아름다움에 대한 감사
〈멋진 인생〉(1946)	초월	감사와 희망
〈시계 태엽 오렌지〉(1971)	지혜와 초월	탁월함에 대한 호기심과 경외심

출처: 곽호완 외(2012).

〈표 1-4〉 6개의 핵심덕목과 24개의 강점

핵심덕목	의미	강점
지혜 및 지식 (wisdom & knowledge)	더 나은 삶을 위해서 지식을 습득하고 활용하는 것과 관련된 인지적 강점	창의성(creativity)
		호기심(curiosity)
		개방성(open-minded)
		학구열(love of learning)
		지혜(wisdom)
자애 (humanity)	다른 사람을 보살피고 친밀해지는 것과 관련된 대인관계적 강점	사랑(love)
		친절성(kindness)
		사회지능(social intelligence)
용기 (courage)	난관에 직면하더라도 추구하는 목표를 성취하려는 의지	용감성(bravery)
		끈기(persistence)
		진실성(authenticity)
		활력(vitality)
절제 (temperance)	지나침으로부터 우리를 보호해 주는 긍정적 특질	용서(forgiveness)
		겸손(modesty)
		신중성(prudence)
		자기조절(self-regulation)
정의 (justice)	건강한 공동체 생활과 관련된 사회적 강점	시민정신(citizenship)
		공정성(fairness)
		리더십(leadership)
초월 (transcendence)	현상과 행위에 대해 의미를 부여하고 우주와의 연결성을 추구하는 초월적 또는 영적 강점	감상력(appreciation of beauty and excellence)
		감사(gratitude)
		낙관성(optimism)
		유머감각(humor)
		영성(spirituality)

출처: Park & Peterson (2005).

체계를 구성하였다. 6개의 핵심덕목은 상위 6개 덕목(the High Six)이라고 불리는데, 시대와 문화를 통틀어 공통성을 보인 것들로서 각 핵심덕목은 각각 3~5개의 하위 강점으로 구성되어 있다. 6개의 핵심덕목의 의미와 24개의 강점은 〈표 1-4〉와 같다.

VIA 분류체계에 포함된 성격강점들은 행복에 중요한 영향을 미치는 강점들로 구성되어 있다. 성격강점 중에서도 지혜 및 지식과 관련된 강점들을 제외한 대부분의 강점들이 삶의 만족도와 높은 상관을 보였다(Park & Peterson, 2005; Park et al., 2004, 2005). 좀 더 자세히 살펴보면, 삶의 만족도는 타인을 배려하며 지향하는 활력, 감사, 낙관성, 사랑과 같은 감성적 강점들과 더 밀접한 관계를 나타냈다.

24개의 성격강점을 평가하기 위한 자기보고형 검사인 VIA 강점척도(Values in Action Inventory of Strengths: VIA-IS)를 통해서도 우리의 대표강점을 알 수 있다. 셀리그먼(Seligman, 2002)은 인간은 누구나 2~5가지의 대표강점을 지닐 수 있다고 주장한다. 대표강점을 잘 찾아내어 활용하면 자신의 삶에서 탁월한 결과와 성취를 이루게 하고 의욕과 활기를 느끼게 하는 등 개인의 자아실현을 도울 수 있다. 셀리그먼(Seligman, 2002)과 피터슨(Peterson, 2006)은 강점 중 하나를 택하여 일주일 동안 매일 그러한 강점을 일상생활 속에서 다양한 방식으로 활용하라고 권유하였는데, 이러한 방법이 행복을 증진하는 데 효과적인 것으로 나타났다(Seligman, Steen, Park, & Peterson, 2005).

3) 행복해지기를

행복한 삶이란 어떤 것인가? 행복에 대해서는 각자가 가진 관점에 따라서 다르게 볼 수 있기 때문에 정의 내리기 어렵다. 다만 쾌락주의적 관점에서는 개인이 주관적으로 경험하는 유쾌한 상태로, 자기실현적 입장의 관점에서는 자신이 갖고 있는 잠재성에 대한 충족과 발휘를 의미하는 자기실현으로 정의할 수 있다. 행복한 사람은 완전하게 기능하고 유능하며 심리적으로 건강한 사람이 되기 위해 자신의 잠재력을 실현하고자 노력하는 사람이라고 할 수 있다.

셀리그먼(Seligman, 2002; Seligman, Rashid, & Parks, 2006)은 행복한 삶의 조건을 다음과 같이 제시하고 있다.

첫째, 즐거운 삶(pleasant life)이다. 과거의 삶에 대해서는 만족감을 느끼고, 현재의 삶에서는 적극적인 참여와 몰입을 통해서 즐거움을 경험하고, 미래의 삶에 대해서는 낙관적 기대를 통해서 희망을 가지고 살아가는 삶이다.

둘째, 적극적 삶(engaged life)이다. 자신이 추구하는 활동에 적극적으로 참여하고 몰입함으로써 자신의 잠재력과 성격적 강점을 발휘하면서 자기실현을 이루어 나가는 삶이다. 몰입(flow)이론을 창시한 심리학자 미하이 칙센트미하이(Mihaly Csikszentmihalyi) 교수는 몰입을 어떤 일에 집중하여 시간은 빠르게 흐르는 것처럼 여겨지고, 공간의 개념, 나아가서는 내가 나임을 잊어버릴 수 있는 심리적 상태, 즉 '완벽한 심리적 몰두'라고 정의하였다. 몰입은 낮잠을 자거나 쉬는 것처럼 수동적인 활동이라기보다는 영화 관람하기, 음악회 가기, 악기 배우기, 운동하기 등과 같은 능동적이고 적극적인 활동을 통해서 주로 이루어진다. 몰입을 하는 것은 내가 좋아하는 일 혹은 재미있는 일을 할 때 느끼는 행복, 즐거움과 비슷한 개념이다. 우리는 몰입되어 있다는 것에 행복해하면서 계속 그 상태로 남아 있기를 원한다. 그래서 가능한 한 자주 몰입을 경험할수록 비로소 나다워지고 삶의 질은 저절로 향상될 것이다.

셋째, 의미 있는 삶(meaningful life)이다. 이는 우리가 가족, 직장, 지역사회, 국가를 위해서 봉사하고 기여하면서 소중한 의미를 발견하고 부여할 수 있는 삶을 살아가는 것을 뜻한다.

영화는 우리에게 일시적으로 일상의 스트레스, 갈등 및 근심 걱정을 잠시

나마 잊게 하여 즐거운 삶이 가능하도록 하고, 영화 속 인물과 상황에 몰입하는 즐거움을 주면서 보다 적극적인 삶이 가능하도록 하며, 자신의 삶을 돌아보면서 삶의 지경을 넓히고 자신의 가치관을 확립할 수 있는 의미 있는 삶이 가능하도록 한다.

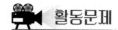

활동 1. 지금까지 본 영화 중에서 가장 인상적이었던 영화 한 편을 잠시 떠올려 보자.

영화에 대한 질문	감상 내용
영화 제목	
그 영화는 어느 시기에 본 영화인가?	
누구와 본 영화인가?	
자발적 혹은 비자발적으로 보게 된 영화인가?	
특별히 인상적인 장면, 대사, 등장인물이 있는가?	
특별히 좋아했거나 마음에 들지 않는 등장인물이 있는가?	
그 영화는 당시에 자신에게 어떠한 의미였는가?	
그 영화는 현재의 자신에게 어떠한 영향을 미치고 있는가?	예) 그 영화의 장면이 너무 무서워서 그 영화와 같은 장르의 영화를 더 이상 좋아하지 않는다.

활동 2 지금까지 여러분이 관람한 영화 중에서 가장 기억에 남는 영화 한 편을 선정
하여 영화의 내용을 자신과 연결하면서 영화를 심리적 관점으로 분석해 보자.

영화 제목: (예) 겨울왕국

심리적 관점	심리적 관점에 대한 질문	심리적 관점에 대한 답변
인물	등장인물 중 가장 기억에 남는 인물은 누구인가? 긍정적 모델인가, 부정적 모델인가?	예) 안나는 내게 긍정적 모델이다. 그 이유는 처음 만나는 사람들에게 마음을 열고 만나면서 성장하여 훗날 관계지향적인 리더로서의 자질을 갖추게 되기 때문이다.
관계	등장인물 중 누구와 누구의 관계가 가장 기억에 남는가?	
통찰	이 영화가 내게 주는 메시지는? 영화를 보고 중대한 결심을 했거나 인생이 변하였는가?	예) 공주가 '나는 변화에 준비되어 있다. 왜냐하면 평생 처음 하기 때문에.'라고 하였는데, 나도 변화를 위해서 앞으로 어떤 시도를 할 수 있을까에 대해 생각하게 되었다.
과정	상황이나 문제를 해결하는 방법 중 가장 기억에 남는 것은?	
자신	어느 인물이 나와 가장 유사한가? 혹은 유사하지 않은가?	
분석	분노, 시기, 질투, 불안, 수치심, 기쁨, 사랑, 불안 (그 외) 어느 감정을 가장 많이 느꼈는가?	

활동 3. 지금까지 여러분이 관람한 영화 중에서 가장 기억에 남는 영화 한 편을 선정하여 영화를 창의적으로 생각하면서 자신의 삶에 적용해 보자.

영화 제목: (예) 겨울왕국

창의적으로 적용할 수 있는 질문	창의적으로 적용할 수 있는 답변
영화 속 명장면과 그 이유?	
영화 속 대사와 그 이유?	예) 기억에 남는 영화 속 대사는 '머리는 고칠 수 있는데 심장은 고칠 수 없다.'이다. 그 이유는 우리는 이성관계, 가족관계, 취업, 학업, 일 등 다양한 측면에서 어떤 행동을 해야 한다는 것을 머리로는 알고 있는데 마음이 안 따라 줘서 행동을 하지 않아 마음과 행동이 서로 다르면 내면적으로 괴롭기 때문이다. 그래서 나는 마음과 머리가 조화를 이루면서 함께 나아가는 삶을 살아가고 싶다.
우리의 감정(불안, 기쁨, 공포, 희망 등)을 가장 극대화한 영화음악은?	
용기, 지혜, 호기심, 휴머니즘 같은 긍정 심리학의 가치를 주제로 담고 있는가?	
감독이 이 영화에서 말하고 싶은 것은?	

영화를 보고 중대한 결심을 했거나 나의 삶에 영향을 미친 것은?	예) 오랜 기간 방에 갇혀서 "내가 해야 해!"라는 책임감과 "나 때문이야!"라는 자책에 사로잡혀 있던 엘사를 보면서, 자신의 고민을 주변의 사람들과 이야기하지 않고 혼자만의 세계 속에서 살아간다면 자신이 가진 생각의 틀이 쉽게 깨지지 않는다는 것을 알게 되었다. 그래서 앞으로 인생을 살아갈 때 나의 고민과 상처에 대해 주변 사람들과 털어놓고 이야기하는 과정을 통해서 "네 탓이 아니야!" "나도 그런 경험이 있어!"라는 말을 서로 주고받으며 나의 고민과 상처로부터 자유로워지는 경험을 해야겠다고 결심하였다.
이 영화의 제목을 달리한다면?	

활동 4. 영화를 보기 전에 다음의 문구를 생각하고 영화에 집중해 보자.

긴장을 풀고 이완된 상태로 신체에 주의를 기울입니다.

호흡에 집중합니다. 잠깐 동안 자신의 호흡을 바라봅니다.

어떤 긴장이나 멈춤에 주의를 기울입니다.

긴장이 되는 신체부위로 '숨을 내쉬면서' 느껴 봅니다.

잔잔한 주의력은 여러분을 더욱 현재에 머물도록 해 줍니다.

내면의 비판이나 평가 없이 스스로를 느껴 보십시오.

과거나 미래에 사물에 대해 판단하거나 생각하는 자신을 지각하게 되면

지금 여기에 머무르고 있는 자신에게로 빨리 돌아오십시오.

자! 편안해지고 주의가 집중되었습니다.

이제 영화를 보기 시작합니다. '무엇이든 연민을 느끼는 목격자'가 되십시오.

출처: 김은하 외(2016).

활동 5. 다음 문항은 영화를 어떠한 관점으로 보는지에 관한 질문지이다. 자신에게 해당하는 점수에 체크해 보자.

(1 = 전혀 아니다, 2 = 약간 아니다, 3 = 보통이다, 4 = 약간 그렇다, 5 = 매우 그렇다)

1	나는 오락적 관점에서 영화를 본다.	1	2	3	4	5
2	나는 심리적 관점에서 영화를 본다.	1	2	3	4	5
3	나는 줄거리에 초점을 두고 영화를 본다.	1	2	3	4	5
4	나는 인물에 초점을 두고 영화를 본다.	1	2	3	4	5
5	나는 '왜'에 대한 대답을 액션에서 찾는다.	1	2	3	4	5
6	나는 '왜'에 대한 대답을 관계에서 찾는다.	1	2	3	4	5
7	나는 영화를 보면서 흥미를 얻는다.	1	2	3	4	5
8	나는 영화를 보면서 통찰을 얻는다.	1	2	3	4	5
9	나는 영화의 결과에 관심이 있다.	1	2	3	4	5
10	나는 영화의 과정에 관심이 있다.	1	2	3	4	5
11	나는 영화를 보면서 영화배우를 본다.	1	2	3	4	5
12	나는 영화를 보면서 나 자신을 생각하게 된다.	1	2	3	4	5
13	나는 영화를 긴장 속에서 보기를 좋아한다.	1	2	3	4	5
14	나는 영화를 분석하면서 보기를 좋아한다.	1	2	3	4	5

관점	문항	총점
오락적 관점	1, 3, 5, 7, 9, 11, 13	
심리적 관점	2, 4, 6, 8, 10, 12, 14	

결과: 나는 _____ 영화를 심리적 관점으로 보고 있다.

나는 _____ 영화를 오락적 관점으로 보고 있다.

활동 6. VIA 성격연구소 사이트(https://www.viacharacter.org)에 들어가서 VIA 강점척도를 실시하고 그 결과를 적어 보자.

순위	대표강점	대표강점에 대한 구체적 내용
1	예) 자기조절	예) 나는 노는 것을 좋아하지만 시험이나 중요한 일을 앞둔 상황에서는 노는 것을 미룰 수 있어서 자기조절을 잘하는 편이다.
2		
3		

·
·
·

순위	대표강점	대표강점에 대한 구체적 내용
22		
23		
24	예) 열정	예) 나는 재미있는 것이 없어서 어떤 것이든 건성으로 하거나 어중간하게 하는 편이다. 이제부터는 활기를 가지고 모험을 하면서 삶을 살아가야겠다.

1. 지금까지 반복해서 관람한 영화가 무엇이었는지를 생각해 보자.

   반복해서 영화를 보았을 때의 좋은 점에 대해서 토론해 보자.

2. 오랫동안 각인되어 잊지 못하는 영화가 무엇이었는지에 대해서 토론해 보자.

3. 영화를 오락적 관점과 치유적 관점으로 볼 때 어떤 차이점이 있을지 생각해 보자.

4. 여러분이 영화를 보는 것처럼 몰입 상태에 빠지도록 하는 활동은 무엇인가?

   그 활동에 얼마나 많은 시간을 투자하며, 그 활동은 여러분의 일상에서 어떤 역할을 하는가?

5. 지금까지 본 영화 중에서 아주 싫어한 인물은 누구인가?

   영화 제목과 그 인물에 대해서 토론해 보자.

6. 지금까지 본 영화 중에서 아주 이상화한 인물은 누구인가?

   영화 제목과 그 인물에 대해서 토론해 보자.

7. 활동문제 5번에서 내가 오락적 관점과 심리적 관점 중에서 어떤 관점으로 영화를 보고 있는지를 점검해 보았다. 이 책을 끝까지 공부하고 난 후에 다시 이 활동지를 점검해 보면서 영화를 보는 관점이 어떻게 변화했는지에 대해서 생각해 보자.

제2장

영화를 통한 자아상태 이해

영화를 통해서 자신의 심리를 이해하고 건강하고 행복한 삶을 살기 위해서 어떤 영화를 보는 것이 도움이 될까 하는 것이 이 책을 쓰는 주요한 이유였기 때문에 자신을 이해할 수 있는 심리검사를 선정하는 데 고민이 많았다.

자신을 이해하기 위한 다양한 심리검사 중에서도 무엇보다도 선정된 네 편의 영화 속 주인공들의 자아상태를 분석함으로써 자신에게도 적용하여 삶에 영향을 줄 수 있는 심리검사가 필요하기 때문에, 에릭 번(Eric Berne)의 교류분석적 접근(Transactional Analysis: TA)에 기반한 에고그램(Egogram) 검사를 선정하였다.

에고그램 검사를 통해서 자신의 자아상태를 점검한 후에 다른 자아상태 점수에 비하여 낮은 점수로 확인된 자신의 자아상태를 높일 수 있는 다양한 영화를 찾아서 적극적으로 관람한다면, 이상적인 자아상태 점수를 가지게 될 것이다.

1. 에릭 번의 교류분석적 접근

에고그램 검사는 에릭 번이 자아상태와 삶의 입장을 바탕으로 언어적 · 비언어적 의사소통의 교류가 어떻게 이루어지는가를 탐색하여 창시한 교류분석적 접근에 근거하고 있다.

교류분석에서는 인간을 과거에 내린 자기의 결정에 대해 이해할 수 있는 능력이 있으며, 과거의 결정에 대해서 재결단하여 새로운 행동을 자유롭게 선택할 수 있고, 그 행동에 대하여 책임질 수 있는, 즉 보다 많은 변화 가능성을 가지고 있는 자유롭고 자율적인 존재로 본다. 다시 말해, 인간은 과거 어린 시절에 이미 형성된 잘못된 행동양식들을 자각하고(aware) 발달시킬 수 있는 능력을 가지고 있어서 자신을 행복하게 하고 생산적으로 만들 수 있다는 것이다. 그래서 교류분석은 병원, 학교, 가정 및 결혼관계, 그리고 산업체와 일반 사회집단 등 대인관계와 의사소통이 문제시되고 있는 장면에서는 어디서나 적용되고 있다.

이 장에서는 에고그램 검사의 자아상태를 이해할 수 있는 데 도움이 되는 교류분석의 주요 개념을 배워서 다양한 영화에 적용해 봄으로써 자신의 자아상태를 자각하도록 하며, 자신의 습관성을 뛰어넘을 수 있는 새로운 목표의 행동을 선택하여 미래의 삶을 위해서 더 많은 변화를 계획해 보자.

2. 자아상태

교류분석에서는 욕구와 상황에 의존해서 사용하는 세 가지 자아상태가 있다고 본다.

에릭 번은 모든 사람은 세 가지 자아상태(ego states), 즉 부모(Parent: P) 자아상태, 어른(Adult: A) 자아상태, 어린이(Child: C) 자아상태를 가지고 있다는

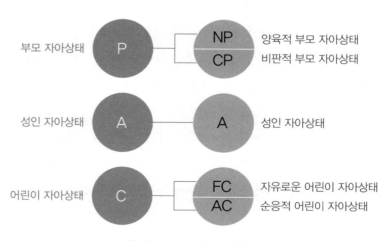

[그림 2-1] 세 가지 자아상태

것을 관찰하였다. 이 세 가지 자아상태는 마치 아주 고성능인 세 개의 녹음테이프와 같아서, 출생에서부터 경험하는 내용들이 기록된 자료들로 구성된다.

세 가지 자아상태를 도식화하면 [그림 2-1]과 같다.

1) 부모 자아상태

부모(Parent: P) 자아상태는 0세부터 5세까지 의미 있는 타인들, 즉 부모의 행동을 통하여 모방하고 학습하게 된 정보들이 기록된 것이다. 부모 자아상태는 학습된 생활개념으로서, 어린 시절 실제 부모의 양육태도, 부모로부터 배운 법칙, 규율, 예절, 금기해야 할 일, 해야 할 일 등이 가치관으로 형성되어 성인이 되어서도 언어적·비언어적으로 타인에게 표현되는 것이다.

부모 자아상태는 두 가지 자아상태로 구분된다.

(1) 비판적 부모 자아상태

비판적 부모(Critical Parent: CP) 자아상태는 0세부터 5세까지 부모가 비판하고 통제하는 언어적·비언어적 행동이 그대로 내면화되어, 성인이 되어서도 자신이나 타인에게 강요하고 자신의 권리나 다른 사람의 권리를 고려하지 않고 고집하거나 다른 사람의 자존심을 말살해 버리는 것과 같은 행동을 하는 것이다. 이 자아상태는 "너는 그 정도밖에 못하니?" "너는 이렇게 해야 돼." "그건 아니지!"와 같은 말투로 상대방을 비판하고 간섭하고 자신의 의견을 주장하는 태도 및 행동으로 나타난다.

네 편의 영화 중에서 비판적 부모 자아상태를 높일 수 있는 영화는 〈가버나움〉이라고 할 수 있다. 이 영화를 봄으로써 학생들의 비판적 부모 자아상태가 높아졌다는 것은 한 학생의 소감문을 통해서 알 수 있다.

사실 영화를 보기 전에는 큰 기대를 하지 않았습니다.
'개발도상국의 현장을 다루는 영화는 대개 비슷한 스토
리를 가지지 않을까? 과연 그 안에서 나에게 다른 인상
이나 인사이트를 줄 수 있을까?'와 같은 의심이 들었기
때문입니다. 하지만 어린 소년 자인의 눈으로 바라본
세상은 제가 감히 생각조차 할 수 없었던 험난한 곳이
었습니다. 대한민국에서 살아가는 제가 생각하는 모자
보건과 아동인권의 현실은, 개발도상국에서 살아가는
어린아이들이 바라보는 현실과 굉장히 큰 차이가 있음을 알게 되었습니다.
아동인권과 모자보건에 대한 관심이 왜 필요한지, 구체적으로 어떤 행동을 통해 안타
까운 그들의 현실이 개선될 수 있을지를 보다 깊게 알고 싶으신 분들에게 영화 〈가버
나움〉을 추천해 드리고 싶습니다.

사진 출처: 네이버 영화.

(2) 양육적 부모 자아상태

양육적 부모(Nurturing Parent: NP) 자아상태는 0세부터 5세까지 부모가 따
듯하게 보살펴 주는 언어적 · 비언어적 행동이 그대로 내면화되어, 성인이
되어서도 다른 사람을 사랑으로 돌보거나 보호하고, 다른 사람이 요청하거
나 필요로 하지 않는데도 보호하는 과잉보호의 기능을 하는 것이다. 이 자
아상태는 "내가 해 줄게." "힘들지?" "네가 있어서 좋아."와 같은 말을 하면서
상대방을 배려하고 위로하고 보호하고 상대방을 도와주려고 하는 태도 및
행동으로 나타난다.

네 편의 영화 중에서 양육적 부모 자아상태를 높일 수 있는 영화는 〈굿 윌
헌팅〉이라고 할 수 있다. 이 영화를 봄으로써 학생들의 양육적 부모 자아상
태가 높아졌다는 것은 한 학생의 소감문을 통해서 알 수 있다.

윌이 변할 수 있었던 가장 큰 이유는 손의 적절한 공감능력 때문인 것 같다. 손이 윌의 이야기를 적극적으로 공감하여 들어 주고, 윌의 걱정에 대해 적절한 조언을 해 주며, 들어 주는 것뿐만 아니라 자신의 이야기도 하면서 서로 알맞은 상호작용을 보인 것이 기억에 남는다. 손은 윌의 문제를 치유해 주기 위해 윌이 마음을 열도록 자신의 상처를 윌에게 말한다. 그런 손을 보면서 윌도 자신의 상처를 말한다. 손은 윌의 잘못이 아니라고 말하며 윌을 위로하고, 그런 시간을 통해 자연스레 손이 가지고 있던

상처도 치유된다. 서로 긍정적인 에너지를 주고받는 이 장면이 가장 기억에 남는다.

사진 출처: 네이버 영화.

2) 성인 자아상태

성인(Adult: A) 자아상태는 현실세계와 관련해서 기능하여 객관적으로 현실을 파악하고 부모 자아와 어린이 자아의 활동을 조절하여 상황에 효과적으로 대처하는 합리적이고 객관적인 기제이다. 성인 자아는 일종의 자료 처리 컴퓨터라고 할 수 있다. 즉, 부모 자아에 기록된 자료의 진실 여부와 현재에도 적용될 수 있는가를 파악하고 그 자료의 용납과 거부를 결정하는 기능, 어린이 자아에 기록된 감정이 현재 상황에서도 적합한가를 알아보는 검토 기능을 가지고 있다. 따라서 부모 자아에 의한 편견과 독선을, 어린이 자아에 근거한 현실적으로 부적절하고 유치한 부적응 행동을 방지하고자 중재적인 역할을 하는 것이다. 그러므로 성인 자아상태는 성격의 균형을 위해 중심적인 역할을 하며 성격의 전체적인 적응과정에 가장 기여하는 부분으로 여겨질 수 있다.

성인 자아상태는 사고적 생활개념으로서, 성인이 되어서도 눈을 깜박이며 골똘히 사고하고 있는 표정을 보이고, '비교적 ~하다' '생각컨대' '내가 알기로는' 등과 같은 단어를 사용하는 것이다. 성인 자아상태는 나이와는 상관없이 아동들도 가질 수 있는 성인으로서의 자아상태로서, 위험한 길을 건널 때 자동차, 신호등, 건널목의 길이 등을 잘 판단해 안전하게 건넌 후 만족하는 경우가 이러한 자아상태에 속한다.

네 편의 영화 중에서 성인 자아상태가 나타난 영화는 〈캐스트 어웨이〉라고 할 수 있다. 이 영화를 봄으로써 학생들의 성인 자아상태가 높아졌다는 것은 한 학생의 소감문을 통해서 알 수 있다.

내가 생각했을 때 척이 세운 목표는 '살아야겠다'가 아닐까 한다. 중간에 자살 시도를 하기는 했지만. 후에 척은 자살하지 않았던 것을 감사해하고 후회하지 않았다. 시간 관리를 엄격하게 하는 성격이 무인도에서 많은 도움을 주었고, 분류작업 일을 했던 척은 한 번에 필요한 물건과 필요하지 않은 물건을 분류하며 또 다른 계획을 세웠다. 영화를 보고 다시 생각해 보면 척은 대단하고 용기 있고 존경할 만한 인물이다. 내가 저런 상황에 처했다면 아무것도 못하고 두려움에 떨었을 것이다. 내 주변

에 척 같은 친구를 둔다면 작더라도 내 삶에서 긍정적인 변화를 일으킬 것 같고, 그 친구를 보면서 자극을 받으며 더욱 열심히 살려고 노력할 것 같다. 척은 계획을 세우면 조용하게 약속을 지키고 이루는 멋진 사람이며, 앞으로 무궁무진하게 펼쳐질 척의 미래가 기대된다.

사진 출처: 네이버 영화.

3) 어린이 자아상태

어린이(Child: C) 자아상태는 0세부터 5세까지 의미 있는 타인들, 즉 부모에 대해 느꼈던 감정과 경험을 성인이 되어서도 자연스럽게 행동과 언어로 나타내는 것이다. 어린이 자아상태는 감정적 생활개념으로서, 어린 시절 부모에 대해서 느꼈던 기쁨, 자발성, 충동이 성인이 되어서도 언어적·비언어적으로 타인에게 그대로 표현되는 것이다.

어린이 자아상태는 두 가지 자아상태로 구분된다.

(1) 자유로운 어린이 자아상태

자유로운 어린이(Free Child: FC) 자아상태는 0세부터 5세까지 부모에게 자유롭게 행동하는 언어적·비언어적 행동이 그대로 내면화되어, 성인이 되어서도 좋은 감정이든 나쁜 감정이든 간에 타인의 느낌이나 감정을 상관하지 않고 자율적으로 표현하는 것이다.

이 자아상태는 "와~ 좋다." "재미있다." "하고 싶다." "하기 싫다."와 같은 말을 하면서 자유롭게 감정을 표현하고 자유분방하며 타인보다는 자신의 느낌에 충실한 태도 및 행동으로 나타난다.

네 편의 영화 중에서 반려견들과의 생활을 통해서 인간의 자유로운 어린이 자아상태가 나타난 영화는 〈베일리 어게인〉이라고 할 수 있다. 이 영화를 봄으로써 학생들의 자유로운 어린이 자아상태가 높아졌다는 것은 한 학생의 소감문을 통해서 알 수 있다.

모든 주인공이 베일리를 만나면서 자신의 기쁨, 슬픔, 분노, 불안 등의 감정을 자유롭게 표출하는 것을 보았습니다. 또한 베일리가 이든을 만나 행복을 느꼈다고 하는 장면이 기억에 남습니다. 말이 서로 통하지 않아도 마음으로 통하는 관계를 보니, 보는 나 또한 마음으로 자유롭고 진

정한 소통을 하고 싶다고 느꼈습니다. 베일리가 몇 번의 생을 살면서 다시 사랑하고 이별하는 과정이 너무 마음이 아프고 슬펐습니다. 그런데도 베일리가 이별을 두려워하지 않고 새로운 사랑을 하는 것을 보며 자유롭고, 대단하고, 멋지다고 생각했습니다.

사진 출처: 네이버 영화.

(2) 순응적 어린이 자아상태

순응적 어린이(Adapted Child: AC) 자아상태는 0세부터 5세까지 부모에게 눈치 보고 순응하는 언어적·비언어적 행동이 그대로 내면화되어, 성인이 되어서도 부모의 눈치나 뜻에 따라 움직이는 것이다. 이 자아상태가 지속되어 자신의 강점이나 느낌을 솔직하게 표현하지 않고 타인의 눈치를 보면서 억누른다면, 다양한 적응문제를 야기할 수 있다.

이 자아상태는 "~해도 괜찮을까요?" "전 아무래도 상관없어요." "아무거나 좋아요."와 같은 말을 하면서 순응적이며 규범에 따르고 상대방의 눈치를 보는 태도 및 행동으로 나타난다.

각 자아상태에 있어서 높은 점수와 낮은 점수의 의미는 〈표 2-1〉과 같다.

〈표 2-1〉 자아상태 점수의 의미

자아상태	높으면	낮으면
비판적 부모 (Critical Parent: CP) 자아	공격적이고 잔소리가 심하고 엄격하며, 편견을 가지고 평가나 비판을 하거나 자기주장을 강요하고, 상대의 기분이나 감정을 받아들이지 않는 경우가 많다. 상대방을 압박하여 상대방은 표면상으로는 순응한 듯하지만 속으로는 지속적으로 참다가 어느 시기에는 폭발하게 된다. 장점은 책임감이 있고, 통솔력이 있고, 선악감, 도덕관이 확립되어 있고, 질서정연하다는 것이다.	좋게 말하면 관용적인 것이고, 나쁘게 말하면 '될 대로 되라' 식의 적당주의로 자기 신념이 없고 비판력이 없다. 사회생활의 틀, 도덕, 가치관과 일관된 생활태도를 지니고 있지 않기 때문에, 리더십을 발휘하지 못한다.
양육적 부모 (Nurturing Parent: NP) 자아	과잉보호해서 버릇이 없어도 묵인하게 되거나 과잉 간섭을 해서 상대방의 성장을 방해하고 의존감을 조장한다. 장점은 따뜻하고, 애정적이고, 온화하고, 부드럽고, 양육적·포용적·보호적이고, 배려심이 많고, 허용적·지지적이며, 잘 헤아려 주고 친절하다는 것이다.	차갑고 남을 무시하고 쌀쌀하고 상대방의 생각을 배제하고 자신의 생각을 밀어붙여서 상대방에게 불안감을 줄 수 있다. 만약 CP가 높을 경우는 갑자기 감정이 폭발하거나 여러 가지 심신증상이 나올 수 있으므로 자신의 행동을 조절하도록 주의를 해야 할 것이다.
성인 (Adult: A) 자아	계산적이고, 감정이 없어 보이고, 평론적·자기중심적이어서 남에게 다소 차갑고 거리감을 느끼게 하며, 인간미가 없어 보이기도 한다. 장점은 데이터를 중시하여 합리적·현실적·객관적·이성적·능률적이고, 일을 할 때 계획적으로 예측하여 의사결정을 한다는 것이다.	충동적·공상적·무계획적이고, 말과 행동이 불일치하고, 사실에 의거한 정확한 판단이나 지시가 부족하다.

자유로운 어린이 (Free Child: FC) 자아	자기중심적·본능적·과시적이고, 제멋대로여서 무책임하고, 남의 입장을 생각하지 않고, 지속력과 참을성이 없다. 장점은 명랑하고 천진난만하고 자발적, 적극적, 개방적, 상상적, 직감적, 창조적이며 호기심이 많고 공상을 좋아하고 감정을 솔직히 표현한다.	정신적으로 위축되어 있어 하고 싶은 것도 못하고 놀지도 못하고 게으르고 무기력하고 억압된 기분에 사로잡혀서 에너지가 부족하고 활력이 적은 인간이 되어 갈 가능성이 높다. 특히 FC가 낮고 AC가 높을 경우에는 고민이 있지만 자기 자신을 억압하여 표현을 안 하고 있기 때문에 때로는 다른 사람에게 나쁜 영향을 줄 수 있으므로 주의해야 할 것이다.
순응적 어린이 (Adapted Child: AC) 자아	감정을 억압하고 타인의 말에 신경을 쓰고 남의 눈치를 살피게 되어 열등감, 걱정, 죄의식, 불안감이 많다. 상대방과 융합하기 위해 자기가 희생되기를 꺼리지 않는다. 장점은 순응적·타협적이고, 겸손하고, 온순하고, 성실하다는 것이다.	근성이 부족하여 체념이 빠르고, 독선적인 면도 강하게 나타난다. 특히 FC가 높고 AC가 극단적으로 낮을 때는 고집이 세고 자기중심이 되어 상대방으로부터 "제멋대로이군."이라고 비판을 받기도 한다.

　잘 적응된 사람은 세 가지 자아상태를 상황에 맞게 조절하면서 균형을 유지한다. 만약 어떤 상황 속에서도 하나의 자아상태만이 배타적으로 견고하게 나타난다면 적응에서 어려움이 생길 것이다. 예를 들면, 비판적 부모 자아상태만 가지고 삶을 살아간다면 독단적이고 편견적인 사람으로 보일 것이고, 성인 자아상태만 가지고 삶을 살아간다면 분석적이고 기계적인 사람으로 보일 것이고, 자유로운 어린이 자아상태만 가지고 삶을 살아간다면 자기가 하고 싶은 대로만 하려는 미성숙한 사람으로 보일 것이다.

3. 심리적 욕구

교류분석에서는 인간이 자극갈망(stimulus hunger), 인정갈망(cognition hunger), 구조갈망(structure hunger)에 의해 동기화된다고 본다.

1) 자극갈망

자극갈망은 음식갈망처럼 유기체의 생존에 필수적인 것으로서, 우리가 다른 사람들로부터 신체적 접촉을 통해서 친밀감을 느끼고 싶어 하는 욕구이다. 그래서 갓난아기는 엄마 품에서 모유를 먹으면서 자신을 쓰다듬어 주는 것을 좋아하고, 점차 성장하면서 부모님 외에 선생님, 친구로부터 자극을 주고받는 것을 좋아하며, 심지어 수용소에 있는 수용자도 독방을 피하기 위해서 안간힘을 쓰는 것이다.

영화에 적용하기

자극갈망이 나타난 장면에 대해서 살펴보자.

제4장에서 다루는 영화 〈가버나움〉에서 자인과 요나스가 신체적으로 접촉하면서 관계를 맺고 있다.

사진 출처: 네이버 영화.

2) 인정갈망

인정갈망은 다른 사람으로부터 받은 특별한 종류의 감각추구이고, 관계하는 다른 사람으로부터 받은 인정을 의미하며, '스트로크(stroke)'라고 불리기도 한다.

스트로크는 무조건적인 스트로크(예: 타인이 하는 행동에 관계없이 단순히 그 사람을 좋아하는 것)일 수도 있고, 조건적인 스트로크(예: 부모가 자녀가 하는 행동을 보고 부모의 기준에 적합하면 칭찬하는 것)일 수도 있고, 언어적 스트로크(예: "잘했어!" "멋지다.")일 수도 있고, 비언어적 스트로크(예: 미소, 눈 맞춤, 고개 끄덕거림)일 수도 있고, 긍정적인 스트로크일 수도 있고, 부정적인 스트로크일 수도 있다.

우리는 사회적 상호작용을 하면서 다른 사람들과 스트로크를 주고받기를 갈망하는데, 스크로크를 주고받는 것은 우리의 삶에 원동력으로 작용한다.

영화에 적용하기

인정갈망이 나타난 장면에 대해서 살펴보자.

제11장에서 다루는 영화 〈베일리 어게인〉에서 네 명의 주인공이 반려견과 어루만짐을 주고받고 있다.

사진 출처: 네이버 영화.

3) 구조갈망

구조갈망은 우리가 삶을 유지하는 동안 스트로크를 최대로 받기 위해서 하루 24시간을, 일주일을 어떻게 사용할 것인가, 나아가 인생이라는 시간을 어떻게 보낼 것인가의 방법을 우리 각자가 찾으려고 하는 것이다.

시간을 구조화하는 방법에는 철수(withdrawal), 의례적 행동(rituals), 여가(pastimes), 활동(activities), 게임(games), 친밀성(intimacy)이 있다.

첫째, 철수는 대부분의 시간을 공상이나 상상, 백일몽으로 지내면서 타인으로부터의 스트로크를 멀리하고 자신에게만 스트로크를 주려고 하는 자기애적인 것으로 시간을 구조화하기 때문에 타인과 스트로크를 주고받는 것이 없다. 이는 어린 시절부터 부모 혹은 타인에게서 최적의 스트로크를 받지 못할 때 나타나는 현상이다.

영화에 적용하기

철수가 나타난 장면에 대해서 살펴보자.

제4장에서 다루는 영화 〈가버나움〉에서 자인은 집에서 다른 가족들과 스트로크를 주고받지 않고 대부분의 시간을 혼자 보내고 있었다.

사진 출처: 네이버 영화.

둘째, 의례적 행동은 상호 간의 존재를 인정하지만 누구와도 친하게 지내지 않고 일상적인 인사, 전통이나 습관에 따름으로써 시간을 보내는 것으로 시간을 구조화하기 때문에 최소한의 스트로크를 유지하는 것이다.

의례적 행동이 나타난 장면에 대해서 살펴보자.

제4장에서 다루는 영화 〈가버나움〉에서 자인이 어머니를 만나도 일상적인 인사만 한다.

사진 출처: 네이버 영화.

셋째, 여가는 주제에 대해서 사회적으로 수용되는 방식으로 이야기하며 시간을 보내는 것이다. 예를 들면, 직장에서 특정한 인물과 특정 주제에 대해서 이야기하면서 시간을 보내거나 노인이 손주들 이야기를 하면서 시간을 보내는 것이다.

여가가 나타난 장면에 대해서 살펴보자.

제11장에서 다루는 영화 〈베일리 어게인〉에서 이든의 엄마는 이든과 함께 이야기를 하면서 베일리와 시간을 보내고 있다.

사진 출처: 네이버 영화.

넷째, 활동은 안전한 사회적 행동의 유형으로서 일을 통해서 스트로크를 교환하는 것이다. 이러한 활동은 적극적이고 친밀한 인간관계를 형성하는 것이 아니기 때문에 자칫 소외감을 경험할 수 있다.

영화에 적용하기

활동이 나타난 장면에 대해서 살펴보자.

제6장에서 다루는 영화 〈캐스트 어웨이〉에서 척이 페덱스에서 열심히 일하는 것으로 시간을 보낸다.

사진 출처: 네이버 영화.

다섯째, 게임은 서로 간에 신뢰가 뒷받침되지 않은 관계이기에 순수한 스트로크를 주고받지 못하면서 부정적인 스트로크를 교환하는 것이다. 즉, 표면적으로는 합리적이라 하더라도 내부에는 숨은 의도와 동기를 수반하고 있는 계략을 가진 교류이다.

영화에 적용하기

게임이 나타난 장면에 대해서 살펴보자.

제9장에서 다루는 영화 〈굿 윌 헌팅〉에서 숀과 랠리 교수가 겉으로는 합리적으로 스트로크를 주고받으면서 대화하는 것처럼 보이지만, 룸메이트였던 두 사람이 대학 졸업 이후 서로 다른 인생관과 가치관을 가지고 살아왔기 때문에 숨은 동기를 가지고 대화하였고, 결국 두 사람은 충돌하게 된다.

여섯째, 친밀성은 서로 간에 신뢰가 있는 상황에서 서로를 배려하면서 순수한 스트로크를 주고받는 것으로, 가장 이상적인 시간의 구조화 방법이라고 볼 수 있다.

영화에 적용하기

친밀성이 나타난 장면에 대해서 살펴보자.

제9장에서 다루는 영화 〈굿 윌 헌팅〉에서 처음에는 윌이 마음을 닫고 다른 사람으로부터의 스트로크를 거부했지만, 나중에는 윌도 숀에게 마음을 열게 되어 윌과 숀이 서로 인격적으로 대하며 신뢰하는 인간관계를 형성하였기 때문에 윌과 숀의 관계가 점차 발전하게 되었다.

4. 삶의 입장

부모 자아상태, 성인 자아상태, 어린이 자아상태는 우리의 기본적 욕구를 충족시키려는 노력과 결부되어 네 가지의 삶의 입장을 형성하게 된다.

1) 자기긍정-타인긍정(I'm OK-You're OK)

이 입장은 자신의 욕구가 부모로부터 사랑과 수용의 방식으로 충족되는 아이가 가지는 삶의 입장이며, '나도 이만하면 괜찮고 당신도 괜찮다.'는 상호존중을 나타내는 가장 바람직한 삶의 입장이다.

2) 자기긍정-타인부정(I'm OK-You're not OK)

이 입장은 어릴 적에 부모의 심한 매질 등으로 인하여 상해를 입거나 심하게 무시당하여 비난이나 억압을 당할 때, 때리는 사람인 남을 나쁜 사람이라고 단정하여 '나는 잘났고 너는 믿을 수 없다.'고 하는 공격적이고 투사적인 삶의 입장이다. 이러한 생활자세를 가진 사람은 자기도취적인 우월감에 사로잡힌 채 타인들에게는 저항적이어서 타인에 대한 극단적인 불신, 증오, 비난, 양심 부재의 현상이 나타날 수 있고, 비행이나 범죄, 심하면 타살 충동으로 연결될 수 있다.

자인의 삶의 자세에 대해서 살펴보자.

제4장에서 다루는 영화 〈가버나움〉에서 자인은 부모로부터 심하게 무시당하거나 비난이나 억압을 당해서 타인을 의지하기보다는 자기 스스로를 믿는 자기긍정-타인부정의 삶의 자세를 지니고 살아가고 있었다. 그로 인해서, 여동생이 갑작스레 죽게 된 것을 알게 되었을 때 분노에 사로잡혀서 여동생의 남편을 죽이는 것이 맞다는 자신의 판단 아래 칼로 찌르고 법정에 서게 된다.

사진 출처: 네이버 영화.

3) 자기부정-타인긍정(I'm not OK-You're OK)

이 입장은 인생 초기, 욕구 충족에 있어서 거의 무능한 상태에 있을 때 다른 사람의 도움 없이는 살아갈 수 없는 자신에 대해서는 많은 좌절감을 경험하지만, 무능한 나를 조력하는 타인은 자기보다 우월하게 지각되어 '나는 별 볼 일 없고 너는 대단한 사람이다.'라고 생각하는 내사적인 삶의 입장이다. 이러한 생활자세를 가진 사람은 자기비하, 열등감, 무가치감, 우울, 무력감과 같은 정서적 태도를 가질 수 있고, 자학적 행동을 하며 간접적으로 공격성을 표출하는 경향이 있다.

4) 자기부정-타인부정(I'm not OK-You're not OK)

이 입장은 아동이 성장하면서 부모의 비판적이고 부정적인 반응을 강하게 경험하며 '나도 별 볼 일 없고 너도 별 볼 일 없다.'고 생각하게 되는 무용론적 삶의 입장이다. 이러한 생활자세를 가진 사람은 인생에 대한 심한 회의감으로 자포자기하고 만사를 부정적으로 생각하여 어떤 노력도 기울이지 않으며 극단적인 퇴행상태 혹은 정신분열의 상태에 빠지거나 심한 경우 자살, 타살의 충동을 느낄 수 있다.

영화에 적용하기

윌의 삶의 자세에 대해서 살펴보자.

제9장에서 다루는 영화 〈굿 윌 헌팅〉에서 학대와 파양을 당한 윌은 상대방에게 잘못이 있다고 몰아붙이면서 자기긍정-타인부정의 삶의 자세를 가지고 살아가고 있었지만, 숀과의 만남을 통해 자신을 이해하고 타인을 이해하는 상호존중의 태도를 보이면서 자기긍정-타인긍정의 삶의 자세를 가지게 되었다.

사진 출처: 네이버 영화.

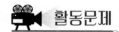 활동문제

활동 1. 각각의 자아상태를 높일 수 있는 영화와 그 이유를 써 보자.

자아상태	영화목록	영화를 선정하게 된 이유
비판적 부모 자아 (CP)		
양육적 부모 자아 (NP)		
성인 자아 (A)		
자유로운 어린이 자아 (FC)		
순응적 어린이 자아 (AC)		

활동 2 여러분이 1주일 혹은 한 달 동안 시간을 구조화했던 방법에 대해서 써 보자.

시간을 구조화하는 방법	사람, 사물, 활동	시간을 구조화하는 방법에 따른 생각과 감정
철수		
의례적 행동		
여가		
활동		
게임		
친밀성		

제2장 영화를 통한 자아상태 이해

활동 3. 각 영화의 주인공들은 어떤 삶의 자세를 보이는가? 각 영화의 주인공들은 어떤 자아상태를 보이는가? 그 이유와 함께 적어 보자.

	인물	자아상태	삶의 자세	이유
〈가버나움〉	자인	비판적 부모 자아	자기긍정-타인부정	
	영화감독			
	라힐			
〈굿 윌 헌팅〉	윌			
	랠리			
	숀	양육적 부모 자아상태	자기긍정-타인긍정	
〈캐스트 어웨이〉	척			
	켈리			
	윌슨			
〈베일리 어게인〉	이든			
	카를로스			
	한나			

1. 과연 어떤 자아상태로 살아가는 것이 삶을 풍성하게 할 것인가에 대해서 생각해 보자.

2. 나와 다른 자아상태를 가지고 있는 사람들과 어떻게 조화를 이루어 갈지에 대해서 생각해 보자.

3. 여러분의 지금 삶의 입장은 무엇이라고 생각하는가? 만약 지금과 다른 삶의 입장을 가지고 싶다면, 앞으로 어떻게 변화할 것인지에 대해서 구체적인 계획을 세워 보자.

4. 다섯 가지 자아상태의 개념에 기초해서 영화를 볼 때 흥미롭고 도움이 되는 점에 대해서 생각해 보자.

5. 다섯 가지 자아상태의 개념을 배운 후 스스로에 대해서 알게 된 중요한 사항은 무엇이 있는지에 대해서 생각해 보자.

제3장

영화를 심리적 관점으로 보는 데
도움이 되는 이론

심리학에 관련된 이론이 많은데, 영화를 보는 데는 어떤 이론이 가장 도움이 될까를 고려하여 선정하는 데 고민이 많았다. 우선, 우리는 영화를 통해서 우리가 직접적으로 경험할 수 없는 다양한 것을 간접경험하며 이를 통해 우리의 행동, 사고, 감정, 생리작용에 영향을 받기 때문에 관찰학습(observational learning)을 설명하는 밴듀라의 이론을 선정하였다.

그다음으로는, 우리가 지금까지 본 다양한 영화 중에서 내가 인생을 살아가는 데 도움이 되었던 영화들을 생각해 본다면 그 영화는 더 이상 남의 이야기가 아닌 나의 이야기가 되기 때문에 '나-너'의 인격적 관계를 설명하는 부버의 이론을 선정하였다.

마지막으로는, 영화에는 다양한 주인공이 등장하는데, 그 주인공들의 성공과 실패, 시행착오의 경험을 통해서 우리가 앞으로 연령에 맞는 발달과업을 어떻게 해 나가야 할 것인가에 도움을 받을 수 있기 때문에 전 생애를 다룬 에릭슨의 이론을 선정하였다.

1. 밴듀라의 사회인지이론

밴듀라(Bandura)는 인간 행동에 있어서 인지적 역할이 중요하다는 것을 강조하며, 인지적 중재, 내현적 상징행동, 자기강화, 본보기, 대리적 조건형성, 행동과 환경의 상호영향을 강조하였다. 이러한 강조점에 근거해서 사회인지이론(social cognitive theory)은 본보기 학습, 관찰학습, 대리학습(vicarious learning)과 같은 명칭으로 불린다.

관찰학습 혹은 대리학습은 인간의 성격과 행동을 이해하는 데 큰 기여를 하였다. 모델링(modeling)이 행동에 미치는 영향에 대한 실험적 분석을 바탕으로, 인간은 모델이 하는 행동을 의도적이든 우연한 관찰을 통해서든 따라함으로써 학습한다는 것을 발견하였다. 예를 들면, 밴듀라는 유치원 아이들을 실험집단과 통제집단으로 나누어서 아이들에게 보보(Bobo) 인형과 놀 기회를 주었을 때, 성인이 보보 인형에게 공격적으로 행동한 것을 관찰한 실험집단이 이러한 모습을 관찰하지 않은 통제집단보다 두 배나 공격적인 것을 발견하였다. 이후에도 모델링 원리를 적용한 많은 연구는 대중매체에서 보여 주는 폭력적인 공격성을 청소년들이 대리학습을 통해 모방한다는 것을 보여 주었다.

하지만 관찰학습을 통해 학습한 행동이 모두 수행되지는 않는다. 수행의 결과에 대한 긍정적 혹은 부정적 기대를 하는가에 따라서, 즉 모델이 행동에 참여한 후에 보상을 받았는가 아니면 처벌을 받았는가에 근거하여 지각하기 때문에, 학습한 행동이 수행으로 나타날 수도 있고 학습 자체로 끝날 수도 있다. 이러한 관점에서 밴듀라는 수행(performance)과 학습(learning or acquisition)이라는 개념을 구별하였다(Burger, 2000).

모델을 통한 모방은 과거에는 청소년에게 많이 일어났지만, 이제는 다양한 소셜미디어와 대중매체를 통해서 많은 정보를 공유하고 타인과 관계를 맺고 있으면서 남녀노소 누구나가 경험하는 일상적인 상황이 되어 버렸다. 또한 과거에는 좋아하는 유명 배우나 가수의 행동을 모방하여 행동하였지만, 이제는 일반인이나 가까운 주변 사람들의 행동을 쉽게 모방할 수 있게 되었다.

밴듀라와 그의 동료들(Bandura, 1977)은 관찰학습에서 모델링에 영향을 주는 세 가지 요인을 확인하였다.

첫째, 모델의 특성이 모델링에 영향을 미친다. 모델의 특성이 나와 나이, 성, 지위, 명예, 행동의 유형 측면에서 유사하다고 믿을수록 모델의 영향을 받을 경향이 높다.

둘째, 관찰자의 특성이 모델링에 영향을 미친다. 관찰자가 자존감 및 자신감이 낮을수록, 매우 의존적인 사람일수록, 이전에 누군가를 동조한 행동을 해서 보상을 받은 경험이 많을수록 모방할 가능성이 크다.

셋째, 행동과 관련된 보상 결과는 모델링에 영향을 미친다. 모델의 행동이 보상받는 것을 관찰하면 그 행동을 모방할 가능성이 높다.

관찰학습을 통한 학습은 단순한 모방의 문제가 아니라 적극적인 판단과 이해의 과정이다. 그래서 관찰학습은 네 가지의 서로 관련된 과정, 즉 주의과정(attentional processes), 파지과정(retention processes), 재현과정(reproduction processes), 동기과정(motivational processes)에 의해 이루어진다.

1) 주의과정

학습자가 모델을 모방하기 위해서, 학습을 위해서 단순히 모델을 노출하는 것만으로는 부족하며, 필요한 정보 획득을 위해 모델에 주의를 기울여야 한다. 주의과정에는 여러 변인이 영향을 준다. 학습자와 모델의 나이, 성별, 지위, 명예, 행동의 유형이 유사할수록 학습자는 모델에게 더 주의를 기울이게 된다. 또한 모델이 전문가이고, 유능하고, 매력적이어서 학습자의 관심을 끌게 하는 특성을 가질수록, 학습자는 모델에게 더 주의를 기울이게 되고 모델을 모방할 가능성이 더 크다.

2) 파지과정

주의를 기울여 관찰했던 모델의 행동을 기억하고 유지하기 위해서는 내적 파지과정을 통해서 마음에 잘 새겨야 행동을 발달시키고 수정할 수 있다. 파지를 잘하기 위해서 우리는 언어체계와 심상체계를 활용하는데, 언어체계를 통해서 관찰했던 내용을 언어로 부호화하여 저장하거나 심상체계를 통해서 모델을 관찰하는 동안에 보았던 내용에 대한 생생한 심상을 형성하여 모델의 행동에 대한 정보를 유지하게 된다.

3) 재현과정

모델을 모방하기 위해 언어 및 심상으로 저장된 상징표상을 적절한 행동으로 전환하는 재현과정이 필요하다. 학습자가 모델의 행동을 주의 깊게 관찰하고 상징표상으로 기억하고 여러 번 예행연습을 해 보았어도 그 행동을 정확하게 수행하지 못할 수 있다. 모방한 행동을 실제로 행동으로 옮길 때는 매우 서투르기 때문에 시행착오를 거치게 되는데, 반복적인 연습과 자기교정을 통해서 모델의 행동과 비슷한 행동으로 재현하게 된다.

4) 동기과정

행동을 주의 깊게 관찰하고 잘 유지하고 수행할 충분한 능력을 가져서 재현을 할 수 있다고 하더라도, 동기과정이 없으면 학습만 일어난 것이고 그 행동이 수행으로 나타나지 않는다. 동기가 있을 때 관찰된 행동이 실제적 수행으로 빠르게 옮겨지게 된다. 즉, 모델을 관찰해서 수행의 결과에 대한 긍정적 혹은 부정적 기대를 하는가에 따라서 수행이 일어나기도 하고 학습에 그치고 말기도 한다. 동기는 관찰학습의 다른 과정에도 영향을 주어서 동기가 없으면 주의를 덜 가지게 되고 그만큼 유지도 줄어든다.

관찰학습의 과정을 요약하면 [그림 3-1]과 같다.

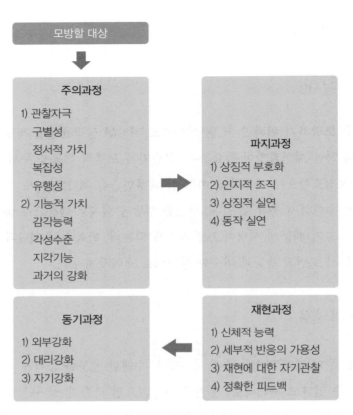

모방할 대상

주의과정
1) 관찰자극
   구별성
   정서적 가치
   복잡성
   유행성
2) 기능적 가치
   감각능력
   각성수준
   지각기능
   과거의 강화

파지과정
1) 상징적 부호화
2) 인지적 조직
3) 상징적 실연
4) 동작 실연

재현과정
1) 신체적 능력
2) 세부적 반응의 가용성
3) 재현에 대한 자기관찰
4) 정확한 피드백

동기과정
1) 외부강화
2) 대리강화
3) 자기강화

[그림 3-1] 관찰학습의 과정

출처: Bandura (1977).

영화에 적용하기

관찰학습의 네 가지 과정이 나타난 영화에 대해서 살펴보자.

제4장에서 다루는 영화 〈가버나움〉에서 등장하는 자인은 어린 요나스를 키우기 위해서 돈이 필요한 상황이 되었을 때, 어머니 수아드를 통해 보고 배웠던 행동을 기억하면서 관찰학습이 일어났다.

자인은 가짜 처방전으로 구한 마약성 진통제를 빻고 갈아서 옷감에 물을 들였던 어머니의 행동이 기억나서 주의를 기울이게 되었고, 마약성 진통제를 구할 수 있는 방법과

제3장 영화를 심리적 관점으로 보는 데 도움이 되는 이론

빨아서 갈 수 있는 방법을 기억해 낼 수 있었고, 기억한 행동을 시행착오와 반복적인 연습을 통해서 실제 행동으로 재현할 수 있었으며, 마약성 진통제를 옷감에 물을 들이듯이 주스로 만들어서 팔면 돈을 벌 수 있다는 동기가 생기게 되면서 관찰학습이 일어난 것이다.

이 책의 독자들이 밴듀라의 관찰학습에 기초하여 영화에 주의를 기울이고, 잘 기억하는 파지가 이루어져서, 자신들의 삶에서 각자의 방식과 다양한 모양으로 재현과정이 이루어지면서 실제 자신의 삶에서 동기가 될 수 있기를 바라는 측면에서 네 편의 영화를 선정하였다.

2. 부버의 이론

오늘날 산업사회의 발전에 따른 기계화 시대와 다양한 정보의 홍수 속에서 우리는 인간의 존엄성에 대해 깊이 생각하기보다는 비인격화된 삶을 살아가고 있다. 자본주의와 물질만능의 시대는 물질에 대한 중독을 초래하기도 하고, 노동으로부터의 소외는 인간을 행복하게 하기보다는 오히려 인간을 더욱더 고독하게 만들고 있다. 부버(Buber)는 『나와 너(Ich and Du)』에서 이러한 문제를 해결하기 위해서는 '나와 너'의 참된 만남(Begbnung)이 이루어져야 한다고 제안하였다(Buber, 1923). 부버의 사상은 실존주의를 배경으로 하고 있으며, 인간관계 유형을 무인격적 관계, 반인격적 관계, 인격적 관계로 구분하였다.

1) 무인격적 관계

'그것-그것' 관계로, 서로가 서로를 인격적으로 대하지 않고 하나의 수단으로 이용하며, 추구하고자 하는 목적이 성취되면 곧 단절되는 관계이다.

2) 반인격적 관계

'나-그것' 관계로, 상대방은 나의 목적을 달성하기 위한 수단적 대상이 되고, 나는 가면을 쓰고 주어진 역할을 수행할 뿐인 관계이다. 사회가 복잡해지고 다변화되면서 우리는 자신도 모르게 다른 사람을 인격적으로 대하기보다는 단축키나 사물로 대하는 경우가 있다. 출석을 부를 때 번호를 부르는 것처럼 한 사람을 하나의 인격체로 존중하는 풍토가 사라져 가고 있다. 그래서 이 관계는 사회심리학자 클라크(Clark)가 구분한 교환적 인간관계와 비슷하다. 교환적 인간관계는 이득과 손실의 균형과 거래의 공정성과 주는 만큼 받는다는 형평성이 중요하기 때문에 타인의 행복에는 관심이 없어서 좋은 인간관계를 맺기는 어렵다.

3) 인격적 관계

'나-너' 관계로, 서로 인격적으로 대하면서 인간관계를 형성해 나가는 관계로서, 가장 친밀하고 수평적이고 성숙된 인간관계 유형이다. 이 관계는 어떤 이득이나 목적을 달성하고자 하지 않으며 사랑과 성장과 통합을 경험하는 실존적 만남의 관계이다. 그래서 이 관계는 클라크(Clark)가 구분한 공유적 인간관계와 비슷하다. 공유적 인간관계는 공정성과 형평성은 중요하지 않으며, 서로에 대해서 독립적 개체인 개별적 인간의 만남이 아니라 상호의존적인 존재로 인식하여 친밀감을 공유하며 행복과 고통에 관심과 책임감을 느끼는 관계이다.

영화를 보면서 만남의 관계가 어떻게 변화하는가? 저자는 영화 〈가버나움〉 〈캐스트 어웨이〉〈굿 윌 헌팅〉〈베일리 어게인〉을 관람하기 이전에는 네 편의 영화와의 관계가 나와 상관이 없는 '그것-그것' 관계였으나, 영화를 보면서 점차로 '나-그것' 관계인 반인격적 관계로 변하였고, 이 책을 집필하면서 영화를 다양한 심리학적 측면에서 분석하다 보니 이 영화는 내게 있어서 '나-너' 관계인 인격적 관계로 변하였다. 저자는 이 책의 독자들도 네 편의 영화가 부버의 실존적 만남의 이론에 기초하여 '그것-그것' 관계에서 '나-너' 관계로 변화하여 삶에 중요한 영향을 받을 수 있게 되기를 바란다.

3. 에릭슨의 심리사회적 발달 이론

신프로이트학자인 에릭슨(Erikson)은 인간의 성격이 평생을 통해서 발달한다는 것을 심리사회적 발달 이론(psychosocial development theory)으로 설명하였다. 프로이트가 남근기에 해당하는 출생에서 6세까지의 발달이 인간의 성격발달에 있어서 결정적이라고 주장한 것과는 달리, 인간은 전 생애

(life-span)에 걸쳐서 성격이 발달한다고 주장하여 신체의 신진대사가 쇠퇴해 갈 때에도 관여한다고 하였다.

에릭슨이 제시한 심리사회적 발달 8단계는 다음과 같다. 8단계에 해당하는 연령과 적응 대 부적응 방식 및 해당 시기에 획득되는 주요 덕목은 〈표 3-1〉과 같다.

에릭슨에 따르면 각 심리사회적 단계에는 각각의 위기(crisis)가 있는데, 위기는 해당 단계의 개인에게 부과된 생리적 성숙과 사회적 요구로부터 발생된 인생의 전환점이 된다(Hjelle & Ziele, 1992). 위기는 전환점이기 때문에 개인이 발달과정에서 겪는 어려운 상황에서 극복해야 할 생존을 위한 원천이라고 보았다. 그래서 이러한 위기가 궁극적으로 어떻게 해결되는가에 의해서 한 개인의 특징적인 행동패턴이 결정된다.

에릭슨은 사람들과의 관계 속에서 심리사회적 위기를 극복할 수 있는 인간의 능력에 대해 관심을 두었고, 다양한 발달과제를 경험하며 이루어지는 심리사회적 발달과 바람직한 인간관계 형성을 위한 덕목에 초점을 두었다.

〈표 3-1〉 에릭슨의 심리사회적 발달단계

연령	적응 대 부적응 방식	주요 덕목
0~1세	신뢰감 대 불신감	희망
2~3세	자율성 대 수치심, 회의감	의지
4~5세	주도성 대 죄책감	목적
6~11세	근면성 대 열등감	유능성
12~18세	정체감 대 역할 혼미	충실성
19~24세	친밀감 대 고립감	사랑
25~54세	생산성 대 침체감	배려
54세 이후	자아통합 대 절망감	지혜

제3장 영화를 심리적 관점으로 보는 데 도움이 되는 이론

(1) 신뢰감 대 불신감(trust vs mistrust, 0~1세)

인간이 가장 무력한 시기인 출생 후 1세까지는 혼자서 먹을 수도 입을 수도 없는, 그야말로 자신의 생존을 전적으로 외부에 의존해야 하는 시기이다. 따라서 무기력한 존재의 시기인 이때에 유아는 자신을 돌보아 주는 최초의 주 양육자(예: 어머니)에게 의존할 수밖에 없는데, 주 양육자가 충분한 사랑과 안정감을 주면서 유아의 신체적인 필요에 적극적으로 반응하며 유아의 욕구를 적절하게 알아차리고 충족시켜 준다면 유아는 주위에 있는 세상에 대해 신뢰감을 형성할 것이다. 하지만 반대로 주 양육자가 유아의 행동에 있어 거부적이고 일관성이 없으며 유아의 욕구를 무시해 버리고 충족시켜 주지 못한다면 세상에 대해 불신감이 형성될 것이다. 최초로 맺는 인간관계에서 형성되는 기본적인 신뢰감과 불신감이 유아의 자신에 대한 태도와 타인에 대한 태도의 주요한 특징이 되어서 이후의 인간관계에 중요한 영향을 미친다. 이러한 초기 자아와 기본적인 신뢰는 자신에 대한 만족감과 안정감, 그리고 타인에 대한 신뢰로 발달하기 때문에 에릭슨은 이 시기를 인생에서 가장 중요한 시기로 보았다. 만약 불신감이 지속적으로 영향을 미쳐서 관계에 어려움을 겪는 경우에는, 이후 교사나 친구나 애인이나 멘토의 사랑과 인내를 통하여 불신감이 극복되어 신뢰감이 형성될 수도 있다.

이 시기에는 신체부위 중에서 입이 매우 중요하여 유아는 입을 통해 세상과 생물학적 · 사회적 관계를 맺으며, 특히 사회적 관계인 유아와 어머니와의 상호작용을 통해서 '희망'이라는 덕목을 배우게 된다.

신뢰감 대 불신감 시기에 해당하는 인물에 대해서 살펴보자.

제4장에서 다루는 영화 〈가버나움〉에 나오는 인물인 요나스는 신뢰감 대 불신감의 시기에 해당하는 인물이다. 어린 요나스를 돌볼 사람이 집에 없으므로 어머니 라힐이 회사에 요나스를 데리고 와서 화장실에서 아이가 배고플  때마다 모유를 줌으로써 아이의 욕구를 적절하게 충족시켜 주는 과정에서 요나스는 인간에 대한 신뢰감이 형성되었을 것이다. 또한 라힐이 잡혀가서 모유를 줄 수 없게 되자 자인이 요나스를 돌보게 되었는데, 요나스가 배고플 때마다 자인이 분유를 타 주어 배고픔의 욕구를 적절하게 충족시켜 주었으므로 역시 인간에 대한 신뢰감이 형성되었을 것이다.

영화 〈가버나움〉에 나오는 또 다른 인물인 자인은 아이의 욕구를 충족시켜 주지 못하는 성숙하지 못한 부모 밑에서 신뢰감보다는 불신감을 형성하였을 가능성이 크다. 또한 자인은 어린이이지만 동생을 돌보고 돈을 버는 어른의 역할을 너무 빨리 해서 자율성을 너무 일찍 알아 버렸기에 인생의 어느 시기에서든 인간에 대한 신뢰성을 회복하는 것이 필요해 보였는데, 라힐과의 만남을 통해서 인간에 대한 신뢰감을 경험하게 된다. 즉, 법정에서 자인은 라힐로부터 자신의 아들인 요하스를 자인에게 맡길 정도의 믿음이 있다는 말을 듣게 되었다. 또한 라힐은 자신이 힘들게 일해서 모은 돈이 어디에 있는지를 자인이 알고 있는데도 그 돈을 다른 곳에 숨기지 않고 동일한 장소에 그대로 두었는데, 자인은 자신을 믿어 준 라힐을 통해서 인간에 대한 신뢰를 느낄 수 있었다.

사진 출처: 네이버 영화.

(2) 자율성 대 수치심, 회의감(autonomy vs doubt, shame, 2~3세)

2~3세에 아이들은 걷고, 기어오르고, 밀고, 당기고, 사물을 관찰하고, 소유하려 하고, 언어를 통해 보다 효과적으로 의사소통을 하고 다양한 신체적·정신적 능력을 빠르게 발달시키면서 자부심을 갖게 된다. 그래서 가능

하면 "내가, 내가 할래." 하면서 수저질도 스스로 하려 하고 옷도 혼자 입으려고 한다.

이 무렵 이루어지는 배변 훈련(toilet training)은 부모가 지지해 주면 자율성의 기초를 마련해 주는 계기가 되기도 한다. 그러나 이 시기의 아이는 배변 훈련 시 사소한 실수를 할 수도 있는데, 이때 부모가 가혹한 벌을 주거나 지나치게 엄격한 배변 훈련을 강요한다면 수치심과 회의감이 형성될 것이다. 이 시기에 대소변 훈련이라는 부모와 아동 간의 의지충돌을 경험하면서 '의지'라는 덕목을 배우게 된다. 아이가 자신의 의지를 연습하는 것이 허용되지 않을 때 아이는 수치심을 느끼고 자신의 능력에 대한 의심을 가지게 된다.

(3) 주도성 대 죄책감(initiative vs guilty, 4~5세)

4~5세에 아동들은 운동 및 정신적 능력이 충분히 개발된 상태라서 보다 많은 일을 스스로 할 수 있고 또한 스스로 하기를 원한다. 아동들이 자신의 활동을 스스로 계획하고 추진하면서 주도성이 발달된다. 그러나 스스로 계획한 활동들이 끊임없이 무시되거나 바람직하지 않은 행동을 할 수도 있는데, 이때 부모의 제재 방법이 일관적이지 않거나 부드럽지 않게 처벌한다면, 아이는 이 새로운 주도성을 나쁜 것으로 느끼면서 죄책감을 갖게 될 것이다.

이 시기에 아이의 주도성이 보다 현실적이고 사회적으로 허용된 목표를 달성할 수 있게 발달되면서 '목적'이라는 덕목을 배우게 된다.

(4) 근면성 대 열등감(industry vs inferiority, 6~11세)

학교 입학 후 11세까지 아이의 세계는 집 밖에서의 새로운 영향에 노출되면서 상당히 확장된다. 가정, 친구관계, 학교에서 경험하는 과업들을 달성하여 기쁨을 얻거나 학교 및 가정으로부터 인정을 받기 위해 부지런히 활동하면서 근면성이 개발된다. 부모와 교사들의 행동과 자세와 평가에 의해 아동들은 근면성을 형성하기도 하고 열등감을 형성하기도 한다. 건설적이고 교

육적인 칭찬을 받은 아동들은 근면성이 형성되면서 보다 나은 발달을 이루
게 되지만, 아동이 자신이 노력한 것에 대해 조롱받고 야단맞고 거절당한다
면 근면성을 발휘하지 못해 계속 실패하면서 열등감이 형성될 수 있다. 이와
같이 이 시기에 학교라는 주요 사건을 경험하면서 '유능성'이라는 덕목을 배
우게 된다.

영화에 적용하기

근면성 대 열등감 시기에 해당하는 인물에 대해서 살펴보자.

제4장에서 다루는 영화 〈가버나움〉에 나
오는 인물인 자인과 사하르는 근면성 대
열등감의 시기에 해당하는 인물이다. 학
교에 가서 공부하고 친구들과 어울리면
서 근면성을 배울 시기이지만, 자인은 학
교에 갈 수 없었고, 가출을 하여 돈을 벌
기도 하면서 어른들의 세계에 발을 들여놓고, 사람을 찔러 법정에 서게 되었다. 또한
동생 사하르도 학교에 가지 못한 채 어린 나이에 시집을 가서 너무 빠른 임신으로 결국
은 안타깝게도 죽음을 맞게 된다.

사진 출처: 네이버 영화.

(5) 정체감 대 역할 혼미(identity vs role confusion, 12~18세)

12~18세까지 청소년기는 호르몬의 변화로 인해서 신체적 · 정신적으로
커다란 변화를 경험하는 시기이다. 이러한 변화를 겪는 청소년기는 '앞으로
어떻게 살아야 할 것인가?' '나는 누구인가?' 하는 자신의 정체감에 대해 의문
을 갖고 심사숙고하는 시기라는 점에서 중요하다. 이 의문에 대해서 의미 있
는 과거를 바탕으로 미래에 대한 지향을 제공하는 해답을 얻게 되면 개인의

정체감이 확립될 것이며, 자신감을 가지고 다가오는 성인기를 맞이할 준비를 하게 된다.

에릭슨의 자아정체감에 대한 정의를 요약하면 다음과 같다.

- 자아정체감은 과거의 나와 현재의 나 그리고 미래의 나와의 연속감 또는 일관성을 의미한다.
- 자아정체감은 주체적 자아와 객관적 자아 간의 조화를 의미한다.
- 자아정체감은 '나는 나다.'라는 실존의식을 의미한다.
- 자아정체감은 자신에 대한 타인의 견해와 자신의 견해를 통합하여 일관된 자아상을 가지는 것이다.

그래서 자아정체감이 형성되었다는 것은 자기의 성격, 취향, 가치관, 능력, 관심, 인간관, 세계관, 미래관 등에 대해 비교적 명료한 이해를 하고 있으며, 그런 이해가 지속성과 통합성을 가지고 있는 상태를 말한다. 청소년기의 자아정체감은 올바른 자아정체감 형성에 있어서 매우 중요한 시기이다. 그 이유는 청소년기가 가지는 발달적 특징, 사회적 변화를 개인이 어떻게 수용·극복하느냐에 따라서 자아정체감이 다르게 형성되고, 이때 형성된 것은 이후에 비교적 변화가 어렵기 때문이다. 만약 정체감을 성취하는 데 실패하여 해답을 얻지 못하면, 내가 누구이며 현재 어디에 속해 있고 앞으로 어디로 향해 갈 것인지를 모르는 정체감 역할 혼미를 느끼게 되면서 교육, 직업, 결혼에서 낙오될 수 있다. 이 시기의 고민은 앞으로 자신의 삶을 어떻게 살아야 할 것인가에 대한 방향성을 갖게 하기 때문에 에릭슨은 이 단계를 두 번째로 중요한 단계로 보았다. 이때 가까운 친구들은 서로 전형적인 모델이 되기 때문에 정체감 혼돈의 위기를 극복하는 데 도움을 주는 역할을 한다. 이 시기에 또래관계라는 주요 사건을 경험하면서 '충실성'이라는 덕목을 배우게 된다.

정체감 대 역할 혼미 시기에 해당하는 인물에 대해서 살펴보자.

제12장에서 다루는 영화 〈베일리 어게인〉
에 나오는 인물인 이든은 정체감 대 역할
혼미의 시기에 해당하는 인물이다. 이든은
학교에서 운동선수로 좋은 성적을 거두면
서 원하는 대학으로 입학하여 자신이 어떠
한 직업을 가지고 살아야 할 것인가에 대한

직업적 정체감을 형성하였다. 하지만 불의의 사고로 다리를 다치면서 운동을 할 수 없게
되자 운동능력을 발휘할 수 있는 대상과 활동이 없어지면서 정체감 유예를 보였다.

사진 출처: 네이버 영화.

마르시아(Marcia, 1966)는 정체감의 상태를 두 차원의 조합[위기(crisis)와 수
행(commitment)]에 의해 네 가지 범주(정체감 확립, 정체감 유예, 정체감 유실, 정
체감 혼미)로 좀 더 세분화하여 구분하였다. 위기는 자신의 가치관을 재평가
하는 기간을 의미하고, 수행은 계획, 가치, 신념 등에 대해 능동적인 의사결
정을 내린 상태를 의미한다.

마르시아가 구분한 정체감 범주는 〈표 3-2〉와 같다.

〈표 3-2〉 마르시아의 정체감의 범주

수행		위기	
		예	아니요
수행	예	확립(achievement) (위기 해결)	유실, 폐쇄(foreclosure) (위기 해결)
	아니요	유예(moratorium) (위기 현재 진행 중)	혼미(diffusion) (위기 경험 없음)

출처: Marcia (1966).

제3장 영화를 심리적 관점으로 보는 데 도움이 되는 이론

(6) 친밀감 대 고립감(intimacy vs isolation, 19~24세)

19~24세는 성인 초기로서 성인이 되어 개인은 부모로부터 독립하게 되고 스스로 사회적인 책임을 지기 시작하며, 직업 및 배우자 선택 등을 경험하는 시기이다. 개인은 생산적인 일을 수행하는 것은 물론 친구나 이성관계에서 조건 없이 도움을 줄 수 있는 태도를 가지고 타인과 감정 및 가치관을 원만하게 교류하면서 친밀감을 형성할 수 있을 것이다. 12~18세에 해당하는 정체감 대 역할 혼미 시기에 자아정체감이 확립되어서 내가 누구이고 어떤 사람인지를 확실히 알고 있다면, 자신의 정체감을 상실하거나 타인의 정체감에 종속되는 두려움 없이 자신의 정체감을 누군가의 정체감과 융합시킬 수 있으면서 친밀감을 형성할 것이다. 그러나 이 단계의 위기를 극복하지 못하는 경우, 타인과의 접촉을 피하고 정서적으로 고립되어 혼자만의 세계에 빠져서 타인과 원만한 사회적 관계를 맺기 어려워진다. 이 시기에 우정 및 애정관계라는 주요 사건을 경험하면서 '사랑'이라는 덕목을 배우게 된다.

영화에 적용하기

친밀감 대 고립감에 해당하는 인물에 대해서 살펴보자.

제4장에서 다루는 영화 〈가버나움〉에 나오는 라힐은 친밀성 대 고립감 시기에 해당하는 인물이다. 라힐은 혼자 아기를 키우며 열심히 일하는 것으로 보이지만 자인이 라힐을 누나라고 부르는 것을 보면 라힐은 젊은 미혼모라고 추측할 수 있다. 시민권도 없어서 위축되어 있고 사람들

과 친밀감을 나눌 수 없는 상황 속에서 고립감을 느끼게 되는 라힐이지만, 자신의 아기인 요나스를 통해서 친밀감을 형성하고 있다.

제6장에서 다루는 영화 〈굿 윌 헌팅〉에 나오는 윌도 친밀성 대 고립감 시기에 해당하는 인물이다. 윌은 연인인 스카일라와의 만남과 어린 시절부터 오래된 친구들과의 만남을 통해서 친밀감을 형성하고 있고, 따뜻한 정신과 의사인 숀을 통해서도 친밀감을 형성하고 있다.

제12장에서 다루는 영화 〈베일리 어게인〉에 나오는 마야 역시 친밀성 대 고립감 시기에 해당하는 인물이다. 대학에서 친구들과 어울리지 않으면서 고립감을 경험하고 있었지만 반려견 티노를 키우면서 친밀감을 형성하고 있다.

사진 출처: 네이버 영화.

(7) 생산성 대 침체성(generativity vs stagnation, 25~54세)

25~54세에 해당하는 시기인 성인은 사회와 다음 세대를 가르치고 긍정적 발전을 위해 노력하고 직접적으로 참여함으로써 생산성을 획득하게 된다. 그러나 사회와 다음 세대에 대해 무관심과 이기심으로 일관하게 된다면 침체성을 형성하게 되어 권태감과 대인관계의 악화 상태에 빠지게 된다. 이러한 사람은 자신의 욕구와 만족만을 충족하려고 하기 때문에 신체적·심리적 문제를 가질 수 있다. 이 시기에 양육이라는 주요 사건을 경험하면서 '배려'라는 덕목을 배우게 된다.

생산성 대 침체성 시기에 해당하는 인물에 대해서 살펴보자.

제4장에서 다룰 영화 〈가버나움〉의 등장 인물인 영화감독은 생산성 대 침체성 시기에 해당하는 인물이다. 영화감독은 4년 넘게 영화를 준비하면서 방치된 아이들과 만나면서 느낀 것들을 현실적으로 반영하여 현실을 날카로운 시선으로 포착한 영화 작품을 만들었고, 이를 통하여 관람객들로 하여금 난민 아동들이 처한 현실과 문제에 대해 제대로 알게 하였고, 아이들을 지속적인 위험에 방치하지 않도록 하기 위해 난민 아동들을 위한 구호 행동을 하였다.

자인의 부모님도 생산성 대 침체성 시기에 해당하는 인물이다. 하지만 이들은 타인을 위한, 아니 자신의 자식들을 위한 복지행동을 전혀 하지 않고, 직장에서 능력 발휘도 하지 않으면서 인생무상에 빠져서 무기력해하며 사회에 불만을 느끼는 침체성 속에서 살아가고 있다.

사진 출처: 네이버 영화.

(8) 자아통합 대 절망감(ego integrity vs despair, 54세 이후)

이 시기는 인생의 황혼기로서 자신의 전체적인 삶을 돌아보게 되는데, 이때 자신의 인생에 충족감과 만족감을 가지고 자신의 삶이 보람과 가치가 있다고 생각하는 사람은 자아통합을 이루게 된다. 반면에 자신의 실수에 대해서 후회하고 놓쳐 버린 기회에 대해서 분노하고 인생이 후회스럽고 무가치하다고 느끼며 좌절감과 증오심을 갖고 자신의 삶을 생각하는 사람은 절망감을 느끼게 된다.

이 시기에 자신의 인생에 대한 반성과 수용을 경험하면서 '지혜'라는 덕목을 배우게 된다.

저자는 이 책의 독자들이 에릭슨의 심리사회적 발달 이론에 기초하여 인간 행동과 기능의 기초가 되는 자신의 자아로 관심을 도모하면서, 미래를 향해서 인생의 심리사회적 위기를 극복할 수 있는 능력을 향상시키고 현실을 다루어 나가는 자율적이고 합리적이고 의식적인 존재가 되기를 바라는 측면에서 다양한 연령층이 등장하는 네 편의 영화를 선정하였다.

제3장 영화를 심리적 관점으로 보는 데 도움이 되는 이론

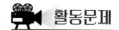 **활동문제**

활동 1. 지금까지 여러분이 본 영화 중에서 관찰학습의 네 가지 과정으로 설명할 수 있는 영화에 대해서 적어 보자.

	영화 제목	영화를 선정하게 된 이유
주의과정		
파지과정		
재현과정		
동기과정		

결과: 나는 _____ 알게 되었다.

나는 _____ 놀랐다.

나는 _____ 고마웠다.

나는 _____ 아쉬웠다.

활동 2. 여러분의 인생을 되돌아보면서 부버의 세 가지 관계에 해당하는 사람, 사물, 활동 등에 대해서 적어 보자.

	사람	사물	활동
무인격적 관계			
반인격적 관계			
인격적 관계			

결과: 나는 _____ 알게 되었다.

나는 _____ 놀랐다.

나는 _____ 고마웠다.

제3장 영화를 심리적 관점으로 보는 데 도움이 되는 이론

활동 3. 에릭슨의 심리사회적 발달단계의 주요 덕목이 잘 나타난 영화에 대해서 자유롭게 적어 보자.

	영화 제목	영화를 선정하게 된 이유
희망		
의지		
목적		
유능성		
충실성		
사랑		
배려		
지혜		

활동 4. 에릭슨의 심리사회적 발달단계에 해당하는 인물이 등장하는 영화에 대해서 기억나는 대로 자유롭게 적어 보자.

	영화 제목	인물에 대한 소개
신뢰감 대 불신감		
자율성 대 수치심, 회의감		
주도성 대 죄책감		
근면성 대 열등감		
정체감 대 역할 혼미		
친밀감 대 고립감		
생산성 대 침체감		
자아통합 대 절망감		

탐색문제

1. 지금까지 본 영화 중에서 관찰학습의 네 가지 과정이 잘 나타난 영화에는 어떤 영화가 있는지에 대해서 토론해 보자.

2. 밴듀라는 학습과 수행의 개념을 구별하였다. 지금까지 본 영화 중에서 영화에서 학습한 내용이 실제의 삶에서 수행으로 연결된 영화에 대해 토론해 보자.

3. 지금까지 본 영화 중에서 에릭슨의 심리사회적 발달단계의 주요 덕목이 잘 나타난 영화에 대해 토론해 보자.

4. '나는 직업적 측면 혹은 인생목표의 측면에서 어떤 자아정체감 범주에 속해 있는가?'에 대해서 그 이유와 함께 생각해 보자.

5. 지금까지 여러분에게 기여했던 중요한 '영웅'이 있었는가? 있었다면 그 이름을 이야기해 보고, 그 영웅의 어떤 특징이 중요하였으며, 그 영웅이 자신에게 준 가치에 대해서 토론해 보자.

6. 여러분이 좋아한 텔레비전 프로그램을 세 가지 들어 본다면 무엇인가? 그 프로그램에서 여러분이 동일시한 인기 있는 성격 혹은 특징은 무엇이었는지에 대해서 토론해 보자.

7. 밴듀라 이론, 부버 이론, 에릭슨 이론을 배운 후 스스로에 대해서 알게 된 중요한 사항은 무엇이 있는지에 대해서 생각해 보자.

제4장

가버나움: 가족

개봉 연도: 2019년

감독: 나딘 라바키

배우: 자인 알 라피아, 요르다노스 시프로우,
보루와티프 트레저 반콜, 카우사르 알 하다드

영화를 선정한 이유

이 영화는 감독이 4년 넘게 레바논 빈민가, 소년원, 난민 등 많은 사람을 인터뷰한 실화에 기초하여 만들어졌고, 실제 난민을 기용해 모든 연기가 자연스럽게 나오도록 하면서 가장 열악한 사람들의 삶을 매우 사실적으로 그려 냈다. 감독 스스로도 영화 속에서 변호사로 등장하면서 자기 목소리를 내기에는 역부족인 약자들의 편에서 관찰자로서, 때로는 대변자로서 세상을 향해서 일침을 가하고 있다.

이 영화는 '무엇이 이런 빈곤과 불평등을 야기하는가?'라는 물음을 던진다. 주인공인 소년 자인이 어려움을 겪고 있는 것은 무능력하거나 노력을 하지 않아서가 아니었다. 이 영화를 보면서 가난은 한 개인의 문제이고 개인의 잘못이라고만 잔인하게 말할 수 없다는 것을 느끼게 된다. 자인이 겪고 있는 어려움은 국가의 문제이고 어른이, 아니 부모가 제 역할을 하고 있지 않아서 겪고 있는 어려움이다. 그래서 이 영화는 대학생으로서 한 번쯤은 보아야 할 영화가 아닌가 생각한다. 아울러 저자는 사회에서 소외된 극빈층의 아이들, 불법체류자, 인신매매, 난민 문제 등 사회에 대한 시각을 가질 것을 촉구한다. 또 다른 시각으로 이 영화는 세상은 변할 것이고 차별과 경제 문제로 분열되어 가는 세상을 묶을 수 있는 것은 오로지 가족의 사랑이라는 중요한 가치를 보여 준다. 이 영화를 통해서 가족에 대해 심리학적 측면에서 살펴봄으로써 아무리 극단적이고 혼란스럽고 가혹한 상황 속에서도 사랑의 공간이 존재한다는 것을 느낄 수 있게 되기를 바란다. 또한 자신의 가족에 대해서도 다시 한번 잘 생각해 보는 기회가 되기를 바라며, 건강한 가족관계를 위하여 우리 각자가 어떻게 변화해야 할지에 대해서도 생각해 보면서 조금씩 감당할 수 있는 만큼 하나씩 해결해 보기를 기대한다.

사진 출처: 네이버 영화.

1. 가족의 의미

　가족은 인간이 가진 제도 중 가장 오래된 것으로서, 결혼관계로 맺어진 혈연집단이고, 일차적 집단(primary group)이고, 공동사회집단(gemeinschaft)이며, 폐쇄적 집단(closed group)이다.

1) 가족의 기능

　가족의 기능은 다음과 같다.
　첫째, 가족은 애정을 도모하는 기능을 가지고 있다. 가족은 부부간에, 부모와 자녀 간에, 형제자매 간에 서로 사랑과 애정을 주고받으면서(give and take) 신뢰감을 형성한다. 즉, 가족은 일방적으로 사랑을 주기만 하는 것도 아니고 일방적으로 사랑을 받기만 하는 것이 아니라고 말할 수 있다. 사랑과 애정을 주고받는 형태는 사람들마다 다양하게 나타나서, 때로는 함께하는 시간일 수도 있고, 칭찬과 격려하는 말일 수도 있고, 선물일 수도 있고, 봉사일 수도 있다.

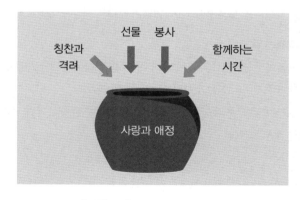

[그림 4-1] 사랑과 애정의 형태

예를 들어, 20대의 대학생 자녀와 중년기의 부모의 경우를 생각해 보자. 대학생 자녀는 부모에게서 '칭찬과 격려하는 말'을 들으면서 사랑받기를 원할 수 있다. 하지만 부모는 대학생 자녀가 원하는 사랑의 형태에 관심을 기울이지 않고 자신의 생각대로 어릴 적부터 주었던 용돈과 같은 선물로 사랑을 주고 있다고 착각한다면, 자녀는 자신이 원하는 사랑의 형태를 알아차리지 못하는 부모에게 거리감을 느끼게 되면서 더 이상 부모와 대화가 되지 않는다고 할 것이다. 마찬가지로 중년기의 부모는 대학생 자녀와 '함께하는 시간'을 보냄으로써 사랑을 주고받고 싶은데, 자녀는 부모가 원하는 사랑의 형태에 관심을 기울이지 않고 공부하고 방 청소를 하는 것과 같이 자신이 하고 있는 '봉사'로 사랑을 주고 있다고 착각한다면, 부모 또한 자녀에게 거리감을 느끼게 될 것이다.

영화에 적용하기

사랑과 애정의 형태가 나타난 장면에 대해서 살펴보자.

1) 함께하는 시간

- 라힐이 수감되어 있는 동안에 자인과 요나스는 집과 시장을 돌아다니면서 늘 함께 있었다.
- 라힐은 어린 요나스를 집에 혼자 둘 수 없었기 때문에 직장에 데리고 왔다.

2) 칭찬과 격려하는 말

- 자인은 부모에게 존중받고 싶다고 했으나 아버지로부터 저주받은 씨라는 소리를 들을 정도로 부모로부터의 칭찬과 격려하는 말이 결핍되었다.
- 자인이 며칠 만에 집으로 돌아와도 부모는 자인의 안부를 묻는다거나 하는 따뜻한 격려의 말을 하지 않았다.

3) 선물

- 자인은 집에서 나온 후 라힐의 집에서 살게 되었다.

- 자인은 동생 사하르를 주려고 가게에서 먹을 것을 사기도 하였다.
- 영화의 맨 마지막 장면에서 알 수 있듯이, 자인은 드디어 원하던 신분증을 가지게 되었다.

4) 봉사
- 자인은 라힐이 수감되어 집으로 올 수 없는 상황에서 요나스에게 우유와 먹을 것을 구해 주면서 성심성의껏 돌봐 준다.

5) 사랑과 애정의 형태가 서로 다른 장면
자인은 어머니에게 존중받고 싶은 마음(칭찬과 격려하는 말)이 컸으나 자인의 어머니는 자인에게 곧 태어날 동생의 이름을 죽은 여동생 이름인 사하르로 짓겠다(선물)고 하는 장면에서 자인의 어머니와 자인 간의 사랑의 형태가 매우 다르다는 것을 알 수 있다.

둘째, 가족은 안정감을 부여하고 서로를 수용하는 기능을 가지고 있다. 가정은 사람들에게 가장 편안한 곳이며, 자신이 가지고 있는 어떤 어려움을 이야기하더라도 수용할 수 있는 넓은 포용력을 가진 가장 강력한 정서적 지지원이다.

가정이야말로 고달픈 인생의 안식처요, 모든 싸움이 자취를 감추고 사랑이 싹트는 곳이요, 큰 사람이 작아지고 작은 사람이 커지는 곳이다.

-H. G. Wells-

가족 구성원 간에는 즐겁고 긍정적인 대화도 오고 가지만, 때로는 부정적인 감정을 느끼게 될 때가 있다. 부정적인 감정을 느끼는 순간에 앞뒤 상황을 살피지 않고 폭발적으로 표출하는 것도 문제가 되지만, 자신의 감정을 속이고 무조건 억제하는 것도 건강한 방법은 아니다. 우리는 매스컴에서 가족을 살해하는 패륜적인 범죄 뉴스를 접하곤 하는데, 가족 간에 느낄 수 있는 부정적인 감정을 지속적으로 억제하다가 갑자기 폭발하는 것이 얼마나 끔찍한지에 대해서 잘 알 수 있다.

따라서 부정적인 감정을 느낄 때에는 자유롭게 건설적으로 표현할 수 있는 수용적 분위기를 형성하는 것이 무엇보다도 필요하며, 자신의 목적, 기대감, 싫어하는 것, 좋아하는 것 등을 확실하게 표현하여 가족 간에 발생할 수 있는 갈등을 건설적으로 처리해야 한다. 의사소통의 통로를 항상 열어 둠으로써 이해하고 존경하고 감사하는 마음을 서로 진실하게 표현할 수 있어야 할 것이며, 이를 통하여 가족 간의 관계는 건전해지고 서로 지지해 주며 서로 간에 조화를 유지할 수 있을 것이다. 가족 간의 의사소통이 얼마나 자주 있는가, 어떤 내용에 대해 의사소통을 하는가 하는 것은 자녀의 정신건강에 영향을 미치며, 가족 내의 의사소통의 내용과 질은 자녀의 의사소통 잠재력에 매우 큰 영향을 미친다.

의사소통 유형에는 사슬형(chain network), 원형(circle network), Y형 (Y network), 바퀴형(wheel network), 완전통로형(all-channel network)이 있다 ([그림 4-2] 참조).

[그림 4-2] 가족 간의 의사소통 유형

사슬형은 중간에 위치한 가족원들은 양 옆의 두 가족원과 의사소통을 하고, 양쪽 끝에 위치하는 가족원은 한 가족원과만 의사소통을 하는 유형이다. 원형은 모든 가족원이 각각 양 옆에 해당되는 가족 구성원과 의사소통이 되지만, 그 외의 다른 사람과는 의사소통이 잘 안 되는 유형이다. Y형은 메시지가 한 가족원을 통하여 한 가족원 또는 둘 이상의 가족원에게 전달되는 유형으로서, 아버지 혹은 어머니를 통해서 전달되는 것이라고 볼 수 있다. 바퀴형은 중심이 되는 한 가족원이 모든 가족원과 의사소통을 할 수 있으나 나머지 가족원은 중심이 되는 한 가족원과만 의사소통할 수 있는 유형이다. 완전통로형은 모든 가족원 간에 양방향적으로 원활하고 자유롭게 의사소통이 이루어지는 유형이다. 완전통로형의 의사소통 방식은 비조직적이고 시간이 많이 걸리지만 가족 구성원이 모두 참여하여 의사소통하기에 가장 바람직한 의사소통 유형이라고 할 수 있다.

셋째, 가족은 만족감과 목적의식을 부여하는 기능을 가지고 있다. 가족은 가장 편안한 삶의 안식처가 되기도 하면서 인간의 가장 기본적인 욕구를 충족시키는 곳이다. 각자가 모두 한 가족의 구성원으로서 사랑하는 가족을 위해 아침이면 일터에 나가 일하고 저녁이면 다시 가족 집단 속으로 들어와 휴식을 취하고 내일을 준비하기도 하며, 삶에 있어서 아무리 큰 고난과 어려움을 마주쳐도 참고 이기고 견디어 내면서 살아갈 이유를 찾기도 한다.

넷째, 가족은 지속적인 동료감을 갖게 하는 기능을 가지고 있다. 현대인들은 직업이 바뀌고 학교를 옮기고 이사하고 질병이 생기는 등 다양한 변화 속에 살고 있는데, 가족은 이러한 생활환경의 변화 속에서 심리적으로 적응할 수 있도록 항상 함께하면서 공감과 지지를 함께 나누는 동료가 된다.

다섯째, 가족은 사회적 지위를 부여하며 사회화 기능을 가지고 있다. 가족은 자신이 희망하는 것과 관계없이 부여되고, 출생하면서 가족과 사회의 구성원이 되어 활동할 수 있는 기능과 제반 능력을 획득하게 되며, 출생순위와 성별에 따라 가족 내에서 일정한 지위가 부여된다. 가족 내 구성원으로서의 책임과 역할을 분담하지만 역할 수행에 있어서 자신에게 주어진 일뿐만 아니라 서로 돕는 협력체제도 잘 이루어진다. 부모는 자녀에게 역할모델의 기능을 수행하고 자녀의 가치, 목표, 태도 및 직업선택 등 다양한 영역에 영향을 미친다. 그러므로 부모는 자녀의 모범(example)이 되고 자녀에게 권고(exhortation)하며 지속적으로 훈련(exercise)하는 등 사회화 역할을 수행해야 한다.

영화에 적용하기

자인의 부모는 사회화의 기능을 수행하였는가에 대해서 살펴보자.

아이는 가정과 학교에서 세상의 규범, 가치를 배워야 한다. 하지만 자인의 부모는 자인을 학교에 보내지 않았다. 이 때문에 자인은 사회화의 기능을 학습할 수 있는 기회가 없었고, 가정에서도 바람직한 사회화가 이루어지기는커녕 자인의 부모는 미성년자인 자인에게 마약을 사 오도록 심부름을 시키거나 마약을 만들어서 팔게 하였다.

여섯째, 가족은 통제력 및 정의감 확립의 기능을 가지고 있다. 자녀가 가정에서 경험한 칭찬과 벌은 선악에 대한 분별력이 되어 그의 도덕, 정의, 가치에 대한 개념을 형성하고, 사회생활에 필요한 규칙, 권리, 의무, 책임감을 배우게 된다.

영화에 적용하기

부모의 책임감을 수아드와 라힐에 적용해서 살펴보자.

- 수아드는 미성년자인 사하르를 어린 나이에 결혼시켜서 생계 유지에 도움을 받으려고 하였다. 만약 사하르가 책임감 있는 라힐의 자녀였다면, 사하르는 죽지 않았을 것이며 학교에도 다니게 되었을 것이다.
- 라힐은 어린 요나스를 끝까지 자신이 책임지고 양육을 하기 위해서 일을 열심히 하

제4장 가버나움: 가족

고 부모로서의 책임감을 다하려고 하였다. 만약 요나스가 책임감 없는 수아드의 자녀였다면, 요나스는 일찌감치 시설로 보내졌을 것이다.

이를 위해서는 부모의 양육태도가 중요한데, 바움린드(Baumrind)는 부모의 애정과 통제의 수준에 따라 부모의 양육태도를 권위적(authoritative), 독재적(authoritarian), 허용적(permissive), 무관심적(uninvolved) 유형으로 분류하였다(〈표 4-1〉 참조).

〈표 4-1〉 바움린드의 부모의 양육태도

	애정	통제
권위적 부모	○	○
허용적 부모	○	×
독재적 부모	×	○
무관심한 부모	×	×

- 권위적 부모는 자녀에 대한 애정과 따듯함을 가지고 적절한 통제를 하는 형태로 자녀를 키우므로, 자녀가 자기신뢰적이고 자기통제적이고 성취 지향적이고 친근하고 행복하게 성장할 가능성이 크다.
- 독재적 부모는 자녀에 대한 애정과 따듯함이 낮은 상태에서 강한 통제로 규율을 맹목적으로 강요하고 나쁜 행동은 지적하고 처벌하며 심한 처벌과 훈육을 하기 때문에 자녀가 사회적 능력과 자발성이 부족하고 냉담하며 수동적이고 복종적이고 자아존중감이 낮을 가능성이 크다.
- 허용적 부모는 자녀의 행동을 적절하게 통제하는 일이 없이 자녀가 원하는 것에는 수용적이고 반응적이고 애정적이어서 자녀가 의존적이고 자기중심적이고 충동적이고 공격적이며 책임감이 부족하게 성장할 가

능성이 크다.

- 무관심한 부모는 자녀에 대한 애정과 통제가 전혀 없이 방임하기 때문에 자녀의 욕구에 대해서 무반응적이고 거부적이므로 자녀가 반항적이고 적대적이고 공격적이며 낮은 자아존중감을 가지게 될 가능성이 크다.

　　각각의 양육태도의 유형이 여러 가지 장단점이 있으나, 일반적으로 애정을 가지고 통제를 하고 칭찬과 벌을 사용하는 권위가 있는 부모가 바람직한 부모의 양육태도라고 볼 수 있다. 하지만 우리나라의 부모들은 자신이 어린 시절에 통제만 받았던 것이 싫어서 아이들이 어릴 때에는 되도록 허용적인 부모 양육태도를 보이는 경향이 있다. 하지만 칭찬이 과잉되면 독이 될 수 있으며, 칭찬을 너무 많이 받은 자녀는 안전만을 지향하며 모험을 안 하는 경향이 있다. 또한 자녀가 사춘기가 되면서 통제를 해야 하는 상황이 발생할 수 있는데, 사춘기 시기에는 부모보다는 친구나 매스미디어의 영향력이 커지기 때문에 통제를 받지 않았던 자녀들은 부모의 통제를 받아들이기 어렵게 되어 소위 말하는 '중2병'이 생기기도 한다. 따라서 자녀가 어렸을 때부터 자녀가 노력한 것과 잘하는 것에 대해서 구체적으로 칭찬하고 격려하고 자신이 할 수 있는 한계를 정해 준 후 애정을 가지고 뒤에서 든든하게 지켜 준다면, 큰 안정감을 가지고 한 인간의 삶에 지대한 영향을 미칠 도덕적 가치관을 정립하며 사회적 규범에 따르는 통제와 정의감을 확립해 나갈 것이다.

영화에 적용하기

자인의 부모의 양육태도에 대해서 살펴보자.

자인의 부모는 어린 자인이 집을 나가도 전혀 찾는 행동을 하지 않고 집으로 다시 돌아왔을 때에도 따뜻한 말보다는 혼내는 행동을 한다. 자녀에 대한 애정과 통제가 없고 자녀의 욕구에 반응이 없으며 거부적이기 때문에 무관심한 양육태도를 가지고 있다.

2) 건강한 가족의 특징

가족은 사회를 형성하고 존속하게 하는 필수 불가결의 기본 단위일 뿐만 아니라 개인에게도 정서적·심리적 욕구를 충족할 수 있는 중요한 집단이다. 가족은 이제까지 알려진 어떤 집단보다도 개인의 기본적인 욕구를 잘 충족시켜 주기 때문에 반드시 필요하다. 자녀를 출산하여 복잡한 현대사회의 책임을 수행할 수 있는 훌륭한 시민으로 양육하는 일은 오직 가족에게만 기대된다. 현대사회 속에서 외로운 노부모들의 특질이나 성인들의 정서적 욕구나 자녀들의 불안감을 감당해 주는 공간인 가족이라는 단위가 없다면, 아마도 산업사회는 적재적소에서 기능할 수 있는 인간을 충분히 공급받을 수 없을 것이다. 즉, 가족은 사회와 가족 구성원에게 정신적·정서적 건강의 중요한 근원이 된다(류현수, 이정숙, 김주아, 2007). 이와 같이 건강한 가족은 자신뿐만 아니라 사회의 발전에도 지대한 영향을 주기 때문에 건강한 가족을 유지하기 위한 노력이 끊임없이 필요하다.

건강한 가족은 다음과 같은 특징을 지니고 있다.

첫째, 가족 구성원은 가족의 행복과 안녕에 깊은 관심을 가지며, 이를 무엇보다도 중요시한다.

둘째, 가족 구성원은 일상생활의 실망과 기쁨을 함께 나누며 공감해 주는 정서적 지지를 아끼지 않는다.

셋째, 가족 구성원 간에는 함께 대화를 나누는 시간이 많으며, 상대방의 견해에 관심을 보이고 적극적으로 경청하는 등 효과적인 의사소통이 이루어진다.

넷째, 가족 구성원은 함께 식사하고, 대화하고, 여가를 보내는 등 함께 많은 활동을 공유한다.

다섯째, 가족 구성원은 효율적인 문제해결능력을 지니고 있어 가족이 당면하는 여러 가지 문제나 위기를 힘을 모아 잘 해결해 나간다.

여섯째, 가족 구성원은 가족 내 구성원으로서의 책임과 역할을 분담하지만 역할 수행에 있어서 자신에게 주어진 일뿐만 아니라 서로 돕는 협력체제도 잘 이루어진다.

2. 부모-자녀관계

부모-자녀관계는 인간관계 중에서 가장 혈연적인 관계이며 선택의 여지 없이 주어지는 숙명적인 관계이다. 자녀의 입장에서는 태어나서 최초로 맺는 인간관계이며, 부모의 양육을 통해 성격에 영향을 받는 등 한 인간의 인격 형성에 있어서 가장 중요한 관계이다. 부모-자녀관계는 중요한 교육의 장이며, 가장 기본적인 사회화 과정이 일어난다. 부모-자녀관계는 사회 속에 존재하는 하나의 생태학적 관계이므로 사회의 제반 영향력에 노출되어 있다. 브론펜브레너(Bronfenbrenner)의 생태이론에 의하면, 자녀는 부모 이외에 보다 넓은 사회적 환경, 즉 가족, 학교, 또래집단, 친척, 이웃, 직장, 대중매체, 기관, 문화권의 태도와 사상 등의 영향을 받으면서 성장하게 된다. 이와 같이 세상을 알려 주는 것이 바로 부모이다. 하지만 최근 우리나라의 젊은 부부들이 육아의 어려움과 과도한 교육비 부담으로 인해 자녀 출산을 미루고 있거나 한 자녀만 출산하려고 하면서, 부모가 되고자 하는 것은 필수가 아닌 선택적인 결정이 되었다.

현대사회에서 부모는 자녀에게 정서적인 안정을 제공하며 부모의 기대나 요구보다는 자녀의 요구나 가능성을 잘 파악하고 존중하며 지속적인 성장에 관여하기 때문에, 효율적인 부모-자녀관계를 위해 부모 역할에 대한 준비가 필요하다. 현대의 젊은이들은 자신이 성장할 때 훈육받았던 부모의 교육방식이 비효율적이라고 느낌에도 불구하고 자녀를 어떤 방법으로 양육해야 하는지, 교육을 어떻게 시키는 것이 올바른 것인지, 자녀의 발달단계는 어떠한지 등에 대해서는 여전히 준비가 소홀하다. 출산율이 감소하고 있는 현대 사회에서 부모-자녀관계가 더욱더 중요하다는 인식이 증대되면서 최근 대학 교양과목 그리고 종교단체에서는 좋은 부모가 되기 위한 훈련을 실시하고 있다. 부모-자녀관계는 자녀가 성장함에 따라 끊임없이 변화한다. 아동기 때는 부모의 주도적인 태도에 따르던 아이도 사춘기가 되면 자신의 독립성을 주장하게 되므로, 좀 더 자율성을 부여하고 개별성을 인정하는 양육태도로 바뀌지 않는다면 부모-자녀관계는 갈등의 연속이 된다. 따라서 자녀가 어릴 때는 부모가 자녀의 행동에 좀 더 많이 관여하고 구체적으로 이끌어 주는 사랑과 훈육이 필요하고, 커 갈수록 자녀가 스스로 깨닫고 결정하여 자신의 영역을 넓혀 나갈 수 있도록 뒤에서 지지해 주는 양식으로 양육태도가 변화해야 하며 관계가 조정되어야 한다. 부모는 자녀에게 구체적으로 행동하는 방법인 매뉴얼을 가르치는 것이 아니라 스스로 사고하도록 가르쳐야 한다.

2) 애착

대부분의 동물들은 태어날 때 이미 자신의 생존에 필요한 종 특유의 능력을 어느 정도 완성시켜 가지고 태어난다. 하지만 인간은 동물과 달리 스스로 살아가는 데 필요한 그 어떠한 신체적·정신적 능력도 갖추지 못한 채 결핍된 존재로서 무기력한 상태로 태어나며, 이러한 무기력한 상태를 극복하고자 주변의 가까운 사람, 즉 부모의 양육을 받게 된다. 볼비(Bowlby)에 따르면, 부모와의 관계 경험은 아이의 애착 형성에 있어서 중요할 뿐 아니라 아이가 내적 표상과 외적 표상을 형성하는 데 영향을 미쳐서 대인관계의 내적 작동모델이 되어 전 생애에 걸쳐서 지속적인 영향을 미치는 것으로 알려져 있다.

볼비(Bowlby, 1969)는 애착유형을 크게 세 가지로 구분하였다.

(1) 안정된 애착

안정된 애착(stable attachment)을 형성한 유아들은 엄마가 나가면 불안해하지만 엄마가 보이지 않는 상황에서도 비교적 안정된 감정 상태를 유지하며, 엄마가 돌아온 후에도 바로 평정을 찾고 계속 놀았다. 이러한 안정된 애착은 엄마가 따뜻하게 사랑으로 돌보고 일관성 있게 수용적이고 우호적인 행동을 보일 때 형성된다.

자신과 타인에 대해서 긍정적인 표상을 가지고 있기 때문에 자신감이 있고, 상대방을 신뢰하기 때문에 상대방과 따뜻하고 친밀한 관계를 형성할 수 있게 된다. 사랑과 신뢰에 기초하기 때문에 상호 간에 도움을 주고받을 수 있으며, 서로의 독립성을 인정하고 갈등이 생겼을 때에도 건설적으로 해결할 수 있다.

(2) 불안한 또는 양가적인 애착

불안한 또는 양가적인 애착(anxious or ambivalent attachment)을 형성한 유아들은 엄마가 나가면 무지하게 울고, 엄마가 다시 돌아와도 화내며 계속 울었다. 이러한 양가적 애착은 엄마가 기분이 좋으면 잘해 주고 기분이 나쁘면 못해 주는 등 엄마의 비일관적이고 변덕스러운 감정에 치우쳐서 수용적 행동과 거부적 행동을 일관성 없이 나타낼 때 형성된다. 엄마에 대한 신뢰를 갖지 못하고 불안감을 느껴 엄마에게 지나치게 매달리는 의존행동을 보이거나 눈치 보는 행동을 하는 것이다.

자신에 대해서는 부정적인 표상을 가지고 타인에 대해서는 긍정적인 표상을 가지고 있기 때문에 불안하여 상대방을 신뢰하는 데 어려움이 있어서 관계에 대해 걱정하고 집착할 수 있다. 친밀감을 열망하면서도 거부에 대해서 불안하고 예민하기 때문에 갈등을 만들거나 과장하여 문제가 있을 수 있다.

(3) 회피적 애착

회피적 애착(avoidant attachment)을 형성한 유아들은 엄마가 나가도 전혀 개의치 않고 혼자 시간을 보내거나 놀았다. 이러한 회피적 애착은 어머니가 냉담하고 스킨십을 하지 않으며 무관심하고 지속적으로 거부적인 반응을 보일 경우에 형성된다.

거부회피형은 자신에 대해서는 부정적인 표상을 가지고 타인에 대해서는 긍정적인 표상을 가지고 있기 때문에 타인과의 친밀한 관계를 불편해하고 회피하여 냉담할 수 있다. 그들은 자신에게만 초점을 맞추고 상대방으로부터 거부를 당하지 않으려고 오히려 상대방에게 가까이 가지 않으려는 방어적인 경향성을 지닌다.

공포회피형은 자신과 타인 모두에 대해서 부정적인 표상을 지닌 사람들로서 사람들과 가까이 지내고 싶지만 한편으로는 가까워지는 것이 두렵고 불편하다. 상대방에 대해 일관성이 없을 수 있으며, 그들의 양면적 태도는 혼란으로 이어질 수 있다.

영화에 적용하기

자인과 요나스의 부모는 어떤 애착유형을 가지고 있는지에 대해서 살펴보자.

요나스는 어머니인 라힐이 요나스의 욕구에 적절히 반응하였기 때문에 안정적 애착을 형성하였을 것이다. 자인의 어머니인 수아르는 자인의 욕구를 충족시켜 주지 않았고, 급기야 자인이 부모를 믿지 못하고 고소하는 상황으로까지 간 것으로 보아, 자인은 회피적 애착을 형성하였을 것이다.

학생들의 영화 감상평

- 가슴이 먹먹해짐과 동시에 영화를 보고 내가 현재 누리고 있는 것들에 감사했고, 영화를 통해 많은 사람이 이 문제의 심각성을 알고 그들의 행복을 위해 지속적으로 관심을 가져 주었으면 좋겠다고 생각했다.

- 부모님, 집, 옷 등 내가 가진 모든 것이 사실은 모두 당연한 것만이 아니라는 생각 또한 들었다. 앞으로는 작은 것들에 대해 감사하며 살고 싶다. 또한 익숙함에 속지 않아야 한다는 생각이 들었고, 평범한 것이 누군가가 원하는 이상적인 모습이었을 수 있다. 가족 간 소통과 관심, 사랑은 정말 중요하다.

- 영화가 진행되는 내내 자인의 표정이 자신의 신분증 사진을 찍는 마지막 장면 이외의 장면에서는 모두 무표정으로 나와 더욱 마음이 아팠다. 어린 나이에 나름의 욕구도 있고 아쉬운 것도 있을 텐데 그런 것들은 모두 잊은 채 너무도 빨리 어른의 생활전선에 뛰어들어서 현실을 살아가고 있는 모습이 무척 답답하기도 했다. 과연 자녀를 양육하는 부모의 책임이란 무엇인가에 대해서, 가정에서도 질적인 돌봄을 받지 못하여 심리적으로 안정된 환경을 제공받지 못하는 것에 대해서 무겁게 생각하게 되는 계기가 되었고, 난민이라는 이유로 불이익을 받는 열악한 난민들의 인권에 대해서도 생각하게 되었다.

- 〈가버나움〉을 보고 난민, 아동노동, 빈곤 등 우리가 생각하는 것보다 더 힘든 삶이 있다는 것을 알게 되었다. 〈가버나움〉에 나온 주인공들은 당장 먹고 살기가 힘든 환경인데도 어떻게든 열심히 살려고 하는 모습을 보고 지금 내 모습이 부끄러웠다. 〈가버나움〉에 나온 것처럼 많은 아이들이 이런 세상에서 힘겹게 살아간다는 것을 생각하니까 내가 누리고 있는 것들에 대해서 감사하면서도 나누지 못하는 것이 미안하기도 하다.

 **활동문제**

활동 1. 영화 〈가버나움〉을 심리적 관점으로 분석해 보자.

심리적 관점	심리적 관점에 대한 질문	심리적 관점에 대한 답변 (수업시간에 배운 내용에 근거해서 쓰기를 권장)
인물	등장인물 중 가장 기억에 남는 인물은 누구인가? 긍정적 모델인가, 부정적 모델인가?	
관계	등장인물 중 누구와 누구의 관계가 가장 기억에 남는가?	
통찰	이 영화가 내게 주는 메시지는? 영화를 보고 중대한 결심을 했거나 인생이 변하였는가?	
과정	상황이나 문제를 해결하는 방법 중 가장 기억에 남는 것은?	
자신	어느 인물이 나와 가장 유사한가? 혹은 유사하지 않은가?	
분석	분노, 시기, 질투, 불안, 수치심, 기쁨, 사랑 등의 감정 중 어느 감정을 가장 많이 느꼈는가?	

활동 2 영화 〈가버나움〉을 창의적으로 생각하면서 자신의 삶에 적용해 보자.

창의적으로 적용할 수 있는 질문	창의적으로 적용할 수 있는 답변
영화 속 명장면과 그 이유?	
영화 속 대사와 그 이유?	
우리의 감정(불안, 기쁨, 공포, 희망 등)을 가장 극대화한 영화음악은?	
용기, 지혜, 호기심, 휴머니즘 같은 긍정심리학의 가치를 주제로 담고 있는가?	
감독이 이 영화에서 말하고 싶은 것은?	
영화를 보고 한 중대한 결심 혹은 나의 삶에 영향을 미친 것은?	
이 영화의 제목을 달리한다면?	

활동 3. 자인의 가족을 가족의 기능의 측면에서 써 본 후, 나의 가족에 대해서도 적용해 보자.

가족의 기능	자인의 가족	나의 가족
애정을 도모하는 기능		
안정감을 부여하고 서로를 수용하는 기능		
만족감과 목적의식을 부여하는 기능		
지속적인 동료감을 갖게 하는 기능		
사회화의 기능		
통제력 및 정의감 확립의 기능		

활동 4. 자인의 가족을 의사소통의 측면에서 써 본 후, 나의 가족에 대해서도 써 보자.

가족의 의사소통	자인의 가족	나의 가족
어떤 의사소통 유형에 속해 있는가?		
의사소통 구조에서 자인(나)은(는) 어떤 위치에 존재하는가?		
가장 소통하기 어려운 가족 구성원은 누구이며, 그 이유는 무엇인가?		
모든 구성원이 좀 더 원활하게 소통하기 위해서는 어떤 노력이 필요한가?		

제4장 가버나움: 가족

활동 5. 자인의 가족을 건강한 가족의 특성의 측면에서 써 본 후, 나의 가족에 대해서도 써 보자.

건강한 가족의 특성	자인의 가족	나의 가족
가족의 행복과 안녕에 깊은 관심		
서로에 대한 정서적 지지		
효과적인 의사소통		
많은 활동을 공유		
효율적인 문제해결능력		
자신의 가족 역할을 잘 수행		

활동 6. 여러분이 가족을 소개하는 영화의 시나리오를 쓰는 작가가 된다면 어떤 내용으로 가족을 소개할 것인지에 대해서 써 보자.

가족의 역사적 배경	과거 역사, 그 당시 환경 상황	
가족 구성원의 개인적 요인	성격, 자아개념, 소망 등	
가족의 외적 요인	현재 여건, 문제를 지속시키는 상황적 요인	
가족 대인관계 특성	가족관계–친구관계–이성관계–직장에서의 관계	
가족 구성원의 보호요인	강점, 대처전략	
가족 구성원의 위험요인	약점, 취약성	
기타		

탐색문제

1. 이 영화를 본 후에 아이의 양육은 누구의 책임이라고 생각하는가에 대해서 토론해 보자.

2. 가난한 사람은 아이를 낳을 수 없는가? 자인의 부모와 요나스의 어머니를 비교해서 토론해 보자.

3. 이 영화를 본 후에 어른의 기준은 무엇인가에 대해서 토론해 보자.

4. 이 영화를 본 후에 사람답게 살아갈 권리란 무엇인가에 대해서 토론해 보자.

5. 이 영화를 본 후에 여러분이 대한민국에서 태어난 것에 대해 어떻게 느끼는가에 대해서 토론해 보자.

6. 여러분이 만약 차별을 받는 상황이라면 어떻게 이겨 나가겠는가에 대해서 토론해 보자.

제5장

가버나움: 프로이트 이론

이 영화는 건강하지 않은 부모로부터 충분한 사랑을 받지 못하고 적절한 욕구를 충족하지 못하고 자란 자인이 그의 무의식적인 분노를 사람을 죽이려는 행동으로 표출하고 급기야는 부모를 법정에 세우게 되는 과정을 담고 있다. 우리도 과거를 떠올리면서 인생 초기의 경험, 특히 부모와의 초기 경험에서 비롯된 무의식적인 생각, 감정, 행동이 현재의 삶에 어떤 영향을 미치고 있는지에 대해서 한번 생각해 보아도 좋을 것 같다.

프로이트 이론의 인간관은 어린 시절부터 의식수준에서 받아들일 수 없는 무의식적 동기와 비이성적인 힘인 본능적 추동이 인간의 행동을 결정한다고 보는 결정론적 입장을 취하는데, 이 영화야말로 어린 시절의 경험의 중요성에 대해서 다룬 영화이기에 이 영화를 프로이트 이론의 관점에서 살펴보는 것이 가능하다고 생각하였다. 이러한 과정을 통해서 나의 무의식을 의식수준에서 자각하면서 건강한 삶을 살아갈 수 있도록 나의 삶을 어떻게 변화시켜야 할지에 대해서 스스로 적용해 보기 바란다.

사진 출처: 네이버 영화.

1. 의식구조

프로이트(Freud)는 지형학적 모델(topographical model)을 통해 인간의 마음을 의식(conscious), 무의식(unconscious), 전의식(preconscious)으로 구분하여 하나의 지도로 개념화했다. 프로이트는 인간의 마음을 흔히 빙산에 비유하여 '우리가 알고 있는 의식의 영역은 물 위에 떠 있는 빙산의 일각에 불과하다.'고 하였고, 우리가 모르는 무의식의 영역이 물 속의 큰 부분을 차지하면서 훨씬 더 우리의 삶에 영향을 준다고 하였다.

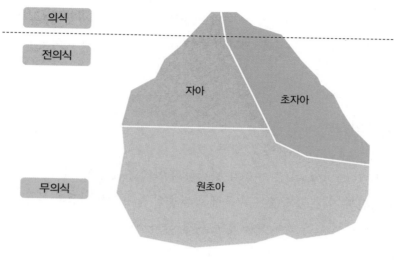

의식

전의식

자아

초자아

무의식

원초아

[그림 5-1] 의식구조와 성격구조

1) 의식

의식(conscious)은 개인이 현재 자각하거나 느낄 수 있는 생각, 감각과 경험을 포함하는데, 우리가 현재 어떤 것을 이야기할 때 이것은 의식의 일부분을 표현한다고 할 수 있다. 정신생활의 극히 일부분만이 의식의 범위 안에 머물러 있어서, 새로운 생각이 정신에 들어오면서 오래된 생각은 물러나고 의식의 내용은 지속적으로 변한다. 프로이트는 의식은 빙산의 일각에 불과하다고 하며 우리가 자각하지 못하고 있는 부분이 많다는 것을 강조하였다.

2) 전의식

전의식(preconscious)은 무의식과 의식의 중간에 있는 이용 가능한 기억으로, 어느 순간에는 의식되지 않지만 조금만 노력하고 주의를 집중하면 무의식에 저장된 기억, 지각, 생각을 의식으로 가져올 수 있는 정신의 부분이다.

예를 들어, 지난주에 읽었던 이 책의 내용들이 나의 관심 영역에서 사라지면서 전의식의 자료가 되지만, 책과 비슷한 내용을 읽게 되면 의식수준으로 떠오르게 된다.

3) 무의식

무의식(unconscious)은 우리가 자각하지 못하는 경험과 기억으로 구성되어서 정신의 가장 크고 깊은 수준에서 작동되고 의식적 사고와 행동을 전적으로 통제하는 힘이 되어 모든 행동을 결정하는 주된 원인이 된다.

무의식은 프로이트가 가장 중요하게 생각했던 자각의 수준으로 마음을 구성하는 사고, 감정, 본능, 욕구, 갈등, 동기 등의 자료들이 저장되어 있다. 프로이트는 사고(思考)와 감정 및 행동이 우연히 일어나지 않는다는 것을 굳게 믿었던 엄격한 무의식 결정론자였다. 사고와 감정 및 행동의 원인을 성격의 무의식 속에 숨겨진 충동과 갈등 속에서 찾아내었고, 인간 성격의 상당 부분이 의식수준 아래에 있다고 믿었다. 예를 들어, 우리가 어떤 사람을 만나면서 당황할 때도 있고 왠지 모르게 어떤 상황이 불편할 때가 있는데, 이는 그 사람과 그 상황에 대해서 이전에 억압된 생각과 감정이 무의식 속에 있기 때문이라고 볼 수 있다.

영화에 적용하기

영화를 통해 우리의 의식, 전의식, 무의식에 대해서 살펴보자.

- 의식: 우리는 영화 〈가버나움〉을 보면서 자신의 삶과 영화감독이 영화를 통해서 어떤 메시지를 보내고 있는지를 의식하게 되고, 이 책을 통해서 배운 내용을 의식수준에서 자각하게 된다.

- 전의식: 〈가버나움〉을 보면서 의식했던 내용들이 다른 영화를 보면서 그리고 일상생활을 하면서 〈가버나움〉에 대한 관심이 사라져 전의식의 자료가 된다. 하지만 일상을 살아가다가 비슷한 상황이 생기거나 비슷한 영화를 보게 될 때 의식으로 떠오를 수 있게 된다.
- 무의식: 〈가버나움〉을 보면서 느꼈던 소망과 욕망과 본능과 추진력과 정열이 일상을 살아가면서 무의식으로 자리 잡게 된다. 하지만 〈가버나움〉과 비슷한 차별적 상황 혹은 무책임한 부모의 모습을 대할 때, 때때로 나도 모르게 분노가 치밀어 오르는 감정을 느끼지만 그 이유를 알지 못한다.

무의식은 우리의 일상생활에 알게 모르게 영향을 많이 미치고 있다. 하나의 실험을 예로 들어 보자. 과자의 식감을 조사하는 실험으로 알고 온 피실험자들에게 A 그룹은 레몬향이 나는 방향제를 켜 놓고 B 그룹은 라일락향이 나는 방향제를 켜 놓은 상태에서 이들이 얼마나 과자 부스러기를 남기는지 실험하였다. 연구가설은 '레몬향 그룹이 부스러기를 덜 남길 것이다.'라는 것이었다. 일상생활에서 레몬향을 가장 많이 접하는 물건이 주로 세정제 제품이기에 레몬향을 맡으면 무의식적으로 이와 연관된 행동이 활성화되어서 레몬향이 나는 방에서 자기도 모르게 부스러기를 치운다는 것이다. 결과는 그대로 나타났다. 실험이 끝나고 피실험자들에게 이 실험은 얼마나 과자 부스러기를 남기는지에 관한 실험이라고 솔직하게 말하였더니, 사람들은 '말도 안 되는 소리 하지 마라.'고 하였다. 레몬향 때문에 무의식적으로 그런 행동이 나왔음에도 불구하고 자기들은 몰랐었기에 말도 안 되는 소리라고 하는 것이었다. 이와 같이 행동의 원인이 되는 수많은 경험이 무의식 속에 담겨 있는 경우가 많다.

프로이트는 우리의 내면에 잠재해 있는 무의식의 내용을 전의식으로 끌어올리고 또한 전의식을 의식화하는 작업을 지속적으로 한다면 일과 자신을 사랑할 수 있는 능력을 가진 건강한 사람이 될 것이라고 하였다. 이러한 과정을 훈습(working through)한다면 우리는 우리의 삶에서 하고 싶은 것과 해야만 하는 것을 구별하면서, 또한 해야 할 것과 하지 말아야 할 것을 구별하면서 행복하게 살아가게 될 것이다.

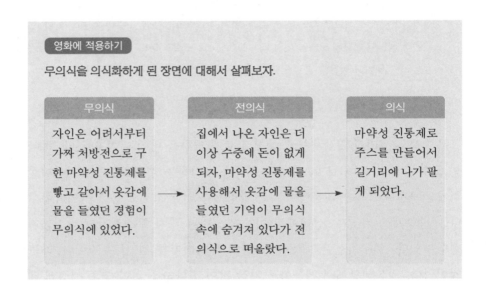

2. 성격구조

프로이트는 인간의 성격구조를 원초아(id), 자아(ego), 초자아(superego), 이렇게 삼중 구조로 구성되어 있다고 보았다.

1) 원초아

이드, 원본능이라고도 불리며, 인간이 생물학적 존재로 태어나면서부터 유전적으로 가지고 온 본능적 욕구로서, 삶을 위해 필수적인 생물학적 욕구이다. 신생아 때부터 존재하는 정신 에너지의 원초적 저장고이며 기본적인 생물학적 반사와 본능적인 욕구를 충동적으로 발산하려고 하는 심리적 측면이다.

원초아의 특성은 쾌락원리(pleasure principle)에 지배받으며, 이를 충족시키면 쾌감으로, 충족시키지 못하면 고통으로 경험하게 된다. 본능은 선천적으로 주어진 조건으로서 에너지를 가지고 있으며, 이러한 본능의 심적 에너지는 인간 활동을 촉진시킨다. 이러한 의미에서 본능을 욕구, 추동, 충동과 비슷한 의미로 볼 수 있다. 프로이트는 인간에게는 두 가지 본능, 즉 삶의 본능과 죽음의 본능이 있다고 보았다. 삶의 본능 에너지는 리비도(libido) 혹은 성 본능 에너지로 불리며, 즐거움을 추구하면서 개인과 인류의 생존이라는 목적에 기여하는 것이다. 죽음의 본능 에너지는 생물이 무생물로 환원하려는 것으로서 자신이나 타인을 파괴하고 처벌하고 공격하는 것이다.

원초아는 무의식이 지배하며 세 가지 자아 중 가장 막대한 힘을 가진다. 예를 들면, 오후 1시 수업인데 점심을 먹지 못해서 몹시 허기질 때 '금강산도 식후경이다.'라고 생각하고 수업시간임에도 불구하고 밖으로 나가서 편의점으로 가서 허기진 배를 채우는 것은 원초아에 의해 지배되고 있는 것이다.

영화에 적용하기

원초아가 나타난 장면에 대해서 살펴보자.

- 자인은 스웨덴으로 떠나기 위해서 출생신고서와 같이 신분을 증명해 줄 서류를 찾으러 집으로 돌아왔다가, 여동생 사하르가 너무 어린 나이에 강제로 임신을 하여 죽었다는 것을 알고 격노해서 그 자리에서 칼을 들고 달려 나가 아사드를 찌르는 행동을 한다.

- 자인의 아버지는 자인이 학교에 보내 달라고 졸라도 들어주지 않고 걸핏하면 자녀들을 욕하고 때리는 등 폭력적인 모습을 보인다.
- 자인의 부모님은 가난해서 가족을 부양할 능력이 없음에도 불구하고 계속 임신해서 아이를 낳고 있다.

사진 출처: 네이버 영화.

2) 자아

원본능의 욕구 충족을 위해서는 현실과의 상호작용이 필요하며, 이 필요에 대처하는 것이 자아의 역할이다. 자아는 환상, 소원, 상상으로부터 현실을 구분할 줄 알며 논리적인 사고를 수행함으로써 현실세계에서 생활하는 것을 도와준다. 자아도 역시 쾌락을 추구하지만 현실원리(reality principle)에 지배를 받아서 생활 속에서 적절한 행동을 하도록 도와주는 역할을 한다. 자아는 한 인간에게 성격의 집행자 역할을 한다. 자아는 내적·외적 상황에 따라 기본적인 본능적 충동의 분출을 만족시키거나 긴장을 감소시킬 대상을 발견할 때까지 에너지 방출을 미루는 성격의 '통제센터'라고 볼 수 있다. 이러한 의미에서 자아는 원초아, 자아, 초자아를 절충하며 환경의 현실적 조건을 고려하는 적응적 기능을 지닌 심리적 측면이며 성격의 집행자라고 볼 수 있다. 원초아는 쾌락의 추구를 위해 충동적으로 표출하지만, 자아는 현실을 인식하고 판단하며 통제하는 기능과 함께 만족을 지연시킬 수 있고 감정을 조절할 수 있고 좌절을 인내하는 것과 같은 다양한 적응적 기능을 담당한다. 예를 들면, 오후 1시 수업인데 점심을 먹지 못해서 몹시 허기지지만, 2시 전에 쉬는 시간이 있다는 것을 알기 때문에 배고픔을 참고 1시간 동안 수업을 듣고 있는 것은 자아에 의해 지배되고 있는 것이다.

자아가 나타난 장면에 대해서 살펴보자.

- 자인은 사실상 거의 무능하고 책임 감 없는 아버지 밑에서 일곱 명의 동생을 돌보는 소년가장으로, 어려 서부터 거리에서 마약 음료수를 팔 고 학교에 가지 않고 동네 슈퍼로 가서 물건을 나르는 일을 하고, 가 게에서 물건을 슬쩍 도둑질해 오는 식으로 돈을 버는 등 어린아이답지 않은 생존력을 가지고 현실을 살아가고 있다.
- 불법체류자인 라힐은 생계를 꾸리기 위해서 아들이 있는 것을 숨긴 채 작은 테마파 크에서 청소원으로 일을 해야 했고, 아들 요나스를 위해서 일하는 도중 아무도 모르 게 화장실에서 요나스를 챙기고 있었다.
- 재판정에서 판사가 재판하고 변호사가 자인을 변호하고 있다.

사진 출처: 네이버 영화.

3) 초자아

초자아를 강조하는 데 빈번하게 사용하는 용어인 양심은 일종의 내적 판단 체계로서 옳고 그름을 가리는 것으로, 사회의 도덕이나 윤리규범이 내면화된 심리적 측면을 말한다. 어렸을 때부터 사회가 요구하는 행동의 기준을 받아들 이는데, 그 내용이 초자아의 일부가 된다. 또한 사람들은 성장하면서 교육이 나 사회화를 통해 사회적 가치와 도덕을 동일시하여 내면화하며 내적 가치를 발달시킨다. 이러한 내적 가치에 따라 행동한 것이 선의 감정 범위 안에 있으 면 선으로, 선의 감정 범위를 벗어났을 때에는 악으로 감정을 가지게 된다.

초자아는 주로 부모의 영향을 받아 인생 초반기에 오이디푸스 콤플렉스나 엘렉트라 콤플렉스를 겪으면서 형성된다. 오이디푸스 콤플렉스(Oedipus complex)는 만 3세 때부터 학령기 전후까지 남자아이가 어머니의 애정을 독점하려 하고 아버지에 대해서 경쟁심을 느끼게 되면서 갈등을 느끼는 것이다. 마찬가지로 여자아이는 엘렉트라 콤플렉스(Electra complex)를 느낀다고 보았다. 이 콤플렉스는 아이가 자기와 같은 성의 부모와 자신을 동일시함으로써 성 동일성을 정립하고 사회질서를 존중할 수 있게 되는 사회화를 통해서 극복하게 된다. 그래서 5~6세가 되면 성격의 사회적 구성요소인 초자아를 발달시키게 된다. 두 콤플렉스는 부모를 사랑해서 경험하게 되는 갈등이기에 필요한 과정이므로, 이러한 콤플렉스를 겪는 것이 비정상적인 것은 아니다. 하지만 이러한 갈등이 잘 해결되지 못하면 권위적 인물에 대해 과도한 두려움이나 복종적 태도를 나타내거나 지나치게 경쟁적인 성격특성을 나타낼 수 있다.

초자아는 도덕원리에 의해 작동되어 죄의식과 같은 벌로써 자아를 감시하고 지배하며 위협할 수 있다. 이와 같이 초자아는 양심과 자아이상으로 구성되는데, 양심은 '해서는 안 된다.'를, 자아이상은 '해야만 한다.'를 대표한다. 예를 들면, 오후 1시 수업인데 점심을 먹지 못해서 몹시 허기질 때 수업시간에 나가서 편의점을 가면 교수님과 다른 학생들에게 피해를 끼칠 것 같아서 끝까지 참고 수업을 듣고 있다면, 초자아에 의해 지배되고 있는 것이다.

인간의 마음 속에서는 원초아, 자아, 초자아, 이 세 가지가 서로 힘겨루기를 하면서 갈등을 겪게 되는데, 서로가 조화를 이루면서 만족을 이루어야 한다. 프로이트는 인간의 심리적 세계를 욕망과 이를 억제하려는 사회문화적 규범이 서로 갈등하며 투쟁하는 과정으로 보았다. 만일 원초아가 강한 사람이라면 매우 충동적이고 무책임한 행동을 보이는 반면, 초자아가 너무 강력해지면 초자아가 이드와 자아를 거의 완전히 지배하여, 현실세계에서 만족을 달성하기 위한 자아의 노력을 불가능하게 하고 이드의 본능을 억제함으로써

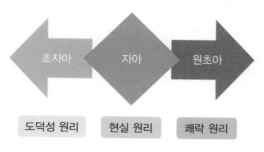

[그림 5-2] 성격의 삼원구조 이론

강한 죄의식을 갖게 하여 과도하게 도덕적이며 금욕적인 행동을 보일 것이다. 따라서 심리적으로 건강한 사람의 경우에는 자아의 역할이 강화되어 본능적이고 충동적인 성향을 인식하고 통제할 수 있도록 하는 자신과의 싸움이 이루어질 것이며 또한 무의식을 의식화하려는 노력을 끊임없이 할 것이다.

3. 방어기제

원초아, 자아, 초자아 간의 갈등이 불안을 끊임없이 야기하는 상황에서, 인간은 불안을 피하려고 한다. 즉, 자아는 충동적으로 쾌락을 추구하는 원초아와 완벽성을 추구하는 초자아 사이에서 일어나는 갈등을 감소시키려고 노력한다. 이와 같이 갈등에서 비롯된 불안으로부터 자신을 보호하기 위해서 방어기제가 무의식적인 과정을 통해 작동하기 때문에 우리는 자신의 행동에 영향을 미치는 진정한 동기를 자각하지 못하게 된다.

방어기제(defense mechanism)는 긴장과 스트레스를 해소해 주기 때문에 스트레스로 인한 혼란을 막아 주기도 하고, 공격적 행동으로 폭발하지 못하게 하기도 하고, 위험한 분노 감정을 여과 없이 표현하지 못하게 하기도 하고, 죄책감 같은 불쾌한 감정들에 얽매여 있지 않게 하기도 하는 것과 같이 우리를 보호한다는 점에서 유용하기도 하다.

하지만 방어기제를 무분별하고 충동적으로 사용하거나, 모든 상황에서 한 가지의 방어기제만을 고집스럽게 사용하거나, 방어기제를 전혀 사용하지 않는 것은 병리적일 수도 있다. 방어기제의 개념을 상황에 맞게 적절하게 사용하는 것이 필요하다.

방어기제의 종류는 다음과 같다.

1) 억압

억압(repression)이란 가장 흔히 사용하는 방어기제로, 의식에서 받아들이기 힘든 위협적인 생각이나 감정 등을 밖으로 밀어내거나, 그러한 자료를 무의식에 눌러 버림으로써 고통스러운 감정을 더 이상 느끼지 않게 되는 것이다. 억압은 망각과 비슷하게 억압된 충동이나 기억을 자신은 알 수 없는 경우가 많기 때문에 무의식적으로 일어난다. 억압의 예로는, 아동이 자신을 학대하는 부모에 대한 뿌리 깊은 적대감이라든지 부모님의 부부싸움 때문에 느꼈던 자기의 불안을 알아차리지 못하고 살고 있지만, 아동학대 혹은 부부싸움에 관한 기사나 토론이 이루어지는 상황에서는 자신도 모르게 불편감을 느끼게 되는 것이 있다.

억압과 유사한 개념인 억제(suppression)는 의식에서 받아들이기 힘든 생각이나 감정을 의식적으로 자기 내부에 눌러 버림으로써 내면에 쌓아 놓는 것이다. 그러다가 별것도 아닌 어떤 순간에 억제된 감정이 폭발적으로 분출되는 것이다. 억제의 예로는, 아버지에게 늘 꾸중을 들었지만 참고 순종적으로 살았던 대학생이 어느 날 별것도 아닌 잔소리를 듣고서 아버지에게 그동안 쌓였던 감정을 모두 쏟아 내고 화를 폭발적으로 분출하여 살인을 했던 실제 사건이 있다.

영화에 적용하기

억압이 나타난 장면에 대해서 살펴보자.

- 자인이 나중에라도 가버나움 지역에 대한 내용을 접할 때 뭔지 모를 불편한 감정을 가지게 된다면, 이는 억압이 나타난 것이다.
- 자인이 나중에라도 여동생의 죽음에 대한 이야기가 나올 때 뭔지 모를 불편한 감정을 가지고 그 대화에 끼지 않으려고 하게 된다면, 이는 억압이 나타난 것이다.

억제가 나타난 장면에 대해서 살펴보자.

• 자인이 아사드의 살인을 계획했다기보다는 부모와 아사드에 대한 분노를 가지고 있다가 여동생 사하르가 죽었다는 것을 알고서 자신도 모르게 억제하고 참았던 감정이 분출되어 아사드를 칼로 죽이려고 한 것이다.

2) 반동형성

반동형성(reaction formation)이란 무의식에 흐르는 생각, 소원, 충동이 받아들이기에 너무나 두렵고 부도덕한 것일 때, 이와는 정반대로 행동함으로써 의식으로 떠오르는 것을 막아서 자신을 보호하는 행동이다. 해당하는 속담은 "미운 사람에게 떡 하나 더 준다."인데, 정반대로 꾸며서 행동하기에 이 행동은 극적(extreme)이고 드라마틱(dramatic)한 측면이 있다. 반동형성의 예로는 위협적인 성적 충동에 사로잡혀 있던 사람이 정반대로 포르노그라피를 맹렬하게 비판하는 것이 있다.

영화에 적용하기

반동형성이 나타난 장면에 대해서 살펴보자.

• 자인이 가출한 후 만난 바퀴벌레 분장을 한 할아버지가 거짓말을 하게 되는 상황에서 오히려 더 큰 목소리로 과장되게 답변하며, 이 때문에 라힐의 가짜 대리인 행사를 하려는 것이 실패하였다.
• 여동생 사하르가 미성년자인데 어른처럼 보이도록 화장을 매우 진하게 하였다.
• 아버지와 어머니가 사하르가 화장한 것에 대해서 자인에게 과장되게 반응하면서 이 상황을 설명하였다.

128 제5장 가버나움: 프로이트 이론

3) 투사

투사(projection)란 자신이 받아들이고 싶지 않은 감정, 소망, 태도, 성격 특징을 자신이 아닌 다른 대상이 지닌 것으로 간주하여 남 탓으로 돌리는 기제이다. 따라서 비난하거나 경멸할 만한 특징을 개인 자신이 소유하고 있음을 깨닫지 못하게 되고, 편견, 부당한 의심이나 경계, 오해, 책임전가, 현실왜곡이 나타나게 된다. 투사의 예로는, 헤어진 관계에서 내가 그를 배반한 것이 아니라 그가 나를 배반한 것이라고 표현하는 것이 있다.

> **영화에 적용하기**
>
> **투사가 나타난 장면에 대해서 살펴보자.**
>
> - 자인의 어머니가 법정에서 자신이 아니면 누구도 자신을 비난할 수 없다고 하면서 자신의 처지에 대해서 참혹한 사회현실을 그 원인으로 돌리고 있다.
> - 자인이 법정에서 억울한 사연을 털어놓으면서 자신처럼 학대당하는 아이가 없게 해 주고 부모가 아이를 못 낳게 해 달라고 하면서 부모 탓을 하고 있다.

4) 합리화

합리화(rationalization)란 자신이 경험하는 상황이 받아들이기 어려운 경우, 자신의 행동에 대해서 사실적인 이유 대신에 그럴듯하게 이치에 닿는 이유를 내세워서 받아들여질 수 있게끔 행동을 재해석하여 불안을 회피하는 기제이다. 합리화의 예로는, 이솝 우화의 〈여우와 신포도〉에서 키 작은 여우가 포도를 못 먹게 되자 포도가 실 것이라고 결론을 내린 것을 들 수 있다.

합리화가 나타난 장면에 대해서 살펴보자.

• 법정에서 자인의 엄마가 자기도 조혼을 해서 딸에게 조혼을 강요한 게 잘못인 줄 몰랐다고 말하고 있다.
• 법정에서 아사드가 조혼의 정당성에 대해서 이야기하고 있다.

5) 전위

전위(displacement)란 한 대상에 대한 욕구를 다른 대상을 통해 대리적으로 충족시키거나 본능적 충동의 대상을 덜 위협적인 대상으로 바꾸는 기제이다. 전위의 예로는, 부모님께 꾸지람을 들은 아이가 적대감을 부모님께 표현하지 못하고 '동대문에서 뺨 맞고 서대문에서 화풀이'하듯, 장난감을 던지거나 개를 발로 차는 행위를 하는 것을 들 수 있다.

전위가 나타난 장면에 대해서 살펴보자.

자인이 주인 집 아이의 우유를 빼앗아 요나스에게 가져다 우유를 먹이고 있다.

6) 동일시

동일시(identification)는 자신보다 훨씬 훌륭하다고 인정되는 어떤 개인이나 집단과 강한 정서적 유대를 형성함으로써 만족을 추구하거나 스트레스를 해결하려는 기제이다.

동일시가 나타난 장면에 대해서 살펴보자.

- 자인이 요나스의 어머니 라힐처럼 요나스에게 우유를 먹이고 요나스를 재우기도 하였다.
- 영화의 첫 장면에서 청소년들이 마치 어른인 것처럼 담배를 피우고 있다.

사진 출처: 네이버 영화.

7) 승화

승화(sublimation)는 전위의 한 형태로, 원래의 목표나 받아들일 수 없는 욕구를 사회적으로 용납될 수 있는 다른 목표나 욕구로 변형하여 충족시킴으로써 스트레스를 해소하려는 기제이다. 원초아의 추동을 일, 유머, 창조적 예술활동과 같은 사회적으로 수용할 수 있는 행동으로 변형하여 간접적으로 만족하는 것으로 나타나는 비교적 바람직한 기제이다. 승화의 예로는, 권투 선수가 되어 공격성을 훌륭한 시합을 하는 것으로 대체하는 것이 있다.

승화가 나타난 장면에 대해서 살펴보자.

〈가버나움〉 영화감독이 난민들의 생활 속에서 느낀 분노 감정을 영화로 만들고, 나아가서 영화감독 자신이 자인의 변호인으로 등장하면서 분노 감정을 표현하고 있다.

사진 출처: 네이버 영화.

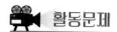 **활동문제**

활동 1. 지금까지 본 영화 중에서 원초아, 자아, 초자아, 무의식이 두드러지게 나타난
영화들을 그 이유와 함께 적어 보자.

	영화 제목	영화를 선정하게 된 이유
원초아		
자아		
초자아		
무의식		

활동 2. 방어기제가 잘 나타난 영화들을 구체적인 내용과 함께 적어 보자.

	영화 제목	구체적인 내용
억압		
억제	〈유나이티드 스테이츠 오브 리랜드(The Unites States of Leland)〉(2004), 〈킬 빌 2(Kill Bill: Vol. 2)〉(2004), 〈바람과 함께 사라지다(Gone with the Wind)〉(1939)	
반동형성		
투사		
합리화		
전위		
동일시		
승화		

활동 3. 가족들의 가계도를 의식차원에서 연령, 직업, 학력, 성격 등과 함께 적어 보자.
남자는 □로, 여자는 ○로 그리고, 생존하시지 않는 경우에는 ×로 표시하자.

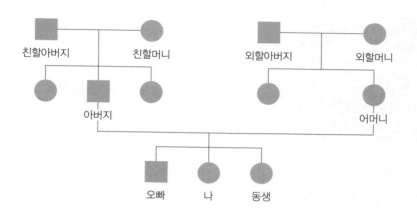

할아버지 (세): _____

_____

할머니 (세): _____

_____

아버지 (세): _____

_____

어머니 (세): _____

_____

형제 (세): _____

_____

활동 4. 가장 어린 시절에 보았던 영화에 대해서 기술하면서 무의식 속에 있었던 내용을 의식화해 보자.

영화 제목	
연령	
함께 본 사람들	
영화를 보게 된 계기	
등장인물	
영화(장르, 영화음악, 영화 장면 등)	
줄거리	
영화를 본 후 느꼈던 감정, 생각 등	
이 영화가 지금의 나에게 미치는 영향	

1. 프로이트의 원초아, 자아, 초자아의 개념을 에릭 번(Eric Berne)의 부모 자아, 어른 자아, 어린이 자아의 개념과 비교하여 설명해 보자.

2. 프로이트 이론으로 영화를 볼 때 흥미롭고 도움이 되는 점에 대해서 생각해 보자.

3. 여러분이 기억하고 싶은 또는 기억하고 싶지 않은 과거는 무엇인지에 대해서 생각해 보자.

4. 여러분의 삶에서 방어기제가 하는 역할에 대해서 생각해 보자. 여러분이 가장 많이 사용하는 방어기제는 무엇인지도 함께 생각해 보자.

5. 프로이트 이론을 배운 후 스스로에 대해서 알게 된 몇 가지 중요한 사항은 무엇이 있는지에 대해서 생각해 보자.

캐스트 어웨이: 스트레스

개봉 연도: 2001년
감독: 로버트 저메키스
배우: 톰 행크스, 헬렌 헌트,
　　　　라리 화이트, 닉 서시

영화를 선정한 이유

이 영화는 '스트레스가 삶의 일부분이 되어 버린 상황에서 다양한 스트레스 속에서 살아가고 있는 현대인들이 어떻게 스트레스를 극복하면서 살아갈 것인가?'라는 물음을 던지면서, 현대인이 더 이상 피할 수 없는 스트레스를 어떻게 대처하면서 살아갈 것인가에 대해 생각해 볼 것을 촉구한다. 스트레스의 종류도 다양하고, 스트레스를 견딜 수 있는 대처자원도 다양한 만큼, 이 영화를 통해 우리가 당면하고 있는 스트레스가 우리의 삶에서 기능적으로 작용할 수 있도록 관리하는 스트레스 모델에 대해 심리학적 측면에서 살펴보려고 한다.

주인공 척이 비행기 사고로 무인도에서 4년 동안 살게 되면서, 친구들과 식사를 하고 대화를 하는 일, 회사에서 일하는 것, 여자친구와 만나서 대화하는 것 등 사고가 생기기 전까지의 삶에서는 당연하게 여기던 일상들이 더 이상은 어려운 현실이 되어 버렸다. 세상이라는 울타리 속에 있으면 사소한 것의 중요성을 간과해 버리고 살기 쉬운데, 이 영화는 무인도라는 상황에서 사소한 것의 중요성을 깨닫게 함으로써 아주 사소한 것, 지극히 사소한 것에 행복이 있음을 깨닫게 해 준다.

우리는 매 순간 선택을 하며 그 선택에 책임을 지게 된다. 선택을 해야 하는 상황에서 정면 돌파를 하는 사람도 있고, 외면하거나 무시하며 현 상황을 회피하는 사람도 있다. 주인공 척은 무인도에 있으면서 그 누구도 쉽사리 극복하기 힘든 현실에 부딪혀 어려운 난관에 처했지만, 그러한 두려움에 굴복하지 않고 끊임없이 난관과 시련을 극복한다. 이 영화를 보면서 주인공 척이 그러한 경험을 발판 삼아서 어떤 스트레스 상황에서도 잘해 나갈 수 있을 것이라는 믿음을 보여 준다. 이 영화를 통해서 여러분도 자신의 삶의 주인공은 그 누구도 아닌 자기 자신이라는 것을 깨닫게 되기를 기대한다.

사진 출처: 네이버 영화.

1. 스트레스 모델

스트레스의 사전적 정의는 '적응하기 어려운 환경에 처할 때 느끼는 심리적 · 신체적 긴장 상태'이며, '스트레스'는 원래 물리적 용어로서 물체의 외부에 압력을 가하면 물체의 내부에서 발생하는 압박 상태를 나타낸다.

심리학적으로도 강한 소음, 임박한 시험 같은 스트레스 유발인자에 노출되었을 때 우리에게 발생하는 어떤 것을 의미하며, 내분비의학자인 셀리에 (Selye)가 의학적 개념으로 도입하였다.

스트레스는 우리의 삶에 긍정적인 영향을 미칠까, 아니면 부정적인 영향을 미칠까?

만약 스트레스가 결혼, 취업, 입학, 성취 등과 같이 바람직하고 좋은 일에서 유도되었다면 한 개인에게 긍정적으로 작용하여 개인으로 하여금 각성 및 동기 수준을 높이고 생활에 활력을 불어넣어 자신감과 창의력을 높여 줄 것이고, 반면에 가까운 사람의 사망, 이혼, 질병 등과 같이 바람직하지 않고 부정적인 일에서 유도되었다면 유해한 결과를 초래할 것이다. 이와 같이 현대인들은 긍정적이든 부정적이든 간에 상관없이 많은 스트레스를 받으면서 살아가고 있기 때문에, 스트레스를 유발하는 원인을 잘 파악하고 사전에 통제하는 노력을 통해서 스트레스를 건설적으로 관리하는 것이 필요하다.

스트레스를 잘 관리하게 된다면 스트레스를 받는 것이 위기라기보다는 또 하나의 기회로 작용하게 되면서 스트레스에 잘 대처하게 될 것이다. 하지만 너무 많은 스트레스는 역기능적으로 작용하여 신체적 · 심리적 증상을 유발하므로 바람직하지 않기 때문에 스트레스를 다이어트(stress diet)할 필요성이 있고, 너무 낮은 스트레스는 삶에 어떤 동기로도 작용하지 않아서 바람직하지 않기 때문에 적당한 수준의 스트레스 상태를 유지하는 것이 필요하다.

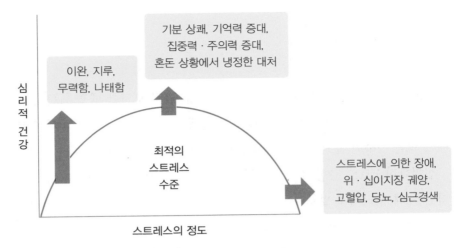

[그림 6-1] 스트레스의 수준과 심리적 건강의 관계

출처: 이종목, 이계윤, 김광윤(2003).

스트레스를 스스로 감당할 수 있는 수준인지 아닌지를 알아보고 스트레스
가 만성화되기 전에 자신만의 방법으로 스스로 스트레스를 해결하는 습관을
개발하는 것은 심리적 건강을 유지하는 데 매우 중요하다. 스트레스를 잘 이
해하고 관리할 수 있는 스트레스 모델에 대해서 살펴보도록 하자([그림 6-2]
참조).

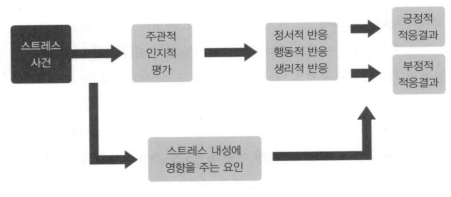

[그림 6-2] 스트레스 모델

1) 잠재적으로 스트레스를 주는 사건

생활에 있어서 사소하거나 중대한 사건과 상황들은 잠재적으로 스트레스를 주어서 모두 스트레스의 원천으로 작용할 수 있다.

(1) 좌절

심리학자들은 좌절을 어떤 목표를 추구하는 것이 방해받는 상황에서 일어나는 것으로 정의한다. 현대인들은 원하는 것을 가질 수 없는 상황이 많이 발생하기 때문에, 교통체증 속에 있다거나 사랑하는 연인과 헤어지거나 장학금을 못 받게 되었다거나 하는 것처럼 쉽사리 좌절되는 상황을 떠올릴 수 있다. 좌절은 크게 환경적 요인과 개인적 요인으로 분류할 수 있다.

환경적 요인으로 인한 좌절은 다음과 같다.

첫째, 자연적·물리적 요인이다. 예를 들면, 약속 시간이 늦었는데 사고가 났을 때, 핸드폰이 고장 났을 때, 핸드폰을 집에 두고 왔을 때, 컴퓨터의 고장으로 인해서 중요한 일처리를 못할 때의 경우이다.

둘째, 경제적 요인이다. 예를 들면, 좋은 집에 살고 싶고 멋진 자동차도 타고 싶고 가지고 싶은 물건이 많은데 경제적 사정으로 살 수 없는 경우이다.

셋째, 사회적 요인이 있다. 예를 들면, 대학 진학의 필요성을 느끼지 못하고 있지만 체면과 주변의 사회적 압력으로 대학을 가야 하는 경우이다.

개인적 요인으로 인한 좌절은 다음과 같이 세 가지로 구분할 수 있다.

첫째, 개인이 너무 높은 도덕적 기준을 가지고 있는 경우이다. 부모의 도덕적 기준이 너무 높을 때 자녀도 마찬가지로 높은 도덕적 기준을 가지게 되어 다른 사람들은 그냥 지나칠 일들에 대해서도 쉽게 좌절을 느끼게 되는 것이다.

둘째, 자신이 이루고자 하는 일에 대해 자신의 능력이 부족하다고 느끼거나 열등의식을 가지고 있는 경우이다.

척의 좌절이 보이는 장면에 대해서 살펴보자.

- 척은 비행기 추락사고로 가까스로 목숨을 건졌지만, 해변가 모래에 SOS를 써 놓고 구조를 기다리면서 무인도에서 살고 있다.
- 무인도에서 표류하면서 생활하다 보니 먹을 것과 마실 것이 제한적일 수밖에 없었다.
- 생선과 게를 잡지만 날것으로 먹는 데 어려움을 겪어서 나무 작대기를 비벼 가며 불을 피우려 하지만 실패하였다.
- 구명보트와 노를 이용해 배를 만들어서 탈출을 시도하지만, 심한 파도를 넘지 못하고 산호초에 부딪혀서 부상을 당하고 구명보트마저 터진 채로 무인도로 돌아왔다.
- 치통에 시달려도 치과를 갈 수 없었고 결국 스케이트 날을 이에 대고 반대쪽을 돌로 쳐서 이를 뽑고 그 쇼크로 기절해 버렸다.
- 척은 무인도에서 살아 돌아왔지만, 연인 켈리는 척의 치과 주치의였던 제리 러빗과 결혼한 상황이었다.

사진 출처: 네이버 영화.

셋째, 자신이 수행해야 할 과제가 지나치게 높거나 이루기 어려운 목표라면 그것이 좌절을 가져다줄 수 있다. 예를 들면, 20대 청년이 5년 안에 세계 5위 안에 드는 재벌이 되는 것이 인생의 목표라고 정하였다면, 이는 쉽게 성취 가능하지 않기 때문에 좌절을 느낄 것이다.

(2) 압력

경쟁사회 속에서 살아가고 있는 현대인들은 많은 압력 속에 놓여 있는데, 수행압력과 순응압력으로 분류할 수 있다. 수행압력은 한층 높은 우수한 표준에 도달하기 위해서 수행해야 할 일종의 임무의 성격을 지니고 있고, 순응압력은 우리의 외부가 우리에게 기대하는 것에 따라 행동해야 하는 외관상의 요구들이다.

영화에 적용하기

척의 압력이 보이는 장면에 대해서 살펴보자.

세계적인 택배회사 페덱스(FedEx)에서 근무하는 척이 러시아 모스크바 지부 창고에서 직원들을 모아 둔 채 "분류 작업을 3시간 안에 끝내시오. 그러지 못하면 우리의 주인인 시계가 우리 밥줄을 끊을 거요."라고 일장 연설을 하는 모습에서 그의 수행압력을 알 수 있다. 또한 그는 미국 테네시주 멤피스에서 모스크바로 오기 전 본인의 시계를 택배로 보냈다면서 그 택배를 열어 87시간이 지나 있는 시계를 직원들에게 보여 준다. "이게 중요한 서류였다면 운명이 수천 번 뒤집혔을 시간입니다. 서두릅시다." 그는 시간에 아주 민감하고 마감을 잘 지키려고 하는 수행압력이 높은 전형적인 현대인이다.

사진 출처: 네이버 영화.

(3) 갈등

갈등은 인간이 소유하고자 하는 대상물은 제한되어 있고 소유욕은 무한하여 두 가지 이상의 동등한 힘을 가진 동기, 태도, 가치, 목표들이 동시에 유발되는 상태를 말한다. 즉, 갈등은 우리가 두 개의 양립할 수 없는 요구, 기회, 욕구 및 목표에 당면할 때 일어나는 것이다.

레빈(Lewin)은 개인적 갈등의 영역에 대해서 다음과 같이 분류하였다.

첫째, 접근–접근 갈등이 있다.

접근–접근 갈등은 두 가지의 매력적인 목표가 있지만 둘 다 가질 수는 없어서 하나를 선택해야 하는 경우를 말한다. 예를 들면, 여름휴가를 산으로 갈 것인가 바다로 갈 것인가, 아니면 A 회사 물건을 살 것인가 B 회사 물건을 살 것인가를 고민하는 것이다. 이 갈등은 좋아하는 것 사이의 갈등이기에 그리 큰 갈등을 야기하지는 않는다.

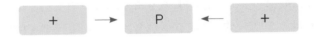

둘째, 회피–회피 갈등이 있다.

회피–회피 갈등은 두 개 모두 마음에 들지 않는 목표이기 때문에 둘 다 하고 싶지 않은 상태에서 하나를 선택해야 하는 경우이다. 이 경우에는 둘 다 하기 싫은 것 사이에서 발생하기 때문에 갈등을 해결하기 위해서 회피하는 방어적 기제가 작용하게 된다. 즉, 수업시간에 수업을 듣는 것도 싫고 수업을 안 들으면 F학점을 받는데 그것도 싫어서 수업시간에 앉아 있기는 하지만 공상을 하거나 핸드폰을 하거나 잠자는 경우이다. 방어기제를 사용하였는데도 갈등이 해소되지 않으면 정서적 불안과 긴장 상태가 지속되는 부적응사태를 유발하게 된다.

제6장 캐스트 어웨이: 스트레스

셋째, 접근-회피 갈등이 있다.

접근-회피 갈등은 하나의 목표가 매력적인 측면과 매력적이지 않은 측면을 둘 다 갖고 있어서 그 목표를 추구할 것인지 말 것인지를 선택해야 하는 경우이다. 예를 들면, 취업하고 싶은 회사가 월급은 많은데 복지가 좋지 않은 경우, 초콜릿은 맛있는데 살이 쪄서 먹을지 말지를 고민하는 경우이다. 이러한 갈등을 적극적으로 해결하지 못하는 경우에는 욕구가 완전히 없어지지 않고 오히려 긴장이 더 커진 상태로 남아 있기 쉽다.

$$\pm \longrightarrow P$$

넷째, 중다 접근 회피 갈등이 있다.

중다 접근 회피 갈등은 두 개의 목표가 각각 매력적인 측면과 매력적이지 않은 측면을 둘 다 갖고 있어서 두 개의 목표 중 어떤 한 개의 목표를 선택해야 하는 갈등으로, 가장 흔한 경우의 갈등이다. 예를 들면, 취업하고 싶은 회사가 있는데 한 회사는 월급은 많지만 복지가 좋지 않고, 다른 한 회사는 월급은 적지만 복지가 좋은 경우에 둘 중에서 어떤 회사를 지원할지를 두고 고민하는 경우이다. 두 개의 목표를 두고 많은 고민을 하였기 때문에 둘 중 하나를 선택한 후에도 다른 목표에 대한 좋은 점을 생각하게 되어서 결정을 잘한 것인지에 대해 계속해서 고민을 할 수 있기 때문에 스트레스를 느끼게 된다.

$$\pm \longrightarrow P \longleftarrow \pm$$

〈표 6-1〉 갈등의 종류

접근-접근 갈등	회피-회피 갈등	접근-회피 갈등	중다 접근 회피 갈등
두 가지 매력적인 목표 중에 하나를 선택해야 할 때 발생하는 갈등	두 가지 매력적이지 않은 목표 중에 하나를 선택해야 할 때 발생하는 갈등	하나의 목표가 매력적인 면과 매력적이지 않은 면을 모두 가지고 있어 선택할지에 대해 고민할 때 발생하는 갈등	두 개의 목표가 각각 매력적인 면과 매력적이지 않은 면을 가지고 있어서 어떤 한 개의 목표를 선택할지에 대해 고민할 때 발생하는 갈등

영화에 적용하기

척의 중다 접근 회피 갈등이 보이는 장면에 대해서 살펴보자.

밤새 폭풍우에 시달려서 지치고 아무것도 먹지 못해서 힘이 없는 척이 바다로 떠내려가는 윌슨을 발견하고 뗏목과 이어 주는 생명줄을 잡고 바다에 뛰어들었지만, 척은 윌슨을 구하려고 하면 생명줄을 잡을 수가 없어서 척이 죽을 것 같고, 뗏목으로 돌아오면 척은 살지만 윌슨을 바다에 떠내려가게 해야 해서 그 사이에서 갈등한다.

(4) 변화

일상생활 중에 우리에게 닥쳐오는 변화는 우리 삶에 불균형을 유발하면서 스트레스를 준다. 즉, 실직, 이혼, 사별 등의 부정적 변화는 스트레스를 주고, 갑자기 승진을 하거나, 갑작스럽게 장학금을 받고 외국에서 공부하게 되거나, 갑자기 결혼하게 되거나, 어느 날 복권이 당첨되거나, 갑자기 벼락 스타가 되는 것 등과 같은 급작스러운 긍정적 변화는 우리 삶에 불균형과 긴장을 유발한다. 따라서 우리는 긍정적 변화이든 부정적 변화이든 간에 상관없이 변화 속에서 균형을 이루어 가면서 잠재적으로 스트레스를 줄 만한 상황을 통제해 가는 것이 필요하다.

척의 변화가 보이는 장면에 대해서 살펴보자.

척은 비행기 추락 사고로 무인도에
혼자 표류하게 되는 부정적 변화를
겪게 되었다. 무인도에서 생활하면서
날것을 먹기도 하고, 코코넛을 날카
로운 돌멩이로 긁어서 마시고, 택배
물품인 드레스로 자신의 옷을 만들어
서 입고, 동굴에서 생활하고, 4년 동

안 머리를 자르지도 못하는 등 의식주와 외모적인 측면에서도 많은 변화를 겪었다.

사진 출처: 네이버 영화.

2) 주관적인 인지적 평가

(1) 성격

스트레스가 닥칠 때 각 개인이 가지고 있는 성격에 따라서 스트레스를 느
끼는 수준과 스트레스 반응이 다르다.

첫째, 도전적이고 융통성 있고 자존감을 지닌 사람은 스트레스가 닥쳐올
때 이를 피하기보다는 자신을 성장시킬 기회라고 생각하고서 더 도전적으로
대처한다.

둘째, 완벽주의를 가진 사람은 다른 사람에게 맡기지 못하고 자신이 완벽
하게 다 해야만 한다고 생각해서 스트레스를 더 받는다.

셋째, 타인의 일을 우선시하는 성격도 자신의 일을 제대로 못할 수 있기
때문에 스트레스를 받기 쉽다.

넷째, 죄책감을 가진 성격으로 인해서 모든 잘못을 자신의 탓으로만 돌리

는 사람은 과거에 대해 후회를 하는 생각에 사로잡혀서 스트레스를 더 많이 느끼게 된다.

다섯째, A 유형의 행동패턴을 가진 사람들이 B 유형의 행동패턴을 가진 사람들보다 스트레스를 더 받는다. A 유형의 행동패턴을 가진 사람은 극단적인 쟁취의식, 적개심, 공격성, 분노, 조급함, 경쟁심 등이 있고, 시간적 압박을 보이기 때문에 항상 시간에 맞추어서 일하고, 한 번에 한 가지 이상의 일을 하고, 교통정체나 줄 서는 것에 화를 내며, 아무것도 하지 않도록 강요되었을 때 동요한다. 반면, B 유형의 행동패턴을 가진 사람은 더 여유가 있고 덜 경쟁적이고 느긋하고 참을성이 있고 낙관적이고 화도 잘 안 내는 편이다. 한편, C 유형의 행동패턴을 가진 사람은 억제적이며 자기주장이 약하고 감정을 드러내기보다는 체념하고 절망적 반응을 보이며 우울, 불안, 무기력에 빠지기 쉽다.

영화에 적용하기

척의 성격에 대해서 살펴보자.

- 척이 페덱스 배달 박스의 내용물들을 옷, 거울, 연장도구 등 여러 형태로 변형시켜서 무인도에서 생활해 나가는 것을 보면 융통성 있는 성격이다.

- 무인도에서 생선을 날것으로 먹지 않기 위해 불을 피우고, 생존하기 위해 다양한 도구를 만들고, 무인도에서 탈출하기 위해 나무를 잘라서 줄기를 엮고 비디오 테이프로도 묶어서 뗏목을 만든 것을 보면 도전적인 성격이다.

• 척은 페덱스 직원으로 있었을 때에는 일분일초를 다투며 제시간 내에 택배를 전달하는 것만을 유일한 목표로 여기며 살고 있었고, 늘 시간적 압박을 가지고 항상 시간에 맞추어서 일하는 것으로 볼 때 A 유형의 성격으로 보인다. 하지만 무인도에서 돌아온 후에는 무인도에서의 다양한 경험을 토대로 시간에 쫓기기보다는 시간을 관리하면서 좀 더 느긋하게 살아가는 B 유형의 성격으로 살아갈 것으로 보이는데, 이는 마지막 장면에 나오는 척의 여유로운 눈빛을 통해서 느낄 수 있다.

사진 출처: 네이버 영화.

(2) 대처자원

스트레스를 받을 때 극복할 수 있는 대처자원이 다양하면 할수록 스트레스에 잘 대처하게 된다. 예를 들면, 우리가 면접 준비를 할 때 지원한 회사에 대해서 더 열심히 준비한다면 면접 시에 더 좋은 성과를 올릴 수 있을 것이다.

영화에 적용하기

척의 대처자원이 보이는 장면에 대해서 살펴보자.

무인도를 탈출할 때 탄탄한 뗏목을 만들기 위해서 많은 나무줄기를 준비하여 뗏목을 만들었고, 떠내려온 베커스필드 철판으로 돛대를 만들어서 거센 파도에 대처할 수 있었다. 이러한 대처자원이 있었기에 척은 무인도를 무사히 탈출할 수 있었다.

(3) 스트레스의 친숙성

우리는 스트레스에 처음 부딪힐 때에는 엄청난 스트레스를 받지만 동일한 스트레스 자극에 친숙해질수록 스트레스를 덜 느낀다. 예를 들면, 처음 수영을 배울 때에는 스트레스를 받지만 수영에 능숙해질수록 스트레스를 덜 받게 된다. 이는 자녀양육, 운전, 수술, 면접시험 등의 경우에도 마찬가지이다.

영화에 적용하기

척의 스트레스에 대한 친숙성이 보이는 장면에 대해서 살펴보자.

• 무인도에서 탈출하기 위해서 처음에는 엉성한 배를 만들어서 험난한 파도를 헤쳐 나갔지만, 결국 거센 파도에 휩쓸려서 다리에 상처를 입게 되었다. 아마도 척은 이때 자신이 무인도를 탈출하기 힘든 상황이라는 것을 알게 되었을 것이고, 엄청난 스트레스를 받았을 것이다. 하지만 무인도에서 4년간 살며 파도에 친숙해지면서 처음보다는 험난한 파도에 대해서도 스트레스를 덜 느끼게 되었을 것이다.

• 척은 페덱스에서 많은 사람과 생활하고 친구도 많고 연인도 있어서 타인과의 상호작용이 주는 즐거움에 친숙해져 있었을 것이다. 그래서 무인도에서 고립되었을 때 처음에는 엄청난 스트레스를 느꼈겠지만 4년 동안의 무인도 생활을 통해서 고립이라는 상황과 감정에 대해 더욱 친숙해졌을 것이다.

사진 출처: 네이버 영화.

(4) 예측 가능성

스트레스의 강도와 지속기간을 예측할 수 있을수록 스트레스를 덜 느낀다. 예를 들면, 치과의사가 '너무 아프면 손을 드세요.'라고 말해 주는 경우에는 이가 아플 것이라는 것을 예고해 주기 때문에 견딜 수 있는 힘이 증가하여 아무 예고 없이 무작정 치료를 시작해서 갑작스럽게 통증을 느끼는 경우보다 스트레스를 덜 느끼게 된다. 스트레스 강도뿐만 아니라 스트레스가 지속되는 기간을 예측할 수 있을수록 스트레스를 잘 견디게 될 것이다. 예를 들면, 지금은 취업 준비로 힘들지만 취업을 하고 나면 더 이상 스트레스받지 않을 것이라는 것을 예측할 수 있기 때문에 힘든 취업 준비 기간을 견딜 수 있는 것이다. 또한 상황에 대해서 통제권이 없는 경우, 상황을 예측할 수 없기 때문에 더욱 스트레스가 된다.

영화에 적용하기

척의 예측 가능성이 보이는 장면에 대해서 살펴보자.

척이 무인도에서의 생활을 견딜 수 있었던 것은 처음에는 자신은 구출될 것이라는 희망을 가져서였을 것이다. 하지만 비행기 추락지점으로부터 너무 멀리 떨어져 있고 시간이 오래 지났기 때문에 구출될 것이라는 희망이 없다는 것을 알게 되었다. 그럼에도 불구하고 포기하기보다는 자신은 언젠가는 스스로 무인도를 탈출할 것이라는 것을 예측하였기 때문에 척은 무인도 탈출이 가능했던 것으로 보인다.

---

3) 긍정적인 결과, 부정적인 결과

스트레스는 사람과 상황에 따라 긍정적인 결과를 가져오기도 하고 부정적인 결과를 가져오기도 한다.

스트레스가 긍정적인 적응 결과를 가져올 때는 인간에게 존재하는 도전의 욕구를 충족시키면서, 또한 극복했을 때의 성취감을 가져다주면서 더 노력하게 만들기도 한다. 한 예를 들면, 애플사 사장인 스티브 잡스(Steve Jobs)는 어렸을 때 입양되고 대학시절에 자퇴하고 자신의 회사에서 해고당하고 6개월 시한부 인생인 암 선고를 받는 극도의 스트레스 상황에 노출되었지만 이를 극복하면서 그의 삶에 긍정적인 결과를 가져와 스마트폰의 새 시대를 열었다. 이와 같이 스트레스는 예방주사를 맞듯이 우리를 면역시켜서 우리를 더욱 강하게 하기도 한다. 그래서 우리가 한 번 스트레스를 받았던 상황을 극복하고 나면 다음번에 그와 유사한 스트레스에 닥쳤을 때에 스트레스를 무조건 피하기보다는 이에 더욱 효과적으로 대처할 수 있도록 하는 자원이 되기도 한다. 그러나 스트레스가 지나치게 많을 때에는 심리적 적응력이 떨어지면서 다음과 같은 부정적인 결과를 가져오게 된다.

첫째, 인지적 기능이 손상되어서 주의력이 좁아지고 집중이 빈약해지며 사고 융통성이 감소하고 기억력 및 문제해결력이 저하된다.

둘째, 충격을 느껴서 가끔 망연해지고 혼란스럽고 정서적으로 무감각해지고 의기소침해지며 자주 멍해진다.

셋째, 탈진을 느끼며 만성피로를 느끼고 에너지가 낮고 절망과 무기력을 느끼며 자신, 일, 생활에 대해 부정적 태도를 지니게 된다.

넷째, 사회적 관계가 붕괴되어 소외감을 느끼고 친구, 배우자와 관계가 어려워지며 타인을 사랑하고 신뢰하기 어려워진다.

다섯째, 심리적 문제와 장애를 가져와서 학업 수행이 저조하고 불면증, 신경증, 우울증이 생기며 자살을 시도하기도 한다.

여섯째, 신체적 문제와 질병을 가져와서 천식, 고혈압, 두통, 위궤양, 암, 백혈병, 당뇨, 관절염 등이 생기기도 한다.

스트레스가 척에게 긍정적인 결과를 가져올 것이라고 생각하게 되는 장면에 대해서 살펴보자.

무인도에서 돌아온 후에 척이 너무도 쉽게 불을 만들어 내는 캔들라이터와 먹음직스럽게 조리되어 있는 킹크랩 요리를 쳐다보는 장면에서, 척은 무인도에서 스스로 불을 피워 보았고 혼자서 바닷게를 잡기도 하는 성취감을 가졌었기 때문에 이후의 도시생활에서 어떤 스트레스와 어려움이 오더라도 상황을 극복하고 효과적으로 대처할 수 있을 것이라는 생각을 갖게 한다. 영화의 마지막 장면에서 세 갈래의 길이 보이는데, 그 길마다 어떤 여정이 펼쳐질지 모르겠지만 척은 잘 헤쳐 나갈 것이라는 믿음을 갖게 한다.

사진 출처: 네이버 영화.

4) 스트레스의 내성에 영향을 주는 요인

아무리 어려운 일이라도 그것을 해낼 수 있는 능력을 갖고 있다면 큰 위협이 되지 못할 것이다.

스트레스의 내성에 영향을 주는 요인으로는 다음과 같은 것이 있다.

첫째, 사회적 지지를 해 줄 수 있는 사람이 존재한다면 스트레스를 견디는 힘이 증가할 것이다. 스트레스로 인해 불안과 긴장이 계속될 때 이를 공감해 주고 사랑과 관심을 통해 소속감과 안정감을 갖게 하여 대처할 수 있는 힘을 제공한다.

둘째, 긍정적인 가치관과 신념을 가지고 있다면 어떤 스트레스에 부딪히더라도 견디면서(holding) 삶의 인생목표를 달성하는 데 도움이 되는 것으로 생각할 것이다.

셋째, 삶에 대한 열정을 가지고 있다면 스트레스가 자신의 삶을 더욱 풍성하게 해 주는 디딤돌이 될 것이라고 믿으면서 스트레스를 극복할 것이다.

넷째, 나의 삶을 내가 통제할 수 있다는 내적 통제를 가지고 있다면 내가 통제할 수 없는 운 등의 외부요인이 내 삶을 좌지우지한다는 생각을 버리고 적극적으로 스트레스에 대처할 것이다.

영화에 적용하기

척에게 스트레스에 대한 내성이 보이는 장면에 대해서 살펴보자.

- 무인도에서 생활할 때, 켈리와 윌슨과 같은 지지체계는 무인도에서의 불안과 긴장과 두려움을 견딜 수 있게 해 주었다.
- 무인도에 떠내려온 페덱스 택배상자 중에서 한 개의 상자를 뜯지 않았는데, 척은 무인도에서 탈출하여 이 상자를 택배 주인에게 돌려주겠다는 목표와 신념을 가졌기 때문에 무인도 생활을 견딜 수 있었다.
- 척이 페덱스에서 회사생활을 하는 것과 척의 주변의 인간관계를 살펴볼 때에, 척은 삶에 대한 열정이 있는 것으로 보인다.
- 무인도에서 이가 아프지만 치과에 갈 수 없는 상황에서도 자신의 아픈 이를 스스로 뽑는 것을 보면, 척은 자신의 삶을 스스로 통제해 나가는 사람으로 보인다.

5) 스트레스에 대한 대처

건강한 삶을 위해서는 스트레스를 받지 않는 것이 바람직하지만, 앞에서 살펴본 바와 같이 현대인들은 일상생활에서 수많은 좌절, 갈등, 변화, 압력을 받으면서 스트레스와 더불어 살아가고 있기 때문에 스트레스를 받지 않는다는 것은 불가능한 일이다. 따라서 스트레스를 받는 것보다 더 중요한 것은 자신이 스트레스를 받았을 때 어떻게 대처해 나가느냐이다. 스트레스에 대처하는 방법에는 다음과 같은 것이 있다.

첫째, 도움을 구하는 것으로, 스트레스를 받는 상황에 대해서 누군가와 허심탄회하게 대화하며 스트레스가 자연스럽게 사라지는 경험을 하기도 한다. 따라서 자신의 주변에서 이러한 속 이야기를 할 수 있는 한 사람이라도 존재한다면, 또한 그전에 내가 누군가의 속 이야기를 들어 줄 수 있는 사람이 된다면 서로의 스트레스를 극복하는 데 도움이 될 것이다.

둘째, 억눌린 정서를 발산하는 것으로, 불쾌한 감정을 적극적으로 표출하여 울고, 웃고, 때로는 상대방에게 피해가 되지 않게 혼자 있는 공간에서 욕설을 함으로써 불쾌 감정을 감소시키는 방식이다. 최근에 웃음치료사라는 자격증이 생기는 것처럼, 우리도 스스로 마음껏 크게 소리 내어 웃다 보면 웃음을 통해 내부의 긴장된 에너지가 외부로 방출되어 속이 시원해지는 경험을 누구나 해 보았을 것이다. 이와 같은 정서지향적 대처는 사람들이 상황을 해결할 수 없을 때 가장 선호된다.

셋째, 주의분산으로, 작업, 오락, 운동, 산책, 쇼핑 등 다른 일에 열중하여 주의를 돌림으로써 불쾌한 감정을 잊으려는 노력이다. 사회화에 의해서 감정을 표현하지 않는 어른과는 달리 감정을 자발적으로 표현하는 어린아이들을 보라. 화가 나서 울고불고하면서 떼를 쓸 때 잠을 재우거나 사탕을 주거나 밖으로 데리고 나가면 금방 화난 감정에서 벗어난다. 이처럼 어른도 불쾌한 감정이 생길 때 주의분산을 하는 것이 스트레스를 대처하는 데 도움이 된다는 것을 알 수 있다. 대부분의 사람들은 스트레스를 받을 때 일시적으로 괴로움에서 벗어나고자 술, 담배, 쇼핑, 음식 등 쾌감을 주는 대안적 보상을 주는 행동에 몰두하기도 하는데, 적절하게 통제하면서 사용할 수 있다면 현실적으로 유용한 대처전략이 될 수 있다.

넷째, 이완학습으로, 수면을 취하고 공상, 명상을 하는 방법이다.

다섯째, 생리 중심적 대처로, 평상시에 적절히 운동을 하고 충분한 영양을 섭취하고 수면을 취해 두는 것은 스트레스를 예방할 수 있는 방법 중 하나이다.

여섯째, 시간을 효율적으로 관리함으로써 오늘 해야 할 일은 꼭 하지만 오늘 하지 않고 내버려 두어도 될 일은 하지 않고 넘어가는 것이다. 이를 위한 하나의 방법으로는 오늘 해야 할 일들의 목록을 적은 후 우선순위를 정하여 순위가 높은 것부터 시행하는 방법이다. 이와 같은 과제지향적 전략은 사람들이 스트레스 상황을 분류할 만한 자원을 가지고 있을 때 가장 효과적이다.

일곱째, 환상을 추구하는 것으로, 갈등이 잘 해결된 상황을 상상하면서 대리적인 만족을 느끼는 것이다. 오늘 아무리 힘든 상황에 있을지라도 일이 잘 해결된 그다음 날, 몇 년 후 그 시간을 상상해 보는 것이 이 방법에 속한다.

여덟째, 소망적 사고를 하는 것으로, 기도나 기원을 통해서 갈등이 해결되기를 바라고 희망함으로써 갈등 상황에 대처하는 방법이다.

아홉째, 스트레스 상황에 대한 자신의 태도나 해석을 바꾸는 것이다. 스트레스를 받는 이유 중의 하나는 어떤 상황에 닥쳤을 때 '~해야 한다(must)'와 같은 당위적인 사고를 하기 때문이다. 이를 돕기 위한 한 방법으로서 언어의 표현방식을 바꾸는 방법이 있다. 예를 들면, '~해야 한다'가 아니라 '최선을 다해 ~하자'로 바꾸는 것, '나는 할 수 없다(I can't ~)'가 아니라 '아직 안 한 것일 뿐이다(I haven't yet~)'로 바꾸는 것이다. '나는 성공해야 한다.'가 아니라 '최선을 다해 성공하도록 하자.'로, '나는 성공할 수 없다.'가 아니라 '나는 아직 성공을 안 한 것일 뿐이다.'로 언어적 표현방식을 바꾼다면 삶이 훨씬 편안해진다는 것을 알 수 있을 것이다.

열째, 포기하는 것이다. 스트레스에 직면했을 때 가장 흔하게 보이는 대처방안이지만, 무력해 할 필요가 없는 상황에까지 포기하려는 경향성을 보이기 때문에 높은 가치를 부여할 수 있는 대처방법은 아니다. 그러나 때로는 스스로가 정말 감당하기 힘든 상황이라는 한계를 인정하면서 포기하는 용기가 필요한 순간도 있다.

열한째, 방어적 대처를 사용하는 것이다. 방어기제는 자아를 불안으로부터 보호하기 위하여 무의식적으로 채택하게 되는 현실왜곡의 전략이다. 사람들은 때로는 공격적 행동으로 폭발하는 것을 피하기 위해, 위험한 분노 감정을 억제하기 위해, 죄책감 같은 불쾌한 감정들로부터 벗어나기 위해 방어기제를 무의식적으로 사용하기도 한다. 이러한 방어기제에 의한 행동은 일시적으로 긴장과 스트레스를 해소해 주기 때문에 스트레스로 인한 혼란을 막아 주기도 한다. 그러나 한 가지의 방어기제만을 고집스럽게 사용하는 것뿐만 아니라 방어기제를 전혀 사용하지 않는 것은 모두 또 하나의 스트레스가 되므로 방어기제를 상황에 맞게 적절하게 사용하도록 하는 것이 스트레스 해소에 도움이 될 것이다.

스트레스 해소를 위한 이완기법

미국의 의사 벤슨(H. Benson)은 연구를 통해 고혈압 환자의 혈압을 떨어뜨리는 자기조절법의 하나로 명상기법이 효과가 있음을 확인했다. 그는 전통적 명상이 불러일으키는 생리적 반응에 주목하여 이를 이완반응 혹은 긴장완화반응(relaxation response)이라고 칭했다. 그는 매일 한두 번 20분 정도 이완반응을 실행하는 것이 심리적·신체적 안녕을 가져올 수 있다고 보고, 이를 현대인들이 쉽게 적용할 수 있는 스트레스 대처기법으로 다음과 같이 소개하고 있다.

먼저 이완반응을 유발하기 위해서는 다음의 네 가지 기본 조건을 갖추어야 한다.

① 조용한 환경: 가능하면 소음이나 자극이 적은 환경이 바람직하다.
② 집중할 수 있는 자신만의 정신적인 방법: 한곳을 응시하거나 같은 단어를 반복하거나 기도문을 외우거나 하는 방법이 있다.
③ 수동적 태도: 이는 긴장완화반응 중 가장 중요한 요소에 해당한다. 주의를 분산시키는 외부적 자극이나 생각에서 벗어나 자신이 선택한 정신적 방법을 사용한다.
④ 편안한 자세: 근육의 긴장을 가져오지 않는 자세가 좋지만, 누우면 잠들 가능성이 있다. 책상다리 자세가 바람직하다.

이런 기본 조건이 갖추어지면 다음의 절차로 이완반응을 진행한다.

① 조용한 환경에서 편안한 자세로 앉아 눈을 감는다.
② 모든 근육을 깊게 이완시킨다.
③ 코를 통해 호흡하며, 자신의 호흡에 주의를 집중한다.
④ 숨을 내쉬면서 자신에게 하나의 단어를 조용히 말하고 숨을 들이쉰다. 이것을 반복한다.
⑤ 다른 생각이 떠오를 때마다 무시해 버린다. '이 기법에 성공할 수 있을까?' 하는 걱정도 하지 않는다. 다른 생각이 떠오르면 앞에서 숨을 내쉴 때 사용하던 한 단어를 다시 반복한다.

⑥ 이 절차를 10~20분간 계속한다. 시간을 확인하기 위해 눈을 뜰 수 있으나, 알람은 사용하지 않는다.

⑦ 이 절차가 끝나면 몇 분간 조용히 앉아 마무리를 한다.

⑧ 하루에 한두 차례 이 기법을 실시하는 것이 좋다. 단, 식후 2시간 이내의 이완반응훈련은 소화에 방해가 되므로 삼가는 것이 좋다.

출처: 김유숙, 박승호, 김충희, 김혜련(2007).

영화에 적용하기

척의 스트레스 대처가 보이는 장면에 대해서 살펴보자.

• 도움 구하기: 척은 도시에서는 친구와, 무인도에서는 윌슨과 대화하면서 자신의 어렵고 힘든 상황에 대해서 도움을 구한다.

• 억눌린 정서를 발산하는 것: 척은 무인도에서 혼자서 울기도 하고 웃기고 하고 화를 내기도 하였다.

• 주의분산: 무인도에 떠내려온 뜻지 않은 하나의 택배상자를 보면서 무인도를 탈출해야 한다는 목표로 주의를 돌림으로써 불쾌한 감정을 잊으려고 하였다.

• 이완학습, 생리 중심적 대처 및 환상 추구: 무인도에서 먹을 것을 해 먹고 잠도 잘 자고 무인도에서 탈출할 것이라는 상상과 공상을 하였을 것이다.

• 시간을 효율적으로 관리하기: 주인공 척은 택배회사 페덱스에 다니면서 정해진 시간 안에 택배를 전달하는 것만이 유일한 목표였지만 일이 아닌 자신, 연인과의 약속에 대해서는 소홀하였다. 치통이 있었지만 번번이 치과에 가겠다는 약속을 미루었고, 연인 켈리와 만나는 순간에도 시도 때도 없이 울려 대는 호출기 때문에 발걸음을 돌리기도 한다. 이와 같이 척은 시간을 효율적으로 관리하지 못했다고 생각한다. 하지만 무인도에서 생활하면서 시간 관리를 어떻게 해야 효율적인 것인지에 대해서 알게 되었을 것이라고 생각한다.

2. 퀴블러 로스의 애도 5단계

1969년에 퀴블러 로스(Kübler-Ross)는 이별 및 사별 과정을 설명하기 위해서 애도를 5단계로 제시하였다. 퀴블러 로스는 모든 사람이 애도의 5단계 중 적어도 2단계를 경험한다고 하였다. 일부 사람들은 수년 동안 또는 평생 동안 특정 단계를 다시 겪을 수도 있다고 하였다.

- 1단계: 현실을 부정하는 것이다.
- 2단계: 분노하고 비탄에 빠지는 것이다.
- 3단계: 타협하는 것이다.
- 4단계: 우울한 것이다.
- 5단계: 현실을 수용하는 것이다.

> **영화에 적용하기**
>
> 퀴블러 로스의 애도 5단계가 보이는 장면에 대해서 살펴보자.
>
> - 1단계: 현실부정
>   척이 자신이 무인도에 갇힌 것을 부정하며 구명보트로 거센 파도에 맞서서 무인도를 탈출하려다가 실패한다.

- 2단계: 분노와 비탄

  척은 자신의 처한 상황에 대해서 암울하게 생각하고 있다.

- 3단계: 타협

  자신이 무인도에서 처해 있는 상황을 이해하고, 생존하기 위해서 먹을 것을 구하고 불을 피워서 생활해 나간다.

- 4단계: 우울

  척은 4년 동안 무인도에서 생활하면서 우울함에 빠져서 자살하려는 생각과 자살준비 행동도 하였다.

• 5단계: 현실수용

자신이 실종된 날짜를 기록하는 등 자
신이 처한 상황에 대해서 냉철하게 판
단하고, 무인도에서 탈출할 수 있다는
희망을 가지고 탈출 계획을 세웠다.

사진 출처: 네이버 영화.

학생들의 영화 감상평

• 척은 무인도에 갇히면서 환경적 요인인 자연적 · 물리적 요인으로 인해 좌절을
느낀다. 스트레스의 원인을 살펴보면 갈등은 무인도도 싫고 바다의 파도도 무서
운 '회피-회피 갈등'으로, 이는 두 가지 피하고 싶은 목표 중에 하나를 선택해야
할 때 발생하는 갈등이다. 또한 변화 중에서도 부정적인 변화인 켈리 및 친구들
과의 이별로 인해 스트레스를 받았을 것이다. 척의 주관적 평가에 의하면, 도전
적이고 융통성 있는 성격이고, 대처자원으로는 도구를 개발하여 불과 뗏목을 만
들기도 하였으며, 스트레스 친숙성에서 보면 무인도와 점점 친숙해져서 1,500여
일 동안 있었다는 흔적을 남기고 떠나기도 하였다. 또한 예측 가능성 측면에서
보면, 척은 "여기서 언젠가는 나갈 거야!"라며 강도 및 지속시간을 예측하기도
하였다.

척의 사회적 지지 자원은 윌슨과 켈리이며, 척은 무인도에 있는 동안 윌슨과 여
자친구인 켈리의 사진을 보며 함께 있는 시간을 필요로 했을 것이다.

열정과 도전정신이 강한 척은 긍정적인 가치관을 가지고 시간 관리를 잘하는 내
적 통제자이기 때문에 잘 견딜 수 있었고, 윌슨과의 대화를 통해 그리고 불을 피
우면서 잘될 때는 환호성을 지르고 잘되지 않을 때에는 집어던지면서 억눌린 정
서를 발산하였고, 날짜와 바닷바람의 시간을 정확히 계산하고 뗏목을 만드는 방
법을 체크하여 우선순위를 확인하며 스트레스에 잘 대처하였다.

- 일분일초를 아까워하는 척을 보면서 시간을 돈으로 사고 싶다고 하는 사람이 척이 아닐까 싶었다. 시간의 틀에도 갇혀 보고 무인도에도 갇혀 본 척은 무인도에서 시간에 대한 집착을 버리는 연습을 했을 것 같다. 무인도는 누구보다 시간을 효율적으로 쓰며 산다고 생각한 척에게 자신의 시간에 대해 다시 생각하게 만드는 계기가 되었다. 이로 인해 일과 사랑 중에서 일이라는 한 마리 토끼만 잡을 줄 알았던 척은 무인도를 통해 일과 사랑 두 마리 토끼를 잡는 방법을 터득한 사람이 된 것이라고 볼 수 있다.
- 척이 고독과 고립 속에서 미치지 않은 이유는 그만큼 척이 자신에 대한 확신과 자아가 확실해서라고 느꼈다. 하지만 무인도에서 고독함이라는 감정을 느끼게 되면서 비록 말은 못하지만 자신의 이야기를 들어 줄 수 있는 윌슨을 만들어 낸 것이다. 혼자 생각할 시간이 많았을 척은 과거에 자신이 주변 사람들을 잘 챙기지 못한 것에 대한 후회를 하며 사랑하는 사람이 곁에 없다면 무슨 일을 한들 소용이 없다는 것을 깨달았을 것이다. 척은 자신이 시간에 쫓기며 살다 보니 정작 자신과 주변 사람들에게 쓸 시간이 없었다. 바쁘다고 치과 치료를 미룬 결과 잇몸이 곪아 버려 마취도 못한 채 직접 빼내야 했고, 사랑하는 사람과의 저녁보다 화물 비행기에 타는 것을 선택해 실종되었고, 약혼자를 잃은 아픔을 잊고자 다른 사람을 만난 켈리까지 모두 자신의 선택이 옳을 것이라고 생각하여 선택했던 것이 자신에게 아픔으로 돌아온 것이다.
- 〈캐스트 어웨이〉는 주인공 척의 감정 변화에 초점을 맞추고 감상했다. 사회에서 서로 상호작용하며 살아가는 우리가 사회와 단절되었을 때 느낄 공포, 불안, 우울을 잘 보여 준 영화라고 생각한다. 척이 배구공 윌슨에게 의지하고 위로를 받는 모습을 보면서 의사소통의 상대방에는 정해진 기준이 없다는 것을 알게 되었다. 척이 윌슨에게 의지하는 것을 보며, '만약 나도 사람이 아닌 물건에 의지를 하게 된다면 어떤 것이 대상이 될까?' 하는 생각도 해 볼 수 있었다.

 **활동문제**

활동 1. 영화 〈캐스트 어웨이〉를 심리적 관점으로 분석해 보자.

심리적 관점	심리적 관점에 대한 질문	심리적 관점에 대한 답변 (수업시간에 배운 내용에 근거해서 쓰기를 권장)
인물	등장인물 중 가장 기억에 남는 인물은 누구인가? 긍정적 모델인가, 부정적 모델인가?	
관계	등장인물 중 누구와 누구의 관계가 가장 기억에 남는가?	
통찰	이 영화가 내게 주는 메시지는? 영화를 보고 중대한 결심을 했거나 인생이 변하였는가?	
과정	상황이나 문제를 해결하는 방법 중 가장 기억에 남는 것은?	
자신	어느 인물이 나와 가장 유사한가? 혹은 유사하지 않은가?	
분석	분노, 시기, 질투, 불안, 수치심, 기쁨, 사랑 등의 감정 중 어느 감정을 가장 많이 느꼈는가?	

활동 2 영화 〈캐스트 어웨이〉를 창의적으로 생각하면서 자신의 삶에 적용해 보자.

창의적으로 적용할 수 있는 질문	창의적으로 적용할 수 있는 답변
영화 속 명장면과 그 이유?	
영화 속 대사와 그 이유?	
우리의 감정(불안, 기쁨, 공포, 희망 등)을 가장 극대화한 영화음악은?	
용기, 지혜, 호기심, 휴머니즘 같은 긍정 심리학의 가치를 주제로 담고 있는가?	
감독이 이 영화에서 말하고 싶은 것은?	
영화를 보고 한 중대한 결심 혹은 나의 삶에 영향을 미친 것은?	
이 영화의 제목을 달리한다면?	

활동 3. 여러분이 최근 6개월 동안 스트레스를 느끼고 있는 사람, 사건, 상황 등을 떠올려 본 후에 좌절, 압력, 갈등, 변화 중에서 어떤 것에 해당하는지를 써 보자.

	스트레스 종류	스트레스를 느끼고 있는 사람, 사건, 상황	✓
좌절	자연적 · 물리적 요인		
	경제적 요인		
	사회적 요인		
	너무 높은 도덕적 기준		
	개인의 능력 부족		
	너무 어려운 목표 설정		
압력	수행압력	예) 기말고사 기간이 다가와서 과제물을 제출하고 시험공부를 해야 한다.	✓
	순응압력		

갈등	접근-접근 갈등		
	회피-회피 갈등		
	접근-회피 갈등		
	중다 접근 회피 갈등		
변화	긍정적 변화		
	부정적 변화		

활동 4. 최근 며칠 동안 20분 이상 투입한 일들을 모두 적어서 네 가지 영역에 써 보자. 이를 통해서 나는 시간 관리를 어떻게 하고 있는지에 대해서 알아 보자.

중요하다

B 예) 자격증 시험	A
D	C

급하지
않다

급하다

중요하지 않다

A 영역: 급하고 중요한 일
B 영역: 급하지 않지만 중요한 일
C 영역: 급하지만 중요하지 않은 일
D 영역: 급하지 않고 중요하지 않은 일

결과: 나는 _____ 알게 되었다.

앞으로는 시간 관리를 _____ 할 계획이다.

1. 만약 두 시간 후에 주변의 사람을 영영 만나지 못할 수도 있다고 가정해 본다면, 지금 그들에게 하고 싶은 말은 무엇인지에 대해서 생각해 보자.

2. 윌슨이 저 멀리 떠내려가는 것을 보았을 때 척은 어떤 마음이었을지에 대해서 생각해 보자.

3. 척은 윌슨과 켈리와 이별을 하였는데, 여러분은 이별에 대해서 어떻게 대처했는지에 대해서 생각해 보자.

4. 여러분은 이 영화를 보기 전과 영화를 보고 난 후에 이별에 대해 어떤 생각과 마음을 다르게 가지게 되었는지 토론해 보자.

5. 척은 사고 전과 후로 어떤 것이 바뀌었을지에 대해서 생각해 보자.
   (예: 척의 시간의 흐름은 '시간에 얽매인 생활—멈춰 버린 시간—잃어버린 시간—다시 흐르는 시간'으로 바뀌었다.)

6. 척의 경우처럼 우리가 무인도 상황에 있다가 돌아온다면, 이후에 어떤 행동을 할 수 있을지에 대해서 생각해 보자.

7. 무인도에서 4년 동안 생활을 하다가 무인도를 탈출한 척을 보면서, 우리도 자신만의 무인도를 떠올릴 수 있다. 여러분의 무인도는 무엇이었으며, 여러분은 무인도에서 어떻게 탈출하게 되었는지에 대해서 토론해 보자.

제7장

캐스트 어웨이: 친구

이 영화는 '주인공 척이 비행기 사고로 무인도에서 4년 동안 살면서 택배 물품이었던 배구공과 어떻게 친구처럼 지내고 외로움을 극복하고 무인도에서 탈출하게 되었는가?'라는 물음을 던진다. 이 영화는 사회적 존재인 인간이 인생을 살아가면서 주변 사람 혹은 사물과 어떻게 관계를 맺으며 살아갈 것인가에 대해서 생각해 볼 것을 촉구한다. 척이 무인도에서 배구공과 친구처럼 지내면서 외로움 속에서 버틸 수 있었던 것처럼, 우리는 점차 나이가 들어 가면서 보다 깊이 있고 친밀한 친구관계가 필요하다는 것을 느끼게 되고, 이러한 친구가 존재한다는 것 자체가 사회적이고 정서적인 지지의 근원이 된다는 것을 알고 있다.

이 영화를 통해서 친구의 특성은 무엇인지, 친교 대상자 선택의 요인은 무엇인지를 살펴봄으로써 나의 친구관계는 어떠한지, 친구는 나에게 어떤 의미로 다가오는지, 나의 비밀스러운 고민을 털어놓고 조언을 구할 수 있는 사람은 몇 명 정도 되는지에 대해서도 생각해 보기를 기대한다.

1. 친구의 특성

인생을 살면서 좋은 친구를 많이 만나기란 그리 쉽지 않아서 대부분의 사람들과는 친밀한 관계를 맺기보다는 그냥 스쳐 가는 사람으로 만나게 된다. 사람에 따라서 친구의 의미와 친구의 숫자는 다를 것이다. 어떤 사람은 인생에 있어서 친구가 매우 중요하다고 할 수도 있고 어떤 사람은 친구가 필요없다고 할 수도 있으며, 어떤 사람은 소수의 친구 몇 명만으로도 충분하다고 할 수도 있고 어떤 사람은 다수의 다양한 친구가 필요하다고 할 수도 있을 것이다. 인생에서 희로애락을 함께 나눌 수 있는 좋은 친구가 많다면 혹은 좋은 친구를 한 명이라도 만날 수 있다면, 또한 내가 다른 사람들에게 그런 친구가 된다면 그것은 행복한 일일 것이다.

친구관계는 다음과 같은 몇 가지 일반적인 특성을 지니고 있다.

첫째, 친구관계는 상호 대등한 위치의 인간관계이다. 친구는 사회적 신분이나 지위, 출신, 학력 등에서 비슷한 사람끼리 맺는 친밀한 대등관계이기 때문에, 수직적 관계보다는 수평적 관계이며 가장 민주적인 관계이다. 이러한 측면에서 친구관계는 부모-자녀관계, 상사와 부하의 관계와는 구분된다. 또한 형제자매관계는 수직적인 관계이면서도 수평적인 관계가 함께 존재하기 때문에 형제자매간의 관계도 친구관계와는 구분된다.

둘째, 친구관계는 가장 순수한 인간 지향적인 대인관계이다. 친구는 어떤 공동의 목표를 달성하려고도 하지 않고, 주어진 과업을 달성하려고도 하지 않고, 실리적인 이득을 추구하지 않으며, 다만 상대방의 개인적인 속성이 친구관계를 형성하는 주요한 요인이 되고 상대방에 대한 호감과 우정이 친구관계를 유지하는 주요한 요인이 된다. 친구와 아무 이유 없이 인간적으로 만나는 것이 그냥 좋고 즐겁기 때문에 친구관계는 가장 순수한 관계이다. 이러한 측면에서 친구관계는 직장동료관계와는 구분된다.

셋째, 친구관계는 인간관계 중 가장 자유롭고 편안한 관계이다. 친구는 가족이나 직장동료관계에서처럼 윗사람에 대해 조심하고 복종해야 한다거나 아랫사람에 대해서 배려해야 한다는 의무감과 심리적 부담감이 없는 관계이기 때문에, 가족이나 직장동료에게 말할 수 없는 고민을 편안하고 자유롭고 솔직하게 이야기할 수 있는 관계이다.

넷째, 친구는 여러 가지 측면에서 유사점을 지닌 사람들이기 때문에 서로 공유할 삶의 영역이 넓다. 친구는 나이, 지역, 학력, 취미, 오락, 가치관, 삶의 체험과 경로가 유사하기 때문에 서로를 이해하고 공감하게 되는 부분이 많아서 서로 만나는 것이 즐겁다.

다섯째, 친구관계는 구속력이 적어 해체되기 쉽다. 친구관계는 가족이나 직장관계에서처럼 관계를 유지해야 할 강제적 요인이 없기 때문에, 즉 나와 상대방이 불편하다고 느끼면 더 이상 만나지 않아도 되기 때문에 탈퇴나 해체에 대해서 자유롭고 서로 간에 구속력이 미약한 관계이다. 따라서 친구관계를 유지하기 위해서는 상호 간에 여러 측면에서 더욱 자발적이고 적극적인 노력이 필요하다는 것을 알 수 있다. 친구와 만나기 위해서 자신의 일상생활에서 보내는 시간을 축소해야 하고(시간적 투자), 친구의 고민에 대해서 정서적 지지도 해 주어야 하고(정서적 투자), 음식값을 내기도 하면서(물질적인 투자) 상호 간에 노력이 이루어져야 한다. 서양 속담에 "눈에서 멀어지면 마음도 멀어진다(Out of sight, out of mind)."라는 말이 있듯이, 자주 만나면서 즐거운 활동을 함으로써 우정을 유지하는 것이 필요하다.

2. 친구의 의미와 기능

친구와 나누는 정다운 애정을 우리는 우정이라고 하며, 우정은 연인에게 느끼는 낭만적 사랑이나 가족에게 느끼는 가족애와는 구분된다. 우정과 사랑은 관련된 사람의 특성보다는 관계의 질에 의해 구분되는 것이다. 우리의 삶에 있어서 친구는 다음과 같은 일반적인 기능을 지니고 있다.

첫째, 친구는 주요한 정서적 공감자이자 지지자이다. 친구를 만나면 편하고 즐겁기도 하지만, 자신의 약한 부분이나 고민을 이야기했을 때 이해해 주고 지지해 주고 공감해 주고 위로를 해 주면서 서로에게 힘이 된다.

둘째, 친구는 자기 자신과 자신의 삶을 평가하는 주요한 비교준거가 된다. 우리는 타인과의 비교를 통해서 자신을 평가하게 되는데, 비슷한 것을 공유하고 있는 친구와의 비교를 통해 자신을 평가할 수 있는 신뢰할 만한 정보를 제공받을 수 있게 된다.

셋째, 친구는 함께 시간을 보내고 즐거운 체험을 공유하는 사람이다. 화제, 관심사, 취미, 가치관이 유사한 사람들끼리 만나서 즐거운 활동을 하는 것뿐만 아니라 대화를 하면서 서로를 이해하고 공감하며 자신의 인생관을 확립해 나가게 된다.

넷째, 친구는 안정된 소속감을 제공한다. 인간은 소속감의 욕구를 가지고 있으므로 친구집단에 소속되는 것은 다양한 긍정적 경험을 하면서 안정감을 느끼게 하는 데 도움을 준다.

다섯째, 친구는 삶에 있어서 현실적인 도움을 준다. 상대방이 어려움에 처했을 때 현실적인 도움을 균형 있게 주고받기도 하며 필요한 지식과 정보를 주고받기도 한다. 하지만 한쪽에서만 일방적으로 주거나 받는 관계라면, 즉 자신이 친구에게 쏟은 물질적, 심리적, 시간적 투자에 비해서 친구로부터 돌아오는 보상이 적으면 친구관계가 유지되기 어려운 면도 있다. 그래서 만족을 주는 다른 친구들이 나타나면 그들에 대한 물질적, 심리적, 시간적 투자량을 늘리면서 기존의 친구를 떠나게 된다. 이와 같이 인간관계는 일방적으로 진전되지는 않으며 투자와 보상으로 친구관계의 유지와 해체를 설명하는 관점이 사회교환이론(social exchange theory)이다. 친구관계도 대부분의 인간관계처럼 거래적 교환관계의 속성을 지니고 있어서 도움의 내용(현실적인 도움, 지식, 정보 등)은 다르더라도 물질적, 심리적, 시간적 투자와 보상을 서로 균형 있게 주고받을 필요가 있다.

영화에 적용하기

친구의 의미와 기능이 나타난 장면에 대해서 살펴보자.

• 배구공 윌슨이 척을 지지해 주는 상황 속에서 마침내 척은 나뭇가지로 불을 피우는 것에 성공할 수 있었다.

- 척의 환영 행사가 끝난 후에 친구들이 척을 위해 성대한 생환 파티를 열어 주면서 함께 음식을 먹고 대화를 나누는 등 즐거운 체험을 공유하였다.
- 척이 사망한 것으로 알고 있었던 상황에서 척의 친구 스탠은 척의 가묘에 척이 좋아하던 엘

비스 프레슬리 음반을 넣기도 하면서 장례 절차를 진행하는 과정에서 현실적인 도움을 주었다.

사진 출처: 네이버 영화.

3. 친교대상자의 선택

친구는 어떤 사람이며 어떠해야 한다는 정의는 사람마다 각자 다를 수 있고, 친구를 사귀는 방식이나 형태도 사람마다 각각 다르다. 소수의 사람과 깊은 교우관계를 맺는 반면 많은 사람과 넓은 교우관계를 맺기도 하고, 친목적인 애정 중심의 교우관계를 맺는 반면 실리적인 업무 중심의 교우관계를 맺기도 하고, 친구 사이에서 주도적인 역할을 즐기는 지배적 교우관계를 맺는 반면 친구에게 의존하는 의존적 교우관계를 맺기도 하고, 자신과 유사한 사람을 친구로 선택하는 사람이 있는 반면 자신과 보완적인 사람을 친구로 선호하는 사람도 있다.

우리는 인생을 살아가면서 수많은 사람을 만나는데, 친구를 선택하는 여러 가지 조건과 기준의 영향을 받아 스쳐 가는 사람들 중에서 친구관계를 선택하게 된다.

제7장 캐스트 어웨이: 친구

사회심리학자의 연구에 따르면, 유사성, 근접성, 친숙성, 상보성, 상호 호혜성, 개인적 특징이 친교대상자를 선택할 때에 중요한 역할을 하게 된다(권석만, 2005).

1) 유사성

앞의 그림을 보면서 우리는 동그라미는 동그라미끼리, 네모는 네모끼리 유사한 형태로 함께 묶어서 지각하는 경향이 있다. 이와 같이 지각하는 현상은 사회적 지각에도 영향을 주는데, 초·중·고등학교 시절에 친했던 친구들을 떠올려 보면 유사한 성격과 취미를 가진 친구들과 친했던 것을 떠올릴 수 있을 것이다.

인간이 상대방에게 호감을 느끼고 친구로 선택하게 되는 경험적 연구(Dickens & Perlman, 1981)의 결과에서도 사람은 자신과 유사한 태도를 지닌 사람을 좋아하고, 자신과 유사한 성격을 지닌 사람을 좋아하며, 자신과 나이가 비슷한 사람을 좋아하고, 같은 성(sex)을 가진 사람과 친구가 되는 것으로 나타났다.

그렇다면 유사성(similarity)이 친교관계를 촉진하는 이유는 무엇일까?(권석만, 2005).

첫째, 서로 유사하면 상대방의 속성을 이해하기 쉽고 두 사람 사이에 일어날 접촉의 성격을 예상하기 쉽다. 서로 유사하기 때문에 심리적 부담이 적어지며 상대방에 대하여 자신이 어떻게 행동해야 할 것인지를 잘 예측할 수 있다.

둘째, 우리는 유사한 상대에 대해서는 그가 나를 좋아할 것이라고 기대하는 경향이 있다. 이러한 긍정적 기대가 친교행동을 유발하게 된다.

셋째, 유사한 사람들 간의 관계는 서로에게 보상을 가져다준다. 자신의 견해가 옳다는 사실을 확신할 수 있을 뿐만 아니라 다른 사람에 의해 인정받을 수 있다는 점에서 긍정적인 체험을 하기 때문에 자신에 대한 직접적인 보상이 될 수 있다.

넷째, 유사한 사람과는 함께할 수 있는 공통적인 활동이 많아져 접촉의 기회가 증대되므로 친한 사이로 발전할 가능성이 높다. 유유상종(類類相從)이라는 말처럼, 비슷한 사람과 어울리려고 한다. 이와 같이 태도가 유사할수록 상대방에게 매력을 느끼고 친밀한 관계를 갖게 되는 것을 유사성 효과(similarity effect)라 하는데, 유사성은 매력을 가져다 준다. 그래서 성격의 유사성이 부부의 행복감과 밀접한 상관이 있는 것으로 밝혀졌다.

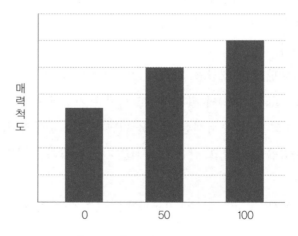

[그림 7-1] 유사태도의 백분율

출처: Weitn, Lloyd, Dunn, & Hammer (2008/2009).

2) 근접성

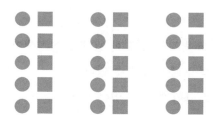

　앞의 그림을 보면서 우리는 동그라미와 네모가 다른 형태임에도 불구하고 서로 근접해 있기 때문에 함께 묶어서 지각하는 경향이 있다. 이와 같이 지각하는 현상은 사회적 지각에도 영향을 주어서, 초·중·고등학교 시절에 친했던 친구들을 떠올려 보면 가까이 앞뒤로 앉았던 친구들, 같은 동네에 살았던 친구들이었다는 것을 알 수 있을 것이다. 그래서 '이웃사촌'이라는 말처럼 우리는 물리적으로 가깝게 사는 사람과 친해지고 물리적으로 먼 곳에 떨어져 살게 되면 멀어지는 경향이 있다. 그렇다면 근접성과 유사성 중에서 어떤 것이 더 큰 영향을 미칠까? 근접성(proximity)은 지형적·공간적으로 가까운 물리적 거리를 의미하는데, 앞의 그림의 물리적 거리에 대한 지각에서 근접성이 유사성보다 더욱 우세한 것으로 나타났다. 마찬가지로 친구관계에서도 근접성이 유사성보다 더욱 우세하게 작용하기 때문에, 나와 유사한 친구보다는 앞뒤로 앉았던 친구들과 더 친해지는 것을 우리의 경험을 통해 알 수 있다.

　그렇다면 왜 가깝게 사는 사람과 친해지는 것일까? 가깝게 사는 사람과 친해지는 이유에 대해 권석만(2005)은 다음과 같이 설명하고 있다.

　첫째, 가깝게 사는 사람은 만날 기회가 많기 때문에 자주 접촉하여 쉽게 친해질 수 있게 된다.

　둘째, 가까이 사는 사람은 물리적 거리감이 없어서 커다란 노력 없이 쉽게 접촉할 수 있기 때문에 만남의 부담이 적다.

셋째, 가까이 사는 사람은 사회경제적 수준, 교육 수준, 취미, 가치관 등 서로 유사한 경우가 많기 때문에 공감할 수 있는 영역이 넓어져서 친해지게 된다.

넷째, 가까이 사는 사람과는 친밀한 관계를 형성해야 한다는 인지적 압력이 있어서 친교의 노력을 증진시킬 수 있다.

다섯째, 지역적으로 가깝게 살고 있는 사람들은 도움이 필요한 때에 상호 이용 가능성이 많다.

3) 친숙성

우리는 무엇이든지 자주 접하는 것을 좋아하는 경향이 있다. 이렇게 단순한 접촉의 증가에 의해서 호감이 증가하는 현상을 '단순접촉효과(mere exposure effect)'라고 한다(권석만, 2005). 단순접촉효과를 통해 친밀한 관계를 형성하게 되는 것을 친숙성(familiarity)이라 한다. 그래서 낯선 사람의 사진을 한 번만 보여 주고 그 인물에 대한 호감도를 평가한 경우와 사진을 여러 번 보여 주고 난 뒤 평가하도록 한 경우, 후자의 경우에 더 좋은 평가를 하게 된다. 단순접촉효과에 대한 예로, 텔레비전에 자주 나오는 연예인을 자주 보니까 호감을 갖게 되는 것을 들 수 있다. 또 다른 예로서, 우리는 볼펜, 가방 등의 사물보다는 사람을 많이 접촉하기 때문에 사물보다는 사람을 좋아하게 되며, 사물에 대해서도 자신이 구입하지 않은 물건보다는 구입한 물건에 대해서 더 많은 접촉을 하기 때문에 그 물건뿐만 아니라 그 물건을 만든 제품 회사를 더 좋아하게 된다. 그래서 핸드폰을 사더라도 처음에 구입한 핸드폰 회사의 제품을 계속 구입하는 경향이 있다. 이와 같이 친숙한 사람 혹은 사물은 잘 알고 익숙하기 때문에 그 사람 혹은 사물의 특성을 이해하고 예측하기 쉽고, 친숙한 사람 혹은 사물에 대해서 호감을 느끼게 된다.

그러나 단순접촉효과가 모든 상황에 적용되는 것은 아니어서, 접촉을 반

제7장 캐스트 어웨이: 친구

단순접촉효과	과잉노출효과
자주 접하는 것을 좋아하는 경향, 익숙함	긍정적 대상이라도 접촉의 빈도가 과도할 경우 호감도가 떨어지는 경향

[그림 7-2] 단순접촉효과와 과잉노출효과

복했다고 해서 반드시 호감이 증가하지는 않는 예외적인 상황도 있다. 하나의 예를 들자면, 최초의 만남이 매우 불쾌하고 부정적인 경우에는 접촉을 반복하는 것이 오히려 그 사람을 더 싫어하게 만들 수 있다. 그래서 단순접촉을 통해 호감을 증가시키려면 처음 만남에서 너무 불쾌감을 주어서는 안 된다. 이뿐만 아니라 긍정적인 대상일지라도 접촉의 빈도가 어느 수준을 넘어서서 지나치게 노출되면 오히려 호감도가 감소하는 '과잉노출효과(over-exposure effect)'가 나타나기도 하므로, 접촉이 너무 지나치지 않도록 적정선을 유지하는 것 또한 필요할 것이다.

4) 상보성

우리는 자기에게 없는 특성을 가지고 있어서 자신을 보완할 수 있는 사람에게 호의적인 태도를 갖는 경향이 있는데, 이를 상보성(complimentariness)이라 한다. 의존성이 강한 사람이 반대의 특성을 가진 지배적인 사람을 친구로 선택하는 경우나 내향적인 학생이 활달하고 외향적인 학생에게 호감을 느끼는 경우, 지배적인 남편과 복종적인 아내의 관계, 말하기 좋아하는 사람이 들어 주기를 잘하는 사람을 좋아하는 경우가 그 예이다. 이와 같이 자신의 욕구를 충족시킬 수 있는 성격을 가지고 있는 사람들을 좋아하는 현상을 욕구상보성(need complementarity)이라고 한다. 그 이유 중 한 가지로는 자신이 지니지 못한 특성에 더 큰 가치를 두고 그러한 특성을 가진 사람을 부러

위하면서 더 높이 평가하여 호감이 증가하기 때문이라는 점을 들 수 있다.

그러나 상호 간에 너무 다르면 갈등이 생길 경우에 갈등을 해결하는 방법이 서로 너무 달라서 갈등을 해결하지 못하여 관계가 깨지는 경우도 생기기 때문에, 관계를 유지하는 하나의 방법은 상보성과 함께 유사성이 공존하는 것이다. 예를 들면, 지배적인 남편과 순종적인 아내가 종교적인 측면이나 취미에서 유사성을 갖는 것이다.

5) 상호 호혜성

우리는 나를 좋아하고 나에게 즐거운 체험을 제공하며 도움을 주는 보상적인 사람을 좋아한다. 이와 같이 우리는 상대방이 나를 좋아하면 자연히 나도 상대방을 좋아하게 되는데, 이를 상호 호혜성(reciprocity principle)이라 한다. 예를 들어, 우리는 나를 좋아하는 사람은 좋아하지만 나를 싫어하는 사람을 좋아하기는 어렵다.

한 실험(Aronson & Linder, 1965)에서 피험자 A는 우연히 칸막이 안에서 실험조교가 피험자 B에게 자신을 좋은 사람이라고 말하고 있는 것을 엿듣게 되었다. 그 후 B는 A에게 실험조교가 어떤 사람인가를 물었다. 그랬더니 A가 실험조교를 좋은 사람이라고 말했다고 한다. 다른 사람이 나를 좋아한다고 믿는다면, 우리는 상대방에게 보다 친절한 행동을 하게 된다. 그러나 처음에 실험조교가 A를 나쁜 사람이라고 평가했다가 나중에 가서 점점 좋게 평한 경우에는 어떻게 될까? 나에 대해서 처음부터 좋은 사람이라고 평가한 경우보다 이와 같이 나쁜 사람이라고 평가했다가 좋은 사람이라고 평가한 경우에 그를 더 좋아하는 경향이 있다. 마찬가지로 나에 대해서 처음부터 싫은 사람이라고 평가한 경우보다 좋은 사람이라고 평가했다가 싫은 사람이라고 평가한 경우에 그를 더 싫어하는 경향이 있다.

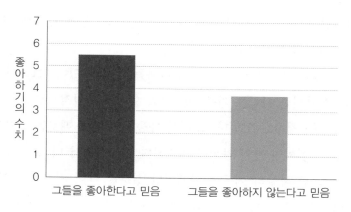

[그림 7-3] 서로 좋아하기

출처: Weitn et al. (2008/2009).

6) 개인적 특징

대인관계에서 상대방의 개인적인 특성을 보고 그 사람에 대한 호감을 갖게 되는 경우가 많다. 앤더슨(Anderson, 1968)은 사람들이 어떤 성격특성에 대해서 호감을 지니는지를 알아보기 위해서 대학생들에게 성격특성을 나타내는 555개의 형용사를 제시하고 각각의 호감도를 평정하도록 하였다. 그 결과, 싫어하는 성격특성에는 예의 없음, 적대적임, 이기적임, 편협함, 불성실함, 믿을 수 없음, 탐욕스러움, 불친절함, 잔인함, 야비함, 거짓말을 잘함 등이 속하는 반면, 좋아하는 성격특성에는 성실함, 정직함, 이해심 많음, 진

좋아하는 성격특성	싫어하는 성격특성
성실함, 정직함, 이해심 많음, 진실함, 지적임, 믿음직함, 사려 깊음, 따뜻함, 친절함, 유쾌함, 유머스러움, 책임감 있음, 유능함	예의 없음, 적대적임, 이기적임, 편협함, 불성실함, 믿을 수 없음, 탐욕스러움, 불친절함, 잔인함, 야비함, 거짓말을 잘함

[그림 7-4] 우정에서 중요한 개인적 특징

출처: Anderson (1968).

실함, 지적임, 믿음직함, 사려 깊음, 따뜻함, 친절함, 유쾌함, 유머스러움, 책임감 있음, 유능함 등이 속했다.

우리는 유능하고 똑똑한 사람을 좋아하는 경향이 있다. 그러나 지나치게 유능하고 완벽한 사람은 거부감을 주고 오히려 위협적으로 느껴져 호감을 얻지 못하는 경우도 있었다. 그래서 유능한 동시에 때로는 실수도 하는 사람이 실수투성이인 자기 자신과 비슷하다고 느끼면서 더 많은 호감을 느끼게 된다. 그런 사람의 예로는 천재지만 실수를 많이 저지른 아인슈타인(Einstein)을 떠올릴 수 있을 것이다. 마찬가지로 부모님과 선생님과 친구들에 대해서도 완벽한 사람보다는 뭔가 실수도 하는 사람이 나와 비슷하게 느껴지기도 하고 더욱 인간적으로 느껴지고 내가 도와줄 수 있는 부분도 생기면서 더욱 호감이 생길 것이다.

호감을 느끼는 개인적 특성은 문화와 시대에 따라 변화하며 또한 개인에 따라서도 달라질 수 있기 때문에, 지금 이러한 연구를 다시 한다면 개인이 좋아하거나 싫어하는 성격특성은 다른 결과를 나타낼 수도 있을 것이다. 우리는 신체적 매력이 있는 잘생기고 아름다운 사람을 좋아한다. 신체적 매력이 있는 사람은 관찰하기 어려운 다른 성격특성들도 좋다고 평가하게 하는 것을 후광효과(halo effect)라고 한다. 또한 사람은 잘생긴 사람과 함께할 때 자신이 더 좋은 평가를 받는다고 생각하기 때문에 신체적으로 매력적인 사람을 좋아한다. 이와 같이 매력적인 짝과 있을 때 사회적인 지위나 자존심이 고양되는것을 방사효과(radiation effect)라고 한다. 하지만 서로 잘 모르는 낯선 사람과 함께 있는 경우에는 매력 없는 사람과 함께 있는 것이 더 유리한데, 이러한 현상을 대비효과(contrast effect)라고 한다. 즉, 배우자나 애인을 고를 때에는 가능한 한 매력적인 상대를 고르려 하지만, 평소에는 자기에 비해 너무 매력적인 사람을 피하고 비슷하거나 좀 못한 사람들과 어울리는 경향이 있다고 할 수 있다.

척과 배구공 윌슨의 관계에서 나타난 친교대상자의 선택 기준에 대해서 살펴보자.

- 근접성: 척과 배구공 윌슨은 무인도에서 4년 동안 물리적으로 가까이 있으면서 친구관계를 형성하였다.
- 친밀성: 윌슨은 배구공인 사물이지만, 척이 4년 동안 무인도에서 사람보다는 배구공 윌슨과 더 많이 접촉하면서 윌슨에 대한 친밀감을 형성하여 친구관계를 형성하였다.

4. 친구관계의 발전 요인

친구관계를 형성하여 수년간 사귀어 왔어도 그에 대해서 친밀감을 갖기 어려운 경우도 있다. 친구관계를 유지하고 발전시키는 데 있어서도 나름대로의 요인이 있는데, 이러한 요인을 잘 이해한다면 친구관계를 형성하고 유지하는 데에 도움이 될 수 있다.

친구관계를 심화시키는 요인은 다음과 같다.

첫째, 자기 자신을 개방하자. 자신에 관한 정보를 타인에게 알리는 것을 자기공개(self-disclosure)라고 하며, 자기공개는 인간관계가 심화되는 중요한 요인으로 알려져 있다(Jourard, 1971). 자기공개는 친구관계에서 상대방으로 하여금 경계심을 완화하고 신뢰감을 증진시켜서 좀 더 솔직하고 깊이 있는 대화가 가능해지도록 한다.

그렇다면 자기공개를 어느 정도 하는 것이 효율적일까? 종전의 연구는 자기공개를 많이 할수록 심리적으로 건강하고 서로 간에 친밀함을 가져온다는 입장이었다. 그러나 수업시간에 처음 만난 학생이 쉬는 시간에 은밀히 여러분에게 다가와서 자신의 부모님이 어제 이혼했다는 사실을 공개했다고 가정해 보자. 쉽게 예측할 수 있듯이, 이러한 자기공개는 서로에게 친밀감

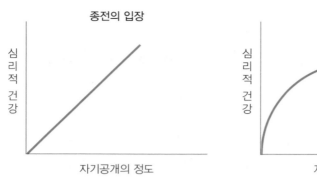
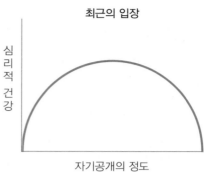

[그림 7-5] 자기공개의 정도

을 가져다주기는커녕 부담감과 불쾌감을 가져온다. 따라서 최근에는 자기공개를 무조건 많이 하기보다는 '적절한 수준(optimal level)', 즉 '적당한 상황(situation)에서, 적당한 사람(person)에게, 적당한 내용(contents)'을 공개해야 서로 간에 친밀감을 가져온다는 입장이 지지를 받고 있다.

자기공개를 하는 과정은 정교한 규칙에 의해서 어떤 단계에서 누구에게 무엇을 공개할 것인가가 결정된다. 자기공개는 다음과 같이 여러 단계가 있다.

초기 단계에서는 피상적인 접촉에서 시작하여 친밀한 관계로 발전되어 간다. 한 사람이 피상적인 수준에서, 즉 나이, 이름, 직업 등에서 자기공개를

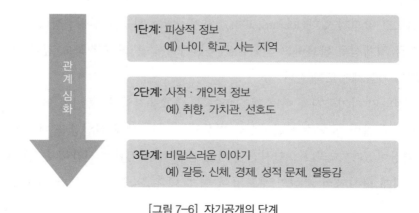

[그림 7-6] 자기공개의 단계

하였다면 상대방도 균형을 맞추면서 피상적인 수준에서 자기공개를 하는 것이 적절하다. 만약 이런 경우에 깊은 수준에서, 즉 열등감, 가족문제, 재정상황 등 비밀스러운 정보를 주는 자기공개를 하였다면 서로 간의 관계 유지가 어려울 것이다. 깊은 수준의 자기공개를 할 수 있는 마음의 준비가 되어 있지 않은 사람은 오히려 그러한 관계를 회피하게 된다. 따라서 자기공개는 상대방의 언어적·비언어적 반응을 살펴보면서 상대방과의 균형을 이루는 것이 필요하다. 점차 관계가 진전되어서 한 사람이 개인적 고민, 열등감, 문제점, 결핍, 갈등 등과 같은 매우 비밀스러운 정보를 공개하면서 좀 더 깊은 자기공개를 하면, 상대방 역시 유사한 수준의 깊은 자기공개를 하면서 친밀감이 증가된다.

둘째, 정서적으로 지지하고 공감하고 있다는 진실된 자기의 감정을 구체적인 말로 상대방에게 표현하는 것이 필요하다. 정서적 지지(emotional support)는 상대방에 대한 칭찬, 격려, 공감, 위안 등을 통해서 정서적으로 도움을 주는 행동을 말하며, 공감(empathy)은 상대방이 느끼고 있을 감정을 함께 느끼고 전달해 주는 것으로 상대방에 대한 깊은 이해를 반영한다(권석만, 2005). 내가 이야기한 고민이나 어려움에 대해서 정서적인 지지와 공감을 받고 상대방도 자기공개를 하면서 서로를 깊이 이해하게 되어 상호촉진적인 관계를 형성하게 된다. 하지만 친구의 사랑을 되돌려 받으려고 강요하는 마음으로 표현한다면 서로 간의 관계 유지에 도움이 되지 않는다.

셋째, 사랑과 우정의 기교를 배우자. 우정은 마음으로 하는 것이지만 겉으로 표현되는 것도 있어야 한다. 작고 사소한 친절이 큰 힘을 발휘하게 되므로 지속적인 관심과 보살핌이 필요하다.

넷째, 언제나 상대방과의 사이에 빈 공간을 두자. 친한 친구라는 것이 서로 같은 것을 해야 하는 것이 아니므로, 지나치게 간섭하지도 말고 소유하려 들지 말고 서로에게 다른 우정도 허용하면서 그 친구를 있는 그대로 인정해야 할 것이다. 서로가 친밀해질수록 상대가 독립된 존재임을 기억하면서 서로가 성장할 수 있도록 해야 할 것이다.

　다섯째, 함께 할 수 있는 활동을 찾고 즐거운 체험을 공유하자. 즐거움이 뒤따르지 않으면 잦은 만남의 기회를 갖기가 어렵다. 따라서 잦은 만남을 위해 함께 할 수 있는 활동을 찾고, 이러한 활동의 기회를 확대해 나가면서 즐거움을 찾는 것이 필요하다. 접촉과 관심이 감소하면 친구관계가 약화될 수 있기 때문이다. 특히 현대사회처럼 다양한 인간관계를 맺고 있는 경우에는 새로운 사람과 친밀해지면 기존의 친밀한 관계는 상대적으로 소원해지게 된다.

　여섯째, 현실적 도움을 교환하자. 만남을 통해 자신이 현재 어려움을 겪고 있는 것이 무엇인지, 자신의 고민이 무엇인지 등에 대하여 대화를 함으로써 현실적인 어려움에 대해서 서로에게 도움을 주고받는 것이 필요하다.

　일곱째, 상대방에 대한 믿음을 가지자. 무엇보다 상대방에 대해 신뢰와 믿음을 쌓으면서 이러한 기대를 서로 잘 충족시키는 것이 친구관계의 유지에 필요하다. 서로에 대한 기대와 믿음이 무너지면, 즉 다른 친구에 대한 질투와 비판, 서로에 대한 비밀 누설, 잔소리와 비난, 도움을 필요로 할 때 무관심한 태도를 보이는 것 등은 서로에게 실망과 배신감과 고통을 주면서 갈등을 겪게 만든다. 또한 상대방에 대해 지나친 기대와 요구, 예를 들어 상당한 액수의 돈을 빌려 달라거나 재정적 보증을 서 달라고 하는 경우, 이를 거절하는 것이 친구관계의 깊이로 평가될 수도 있기 때문에 친구관계가 소원해질 수 있다. 그 외에도 친구에 대해 우월감을 가지고 상대방을 위축시키거나 경쟁하려 할 경우, 당하는 입장에 있는 친구는 약자로서 이 관계를 청산할지 아니면 맞설지 갈등하게 된다. 특히나 아무리 친한 친구라도 함께 사업을 할 경우 혹은 승진 자리를 놓고 경쟁할 경우에는 이해관계가 얽혀 있기 때문에 갈등 상황에 처할 수 있게 된다. 이러한 갈등을 잘 극복하지 못할 경우에는 좋은 만남의 관계가 지속되지 못하게 된다.

　아가일과 핸더슨(Argyle & Henderson, 1984)은 영국, 이탈리아, 홍콩, 일본의 국민에게 우정의 규칙을 선택하게 하였는데, 여러 문화권에 걸쳐서 공통적으로 선택된 내용은 〈표 7-1〉과 같다.

〈표 7-1〉 우정의 규칙

신뢰하고 지지해 주기	도움이 필요할 때 지원해서 도와주기
	정서적인 지원을 해 주기
	그 자리에 없는 친구를 변호해 주기
	친구의 사생활을 존중해 주기
막역한 친구가 되어 주기	친구를 믿고 친구에게 비밀을 털어놓기
	비밀을 지켜 주기
	여러 사람 앞에서 친구 간에 비평을 하지 않기
	친구에게 사적인 감정이나 문제를 털어놓기
즐거움과 유머의 원천이 되어 주기	함께 있을 때 서로를 기분 좋게 해 주기
	동반자가 되어 주기
	농담을 주고받기
	성공 소식을 함께 나누기
관용과 포용을 베풀기	친구의 다른 관계에 대해 질투하거나 비평하지 않기
	친구의 친구들을 관용적으로 대하기
	개인적인 충고를 구하기
	잔소리하지 않기

출처: Baumgardner & Crothers (2008/2009).

척과 배구공 윌슨 간에 친구관계의 발전 요인이 나타난 장면에 대해서 살펴보자.

- 자기공개: 척은 자신이 무인도에서 탈출하고 싶은데 탈출이 어려운 열악한 상황에 처해 있고, 치아 통증이 너무 심하고, 자살시도를 하려고 갈등했던 것 등을 배구공 윌슨에게 깊은 수준에서 자기공개를 하면서 친구관계로 발전하였다.

- 정서적 지지와 공감: 윌슨은 배구공인 사물이지만 척의 고민에 대해서 어떤 평가나 판단을 내리지 않고 잘 경청하고 척에게 정서적 지지와 공감을 함으로써 친구관계로 발전하였다. 이를 통해서 친구 사이에 정서적 지지와 공감이라는 것이 조언이나 평가가 아니라 단순히 수용적 경청을 통해서도 이루어진다는 것을 알 수 있다.

사진 출처: 네이버 영화.

 **활동문제**

활동 1. 친구에 대해 말해 보고, 나에 관해서 친구의 의견을 들어 보자.

내가 본 친구의 모습	
친구들이 본 나의 모습	

활동 2. 타인 속의 나를 알아보자.

당신이 사랑하고 존경하는 사람들이 지니고 있는 특성 중에서 가장 좋아하는 특성을 적어 보시오. 그러고 나서 당신이 싫어하는 사람들이 지니고 있는 특성 가운데 가장 싫어하는 특성을 적어 보시오.

좋아하는 특성:

싫어하는 특성:

해석방식: 첫 번째는 당신의 아니마 혹은 아니무스의 투사 내용일 수 있다. 이 내용은 당신이 발달시킬 수 있는 내면의 자질일 수 있다. 두 번째는 그림자의 투사내용일 수 있다. 이 내용은 당신 스스로 직면해야만 하는 특성일 수 있다.

출처: 노안영, 강영신(2005)에서 재인용.

1. 이성 간에도 친구관계가 성립하는지에 대해서 토론해 보자.

2. 켈리와 결혼한 치과의사 남편은 친교대상자의 선택 기준 중에서 어떤 것에 의해 결혼으로 이어졌을지에 대해서 토론해 보자.

3. 척와 켈리는 친교대상자의 선택 기준 중에서 어떤 것에 의해 연인관계를 유지하였을지에 대해서 토론해 보자.

4. 자기개방이 친구 간에 어떤 효과를 가져올지에 대해서 토론해 보자.

5. 친구관계를 다룬 영화 〈굿바이 마이 프랜드(The Cure)〉(1995), 〈사이먼 버치(Simon Birch)〉(1998), 〈마이티(The Mighty)〉(1998), 〈굿 윌 헌팅(Good Will Hunting)〉(1997)을 보고 친구관계에 대해 생각해 보자.

6. 어떤 갈등이 친구관계를 불편하게 하는지에 대해서 토론해 보자.

7. 친구의 잘못을 어디까지 이해하고 덮어 주어야 하는지에 대해서 토론해 보자.

8. 친구관계가 해제되고 약화되는 원인에 대해서 토론해 보자.

9. 친구관계를 유지하는 요인은 무엇인지에 대해서 토론해 보자.

캐스트 어웨이: 아들러 이론

아들러(Adler)는 프로이트(Freud)와 1902년부터 1911년까지 함께 시간을 가지다가 결별하고 자신의 신념과 철학적 입장에 따라 개인심리학(individual psychology)을 개발하였다. 아들러는 개인을 나눌 수 없는 전체적이고, 현상학적이고, 낙관적이고, 사회적이고, 목적론적인 존재로 보았다. 이와 같이 의식과 현실의 주관적 지각을 더 중요하게 강조한다는 면에서 무의식을 강조하는 프로이트 이론과 구별된다. 그 외에도 아들러 이론이 프로이트 이론과 구별되는 것은 정신질환자들보다는 일반 대중에 대한 관심이 더 많고, 인생 초기 5세까지의 경험보다는 우리가 기억할 수 있는 5세에서 11~12세까지의 경험이 중요해서 이 시기에 형성한 생활양식이 이후의 삶에 영향을 미친다고 보는 측면에서이다. 또한 아들러 이론은 인간의 자유의지와 선택권을 중요시하여 인생에 있어서 초기 경험도 중요하지만 의식적으로 변화시켜 자신의 생활양식을 만들 수 있다고 보는 측면에서 프로이트 이론과 다르다.

1. 열등감

인간은 불완전한 존재로 태어나면서부터 열등감이 시작된다고 볼 수 있다. 동물은 태어나자마자 먹을 것을 찾아다니는 등 스스로 생존할 수 있는 완성된 상태의 축소판으로 태어나지만, 인간은 다른 사람의 도움이 없이는 걸을 수도, 먹을 수도 없는 미완성의 무기력한 결핍의 상태, 열등한 상태로 태어난다. 이뿐만 아니라 사회 속에서 살아가는 인간은 성장하면서도 다른 사람들과 비교하여 자신을 평가하면서 자신이 부족하다는 느낌을 가지기에 열등감은 평생을 통해서 우리에게 영향을 미친다고 볼 수 있다. 학업, 외모, 부와 명예, 지능, 지식, 지혜, 키, 몸무게, 근육 등 우리가 타인과의 비교를 통해서 얼마나 열등감을 느끼는지에 대해서는 일일이 열거하지 않아도 알 수 있다. 최근에는 페이스북, 트위터, 인스타그램 등 SNS를 통해 다양한 멋진 사진과 장면들을 접하면서 자신이 가지고 있는 열등감을 더욱더 크게 느끼게 되는 상황이 되었다. 이와 같이 인간은 누구나 눈에 보이는 열등감뿐만 아니라 눈에 보이지 않는 열등감을 가지고 살아가고 있다.

아들러 자신도 허약한 몸으로, 동생의 죽음과 자신의 급성폐렴으로 죽음에 대한 직접적 경험을 하는 등 불행한 어린 시절을 보내면서 열등감을 느끼고 있었고, 자신의 열등한 측면을 극복하기 위해 최선을 다하였다. 인간이 열등감을 자각하는 것이 인생에서 얼마나 중요한 동기로 작용하는가 하는 것은 2021년에 아카데미 시상식에서 한국 영화 최초로 여우조연상을 수상하며 전 세계를 뒤흔든 영화 〈미나리〉의 윤여정 배우가 시상식 후 열린 간

담회에서 말한 내용에 가장 잘 나타난다.

> 내 연기 철학은 열등감에서 비롯되었다. 연극영화과 출신도 아니고 아르바
> 이트를 하다가 배우를 했기 때문이다. 내 약점을 아니까 열심히 대사를 외웠
> 다. 나중에는 먹고 살기 위해 절실하게 연기했다. 대본이 곧 성경 같았다.

아들러는 열등감이라는 개념을 우월성 추구라는 개념과 함께 정신건강
에 도입하였다. 아들러 이론은 열등감에 대해서 어떤 자세로 살아가는 것
이 좋을까에 대해서 하나의 방향을 제시하고 있다. 아들러는 "개인은 계속
해서 열등감으로 채워지면 또 다른 열등감에 의해 동기화된다."(Ansbacher &
Ansbacher, 1964)라고 하였다. 열등감을 극복하려는 동기는 선천적이고 절대
적으로 필요한 것이어서 인간으로 하여금 노력하고 행동하게 하는 추진력이
되기도 한다. 이와 같이 아들러에게 있어서 열등감은 병이 아니라 힘으로 긍
정적으로 작용하는 자기완성을 위한 필수요인이다.

이와 같이 열등감은 우월성을 추구하면서 현재보다 나은 상태인 자기완성
을 하려는 노력이고, 성격을 결정하는 중요한 요인이 된다. 예를 들면, 나폴
레옹(Napoléon)처럼 신체적으로 기관열등이 있을 수도 있으나 다른 기관을
발달시켜서 권력적인 성격이 되기도 하고, 예술적인 측면에서 뒤처지는 심
리적 열등이 있을 수 있지만 보상을 통하여 학업적인 측면에서 똑똑하게 될
수도 있고, 가난한 것과 같은 사회적 열등이 있을 수 있지만 보상을 통해서
부자가 될 수도 있다. 그래서 열등감은 그 자체가 아니라 그것들을 받아들이
고 대처하는 방식이 무엇인가가 더 중요하며, 만약 성취에 장애물이 생기더
라도 장애물에 대해서 어떻게 반응하느냐가 적응 여부를 결정한다. 열등감
에 사로잡혀 있고 성공적 보상을 못하면 열등 콤플렉스가 생길 수 있겠지만,
열등감을 극복하고 완성에 도달하기 위해 우월성 추구를 하게 되면 건설적
인 생활양식을 갖게 되어 심리적 건강을 달성한다. 즉, 심리적 건강을 위해

우리가 열등감을 지배하는 것이 필요하다. 본질적으로 적응된 사람은 용기를 가지고 문제에 반응하며 실패에 대한 공포나 자신의 참모습을 대면하기를 꺼리지 않고 삶을 현실적으로 본다. 인간은 더 나은 무엇인가를 추구하는 존재이고 열등감은 우월을 향한 노력과정을 통해서 극복되기 때문에, 인생을 살아가면서 열등감은 완전히 제거되거나 끝이 있는 것은 아니다.

영화에 적용하기

열등감 극복이 나타난 장면에 대해서 살펴보자.

무인도에 갇힌 척은 구조해 줄 사람도 없고 구조될 수도 없는 열악한 상황 속에서 생활을 한다. 무인도에서 탈출하기 위해서 겪었던 초반의 실패를 경험 삼아, 계절 및 날짜에 따른 바람의 방향까지 계산하며 탈출을 위한 만반의 준비를 한다. 예를 들면, 섬 주변 조류의 경계선에 큰 파도가 끊이지 않아 그 경계를 넘어서지 못했었는데, 튼튼한 알루미늄판을 돛으로 삼아 파도와 정면으로 부딪치는 계절풍을 이용해서 파도를 넘어간다는 구상을 한다.

사진 출처: 네이버 영화.

2. 사회적 관심

인간은 사회적 존재로서 혼자가 아니라 사람들과 함께 어울리고 관계를 맺고 싶어 하는 본성이 있다. 인간은 자신이 경험하고 있는 실재의 세계에서 매 순간 주관적으로 선택하는 현상학적 존재로서, 일생 동안 사회 속에서 사회적 관심을 얻기 위한 노력을 끊임없이 계속한다. 그래서 어떤 사람들은 혼자 있는 시간을 힘들어하기도 하고, 대부분의 사람은 잠시 혼자 있는 것은 괜찮지만 사회와 오랫동안 떨어져 있거나 고립되면 불안해하고 외로워한다. 아들러에게 있어서는 사회적 관심이 정신건강의 준거로 작용하여 사회적 관심을 가진 사람이야말로 정신적으로 건강하고 행복한 사람인 반면, 사회적 관심이 결여된 사람은 단지 자신의 욕구에만 관심을 두고 타인의 욕구의 중요성을 인식하지 못하는 부적응한 사람으로 본다.

인간은 결핍된 존재로 태어나기 때문에, 미숙한 상태를 보완하고 성장 가능성을 확대시키기 위해서는 누군가의 사회적 관심을 필요로 하며, 일정 기간 부모와 사회에 의존할 수밖에 없다. 결핍된 상태를 극복하기 위해서 장기간의 교육이 필요하며, 교육을 통해서 우리 인간은 무한한 성장 가능성을 가질 수 있게 된다.

아들러는 "사회적 관심은 다른 사람의 눈으로 보고, 다른 사람의 귀로 듣고, 다른 사람의 마음으로 느끼는 것을 의미한다."라고 하였다(Ansbacher & Ansbacher, 1964). 이러한 의미에서 사회적 관심은 공감이고, 우정, 이웃사랑, 동료애를 의미한다. 공감한다는 것은 '듣는 것'이다. '들을 청(聽)'이라는 한자에는 듣고[耳], 보고[目], 마음[心]으로 느낀다는 의미가 포함되어 있기 때문에, 사회적 관심이란 타인지향으로 듣고 보고 타인과 마음으로 느끼는 것이다.

사회적 관심이 나타난 장면에 대해서 살펴보자.

이 영화야말로 사회에서 서로 상호작용하며 살아가는 우리가 사회와 단절되었을 때 느낄 공포, 불안, 우울을 잘 보여 준 영화라고 생각한다. 척이 4년 동안 무인도에서 홀로 살아남을 수 있었던 것은 척이 그전까지 직장생활에서 가장 중요시하였던 일과 시간이 아닌 사회적 관심을 주고받을 수 있는 존재 때문이다.

첫째, 그가 사랑했던 여인 '켈리', 더 정확히는 '시계 속 켈리' 사진을 보면서 무인도에서의 외로움을 달래고 무인도에서 탈출하려는 희망을 꿈꾸면서 삶의 의지를 다진다.

둘째, 윌슨이다. 척이 무인도에서 생존을 위해서 불을 피우던 중에 손을 다쳐서 화가 나자 주변에 있던 배구공을 던졌는데, 그때 배구공에 남겨진 핏자국을 이용해 사람 얼굴 형태를 그려 넣고 윌슨이라 부르며 친구로 삼는다. 윌슨이라는 이름을 붙여 준 순간부터 척은 끊임없이 윌슨에게 말을 하였고, 윌슨은 홀로 있는 외로움을 달래 주는 심리적 위안을 주는 존재가 된다. 나무줄기를 이용해 뗏목을 만들면서도 윌슨과 계속 대화하고, 윌슨과 싸우기도 하고 던지기도 하고 서로 화해하는 등 윌슨과 사회적 관심을 주고받으면서 척은 무인도에서 살아갈 수 있는 힘을 얻는다. 척은 윌슨과 끊임없이 말하면서 자신이 살아 있다는 것을 지속적으로 확인한다. 우리가 자신의 생각을 말하고 자신의 생각을 정리하는 이러한 행위가 인간이 하는 지적 작용의 중요한 부분이며, 누군가의 이야기를 들어 주는 것도 무척이나 소중한 것이라는 것을 알 수 있다.

3. 생활양식

생활양식 신념을 삼단논법 패턴으로 요약하는 공식화된 진술문으로 표현할 수 있다.

(자기관) 나는 _____이다.
(세계관) 삶은 _____이다. 사람들은 _____이다.
(생활전략) 그래서 _____이다.

생활양식은 삶을 영위하는 기본적 전제와 가정을 의미하며, 생활양식에는 자기관과 세계관, 결론, 삶의 이야기가 반영된 생활전략에 대한 개인적 신념이 담겨 있다. 우리는 생활양식, 다시 말해서 지각과 행동을 안내하는 인지 지도인 자신만의 독특하고 주관적이고 개인적인 논리로 생활사건에 대한 자신의 해석을 만들어서 그에 따라 생각하고 행동하고 느낀다.

사람들은 자신에게 의미를 주는 삶의 목표를 추구하기 위한 독특한 생활양식을 발달시킨다. 즉, 사람들은 서로 구별되는 생활양식을 발달시키며 자신의 생활양식에 따라 생각하고, 느끼고, 행동한다. 이러한 생활양식은 우리 모두가 실제로 또는 상상에서 경험하는 열등감을 어떤 방법으로든 보상하려고 함으로써 형성된다고 볼 수 있다. 구체적으로 말하면, 신체적으로 허약한 아이는 신체적 한계점을 의식하기에 체력을 강화하는 쪽으로 보상하려고 애쓰며, 자신의 열등감을 극복하기 위한 노력이 생활양식으로 나타난다. 따라서 개인의 생활양식은 그의 독특한 열등감을 극복하기 위한 노력을 나타낸다.

아들러에 의하면 생활양식은 어린 시절 부모의 영향하에 이미 4~5세 때 형성되며, 이 시기 이후에는 거의 변하지 않고 유지되어 이후의 행동의 기초가 된다. 물론 다른 사람들과의 사회적 관심을 주고받으면서 계속 독특한 생활양식을 새로운 방식으로 나타내는 것을 배우지만, 그것은 단순히 어릴 때 만들어진 기본구조의 확대일 뿐이다.

생활양식은 외부세계에 대한 전반적인 태도를 결정하는데, 특히 서로 연관되어 있는 세 가지 인생의 중요한 과제인 직업, 사회, 사랑에 대해서 각 개인이 어떻게 접근하는지를 관찰함으로써 생활양식이 잘 이해될 수 있다.

아들러는 생활양식을 사회적 관심(social interest)과 활동수준(degree of

activity)으로 구분되는 이차원적인 모형으로 설명하였다. 사회적 관심은 인간 각 개인에 대한 공감을 말하며, 나 자신의 이익보다는 사회발전을 위해 다른 사람과 협력하는 것을 의미한다. 사회적 관심은 심리적 성숙의 기준이 되며, 활동수준은 인생문제를 다루는 데 있어서 개인이 보여 주는 에너지의 양을 말한다(Sharf, 2000). 활동수준은 아주 무기력하고 우유부단한 사람에서부터 끊임없이 왕성하게 활동하는 사람까지 다양하다. 활동수준이 건설적으로 되는지 파괴적으로 되는지의 여부는 그것이 사회적 관심과 결합될 때 결정된다.

생활양식 유형은 사회적 관심과 활동수준에 따라서 지배 유형(ruling type), 기생 유형(getting type), 회피 유형(avoiding type), 사회적 유용형(socially useful type)으로 구분된다. 사회적 유용형이 바람직한 유형으로 사회적 관심과 활동수준이 높고, 지배 유형, 기생 유형, 회피 유형은 사회적 관심이 부족하다는 공통점이 있으나 활동수준에는 차이가 있는, 사회적으로 바람직하지 않은 유형이라고 볼 수 있다.

〈표 8-1〉 생활양식 유형

		사회적 관심	
		고	저
활동수준	고	사회적 유용형	지배 유형
	저		기생 유형, 회피 유형

1) 지배 유형

지배 유형은 부모가 막무가내로 힘으로 지배하고 통제하는 독재형으로 자녀를 양육할 때 자녀가 형성하게 되는 생활양식으로, 상대방에게 지배와 복종을 강요하는 생활양식이다. 독선적이고 공격적이어서 활동수준은 높으나 사회적 관심은 낮고 다른 사람들의 안녕에는 무관심한 유형이다.

2) 기생 유형

기생 유형의 주요 특성은 의존성이다. 부모가 자녀를 지나치게 과잉보호하는 방식으로 양육하여 자녀의 독립심을 길러 주지 못했을 때 자녀가 형성하게 되는 생활양식으로, 타인에게 지나치게 의존하여 자신의 욕구를 충족시키려는 유형이다. 사랑하는 자녀가 원한다 하여 무엇이든 들어주면 자녀가 기생 유형의 생활양식을 배우므로, 부모는 실패를 통해서 자녀가 배울 수 있도록 하기 위해서 자녀 스스로 어떤 일을 해 보게끔 조력하는 것이 필요하다.

3) 회피 유형

회피 유형의 주요 특성은 소극성과 부정적 태도이다. 회피 유형은 부모가 자녀의 기를 꺾어 버리는 방식으로 교육을 하여 매사에 소극적이고 실패에 대한 두려움이 커서 적극적으로 직면하기는커녕 시도 자체를 하지 않는 생활양식으로, 활동수준이 낮고 삶으로부터 도피하고 싶어 하며 사회적 관심이 낮은 유형이다. 회피 유형의 사람은 시도는 하지 않고 불평만 하기 때문에, 사회적 관심이 적어서 고립된다.

4) 사회적 유용형

사회적 유용형은 긍정적이고 심리적으로 건강하며 활동수준도 높고 타인과 자신의 욕구를 동시에 충족시키려는 사회적 관심이 높은 유형이다. 이 유형의 사람은 긍정적 태도를 가진 성숙한 사람으로서 심리적으로 건강한 사람의 표본이 된다. 이들은 인생 과제를 완수하고 사회문제를 해결하기 위해서 기꺼이 타인과 협동하고 개인적인 용기를 내어 타인의 안녕에 공헌하려는 의지를 가지고 있다.

제8장 캐스트 어웨이: 아들러 이론

척의 생활양식의 변화가 나타난 장면들에 대해서 살펴보자.

척의 무인도에서 생활하기 전의 생활양식은 지배 유형이었다. 택배회사에서 직원들에게 지배와 복종을 강요하면서 일 중심으로 생활했기 때문에 활동수준은 높으나 연인 켈리와의 약속에 늦기도 하고 가장 친한 친구의 부인의 건강 상태에 대해서도 무심한, 사회적 관심은 낮은 유형이었다. 하지만 무인도에서 4년 동안 홀로 살면서 생활양식이 사회적 유용형으로 변화하였다. 무인도에서 살아남을 수 있었던 것은 켈리와 배구공 윌슨이라는 존재를 통해서 사회적 관심을 주고받는 것이 얼마나 중요한지를 깨닫게 되면서 긍정적이고 심리적으로 건강한 사람으로 변화하여, 활동수준도 높아지고 자신의 욕구뿐만 아니라 타인의 욕구도 충족시키려는 사회적 관심이 높은 유형의 생활양식을 가지게 되었기 때문이다.

4. 허구적 최종 목적론

인간은 현재를 바탕으로 사회 내에서 자신이 설정한 미래지향적 목표를 달성하기 위해 끊임없이 노력하는 목적론적 존재이다. 이러한 관점에서 아들러는 인간을 낙관적으로 보았으며 우리 스스로가 우리의 운명을 만들어 간다고 주장하였다. 허구적 최종 목적론(fictional finalism)은 허구나 이상이 현실을 더욱 효과적으로 움직인다는 바이힝거(Vaihinger)의 말에서 영향을 받은 개념으로, 우리는 자신이 세운 목표를 향해서 끊임없이 스스로 움직이지만 그것은 결코 이루어질 수 없기 때문에 허구적이라는 의미이다.

아들러는 인간을 허구적 최종 목표(fictional final goal)를 향해 움직이는 창조적이고 책임감 있는 존재라고 보기 때문에, 삶에 있어 창조적 힘과 미래의 목표가 과거의 사건보다 더 중요하다고 주장하였다. 예를 들면, '정직이 최선의 길이다.'라는 이상적 가치가 현실보다도 사람들을 더 효과적으로 움직이는데, 인간의 행동은 미래에 대한 기대에 의해서 더 잘 형성된다는 것이다. 인간의 궁극적 목적은 이루어질 수 없을지도 모르지만, 각자에게 주어진 오직 한 번뿐인 값진 인생을 현재를 바탕으로 미래지향적인 삶의 목적을 향해 의미 있게 창조적인 힘을 가지고 메워 나가게 된다.

영화에 적용하기

허구적 최종 목적론이 나타난 장면에 대해서 살펴보자.

척은 무인도에서 4년 동안 지내면서 무인도에 떠내려온 택배상자들 중에서 하나는 송장을 뜯지 않은 채 보관하고 있었다. 이는 반드시 무인도에서 살아서 탈출하여 수하인에게 배달하겠다는 그의 다짐이었고, 이러한 삶의 목적을 가졌기에 4년을 버티고 결국 탈출할 수 있었던 것이다.

또한 연인 켈리가 무인도에서 탈출하여 살아남기 위한 삶의 목표가 되었던 것은 두말할 나위가 없다. 하지만 다른 사람의 아내가 된 켈리를 만난 척은 변해 버린 현실을 인정하고 "이제 뭘 해야 할지도 알겠어. 난 계속 살아갈 거야. 내일이면 태양이 떠오를 테니까. 파도에 또 뭐가 실려 올지 모르니까."라고 말한다. 이 대사를 통해서 그가 무인도에서 버텨서 얻은 건 단지 '생명'뿐 아니라 삶의 목적성이라는 것을 알 수 있다. 마지막 장면의 교차로 위에서 지도를 놓고 나아갈 방향을 정하는 척의 모습에서도 미래에 무슨 일이 벌어질지 모르지만 삶의 목적을 가지고 오늘을 열심히 살아가야 한다는 것을 알 수 있다.

5. 창조적 존재

인간은 누구나 독특성이 있고 자유의지를 가지고 자기의 삶을 보다 훌륭하게 창조할 수 있는 존재이다. 인간은 자신의 궁극적 목표를 향해 나아가려는 지속적인 경향성을 가지고 있고, 그래서 무엇을 수용할 것인가, 어떻게 행동할 것인가를 선택할 수 있는 창조적인 힘을 가질 수 있다. 이와 같이 창조적인 방법으로 자신의 행동을 선택하고 그에 대한 책임을 지면서 자신의 독특한 생활양식을 구성할 수 있게 된다.

인간이 창조적 존재라는 것은 2020년 한국 영화 최초로 아카데미 작품상, 감독상, 각본상, 국제 장편영화상 4개 부문을 휩쓸며 전 세계를 뒤흔든 영화 〈기생충〉의 봉준호 감독이 시상식에서 말한 내용에 잘 나타난다.

> 어렸을 때 항상 가슴에 새겼던 말이 있었는데, 영화 공부할 때 본 "가장 개인적인 것이 가장 창의적인 것이다(The most personal is the most creative)."라는 말이다. 그 말을 하셨던 분이 누구냐면, 제가 책에서 읽은 거였지만, 그 말은 우리의 위대한 감독 마틴 스코세이지(Martin Scorsese)가 한 이야기이다.

영화에 적용하기

창조적 존재가 나타난 장면에 대해서 살펴보자.

척은 무인도의 이곳저곳을 둘러보며 송장이 훼손된 물품 몇 가지를 주워서 최대한 창조적으로 활용하여 생존을 하게 된다. 여자 드레스로 자신의 옷을 만들고, 망사천으로 그물을 만들어서 물고기를 낚는 데 사용하고, 스케이트 날을 칼로 만들어 사용하기도 하고,
피겨스케이트를 묶어 칼이나 도끼 대용으로 사용하고, 발치할 때는 거울로 사용하기도 했다. 비디오테이프의 릴을 빼내서 묶는 줄로 썼고, 나무를 비벼 가며 불을 피우는 데 성공하였고, 배구공에 묻은 핏자국을 이용해 사람 얼굴 형태를 그리고는 그것을 윌슨이라고 부르며 친구로 삼는다. 파도에 떠내려온 알루미늄판 하나를 해안에서 발견하여 배에서 햇볕을 가려 줄 가림막 겸 돛으로 삼아서 파도와 정면으로 부딪치는 계절풍을 이용해 파도를 넘어가는 용도로 활용한다.

사진 출처: 네이버 영화.

6. 인생과제

아들러는 누구나 적어도 세 가지 주요 과제인 일과 여가(work & leisure), 우정(friendship), 사랑(love)에 직면하게 된다고 믿었다. 모삭과 드라이커스(Mosak & Dreikurs, 1967)는 아들러가 암시만 하였던 네 번째 인생과제인 영성(spirituality)과 다섯 번째 인생과제인 자기지향성(self-direction) 과제를 확인하였다. 영성은 우주, 신과 관련된 개인의 영적 자아를 다루는 것이며, 자기지향성 과제는 주체로서의 나와 객체로서의 나를 다루는 데 있어 개인의 성공을 다루는 것이다. 여기에는 가치감, 통제감, 현실적 신념, 정서적 자각 및 대처, 문제해결 및 창의성, 유머감각, 영양, 운동, 자기보살핌, 스트레스 관리, 성 정체감, 문화정체감 등의 열두 가지 구성요소가 포함된다.

이러한 인생과제는 개별적으로 존재하는 것이 아니라 항상 상호 관련되어 있어서 한 문제의 해결은 다음 문제의 해결을 돕고, 우리가 생을 유지하고 진전시키는 이유가 되고, 인간은 이러한 과정에서 자신을 발견하게 된다.

제8장 캐스트 어웨이: 아들러 이론

활동 1. 여러분의 허구적 최종 목적론과 인생목표를 달성하기 위해서 생애 설계를 해
보자.

당신의 허구적 최종 목적론은 무엇인가?	
당신의 생애목표들은 무엇인가?(개인적, 가정, 직업, 사회적, 정신적 목표 등)	
생애목표를 달성하기 위해서 당신은 앞으로 10년을 어떻게 보내겠는가?	
생애목표를 달성하기 위해서 당신은 앞으로 3년을 어떻게 보내겠는가?	
생애목표를 달성하기 위해서 당신은 앞으로 1년을 어떻게 보내겠는가?	

활동 2. 지금까지 본 영화 중에서 아들러의 주요 개념이 잘 나타난 영화들을 적어 보자.

	영화 제목	영화를 선정하게 된 이유
열등감 및 우월성 추구		
사회적 관심		
생활양식		
허구적 최종 목적론		
창조적 존재		
인생과제		

제8장 캐스트 어웨이: 아들러 이론

1. 영화에서 척은 자신의 열등감을 극복하면서 무인도에서 탈출할 수 있었다. 여러분이 열등감을 극복했던 경우를 구체적 에피소드에 근거해서 생각해 보자.

2. 여러분의 열등감은 무엇인가? 열등감을 가져왔던 사건과 경험들을 기억해 보자.

3. 지금 현재 가지고 있는 열등감을 어떻게 극복할 것인지에 대해 우월성의 욕구와 함께 구체적으로 계획을 세워 보자.

4. 열등감과 열등감 콤플렉스의 차이점은 무엇인지에 대해서 토론해 보자.

5. 사회적 관심을 개발시킬 수 있는 영화에 대해서 생각해 보자.

6. 여러분은 아들러의 생활양식 중 어느 유형에 가장 가깝다고 생각하는가?

7. 여러분이 다른 사람들의 복지와 행복을 위하여, 지역사회를 위하여 기여했거나 현재 기여하고 있는 것에 대해서 생각해 보자.

8. 아들러 이론으로 영화를 볼 때 흥미롭고 도움이 되는 점에 대해서 생각해 보자.

9. 아들러 이론을 배운 후 스스로에 대해 알게 된 몇 가지 중요한 사항은 무엇이 있는지에 대해서 생각해 보자.

제9장

굿 윌 헌팅:
교육, 경청, 갈등해결

개봉 연도: 1998년	
감독: 구스 반 산트	
배우: 맷 데이먼, 로빈 윌리엄스, 벤 애플렉	

이 영화는 아마도 우리나라에서 상담 및 심리치료적 접근으로 가장 많이 다루고 있는 영화일 것이다. 이 영화는 '가정폭력 속에서 자라난 사람의 마음의 상처가 성인이 되어서도 어떻게 지속적으로 영향을 미치는가?' '고통 속에 있는 인간은 어떠한 과정을 통해서 변화하는가?'라는 물음을 던지면서 우리의 인생에서 소중한 만남의 중요성에 대해서 강조하고 있다. 이 영화를 통해 다양한 인생의 갈등과 문제 앞에서 개개인이 각자의 잠재력을 발휘하면서 어려움을 극복할 수 있도록 돕는 참된 가르침에 대해서 심리학적 측면에서 살펴보려고 한다.

우리는 누구나 자신의 아픈 상처를 돌아보지 않으려고 회피하고 덮어 버리거나 왜곡시켜서 미화하려는 경향이 있다. 그럼에도 불구하고 과거의 상처가 치유되지 않고 현재의 삶에 지속적으로 영향을 미쳐서 불편감을 느낀다면 그 해결방법에 대해서 고민해 볼 필요가 있다. 윌은 정신과 의사 숀과의 만남을 통해서 어린 시절 아버지에 대한 괴로운 기억으로 인해 세상에 대해서 왜곡된 관점을 가졌던 자신의 과거를 바라볼 수 있게 되었고, 그동안 억압해 온 고통스러운 진실들을 마주하면서 화해하는 과정을 통해서 건강한 성인으로 성장하게 된다. 특히 '네 잘못이 아니야.'라는 문장은 진정으로 자신의 상처를 위로해 주는 명대사이다. 이 영화를 통해서 우리도 자신의 과거의 상처를 바라보면서 화해하고 인정하는 과정을 통해 성숙한 어른으로 다시 태어날 수 있기를 기대한다.

사진 출처: 네이버 영화.

1. 교육

교육은 사람이 꼭 알아야 하는 지식을 가르치고 전달하는, 즉 단순한 지식의 전수나 전통과 문화의 전승이라는 입장과 함께, 인간이 가지고 있는 무궁무진한 잠재능력을 계발하는 것이다.

'교육'을 의미하는 대표적 영어 단어로 pedagogy와 education이 있다. 어원적으로 pedagogy는 그리스어 paidagogos에서 온 것으로서, paidos(어린이)와 agogos(이끌다)가 결합된 말이다. 즉, 이미 형성되어 있는 외적인 문화유산들을 학습자가 습득하도록 이끌어 간다는 뜻이다. 그래서 pedagogy는 고대 그리스 사회에서 노예가 귀족 가정의 자녀들을 학교나 체육관 등의 장소에 데리고 다니며 가르치는 것을 지칭하는 의미로 사용되기도 하였다. 또 하나의 단어인 education은 라틴어 educo, educare에서 온 표현으로서, e(밖으로)와 duco, ducare(꺼내다, 끄집어내다)가 결합된 말이다. 즉, 이미 잠재되어 있는 것을 밖으로 꺼내어 키워 준다는 뜻이다. 그래서 education은 개인의 소질, 잠재력, 가능성(potentiality)을 계발하는 것이다.

'교육'의 한자를 살펴보면, 교(敎)는 '가르칠 교'로서 전통문화, 풍습, 언어를 전수한다는 의미를 담고 있으며, 가르치는 자의 주도적인 노력으로 배우는 자를 이끌어 간다는 의미이다. 육(育)은 '기를 육'으로서 타고난 소질, 품성이 바르게 자랄 수 있도록 육성한다는 의미이다.

이를 통하여 볼 때 'pedagogy' '교(敎)' '가르치다'는 미성숙한 학습자를 외적인 가치로 이끈다는 의미가 강조되는 단어이다. 즉, 성숙한 사람들이 미성숙자들을 인도하여 보다 가치 있는 상태로 만들고 형성한다는 의미이다. 따라서 교육시켜야 할 학습자에게 내용을 익히도록 하고 가치의 표준을 받아들이도록 하는 것을 강조한다는 점에서 '조형(造型)'의 관점으로 교육을 이해한다.

'education' '육(育)' '기르다'는 미성숙자의 내적인 가능성이 발현되도록 도와준다는 의미가 강조되는 단어라고 볼 수 있다. 즉, 성숙한 사람들이 미성숙자들의 내면에 있는 잠재 가능성을 계발하고 성장할 수 있도록 도와준다는 의미이다. 따라서 학습할 주된 내용이 학습자의 내면에 있으므로 이것을 밖으로 이끌어 내고 잘 성장하도록 도와주는 것을 강조한다는 점에서 '성장' 또는 '조력'의 관점으로 교육을 이해한다. 이러한 관점으로 볼 때 수업시간에 학생들 간의 상호작용을 위해서 사용하는 교수방법인 조별발표는 education, '육(育)'에 해당한다는 것을 학생들의 피드백을 통해서 알 수 있었다.

> 이번 조별발표를 하면서 나의 숨은 잠재력(주제 잡기, 창의적으로 발표하기, PPT 만들기)이 전보다 많이 늘었다고 생각하게 되었고, 이를 교육의 어원적 의미에 적용시켜 보면 education에 속한다는 것을 알 수 있었다.

이와 같이 교육은 '교'와 '육'이 합쳐진 통합의 의미를 가지고 있지만, 지금까지 우리의 교육은 주로 '교'의 측면에 치중되어 왔고 '육'의 측면은 간과되어 왔다고 볼 수 있다. 더불어 함께 사는 사회에서 건강하고 행복한 삶의 질 향상을 위해서는 단지 지식을 전수하는 '교'만 강조하기보다는 각자가 가진 잠재능력을 믿으면서 그 능력을 계발할 수 있도록 돕는 '육'도 강조하는, 즉 '교'와 '육'을 함께 함양할 수 있는 교육이 이루어져야 할 것이다.

영화에 적용하기

이 영화에서 pedagogy, '교(敎)'를 강조하는 주인공에 대해서 살펴보자.

윌이 수학천재임에도 불구하고 그 천재성을 살리지 못하고 매사추세츠 공대에서 청소부로서 일하고 있다는 것을 알게 된 램보 교수가 윌과 함께 수학문제를 풀고 가르치면서 윌이 수학적 재능을 잘 발휘할 수 있도록 돕는다.

이 영화에서 education, '육(育)'을 강조하는 주인공에 대해서 살펴보자.

램보 교수의 대학시절 친구였던 정신과 의사 숀은 윌의 이야기를 경청하고 공감하면서 윌이 자신의 마음을 조금씩 열어 가도록 함으로써 윌이 자신이 이미 가지고 있던 잠재 능력을 발휘할 수 있도록 돕는다.

사진 출처: 네이버 영화.

2. 갈등

영화에서는 관람객들에게 흥미와 몰입을 유발하면서도 영화감독의 의도를 잘 전달하기 위해서 스토리를 전개하며 다양한 갈등 상황을 사용한다. 갈등을 한자로 쓰면 '칡 갈(葛)' '등나무 등(藤)'으로, 칡과 등나무가 서로 엉켜 있는 상태를 가리키는 말이다. 세상을 살아가는 과정에서 자기 내면에서 일어나는 심리 내적 갈등뿐만 아니라 다른 사람과의 관계에서 일어나는 인물과 인물, 또는 인물과 환경 사이의 외적 갈등은 불가피하게 일어난다. 벡(Beck)은 인간의 갈등과 문제는 인지적 왜곡 때문에 생긴다고 보았다. 인지적 왜곡은 역기능적 사고방식으로 인해 모든 생활사건을 부정적으로 이해하여 현실을 제대로 지각하지 못하거나 의미를 왜곡하고 과장함으로써 부정적 정서를 유발하기 때문에 갈등을 가져올 수 있다.

영화에 적용하기

이 영화에서 갈등이 나타난 장면에 대해서 살펴보자.

- 윌은 유복한 환경 속에 하버드 대학교를 다니고 있는 연인 스카일라가 자신의 이상형임을 알면서도, 스카일라에게 버림받기 전에 먼저 헤어지자고 하면서 관계를 끊어버린다.
- 숀과 램보 교수 사이에서 벌어지는 갈등이 있다. 두 친구는 대학을 함께 다닌 동창으로서 램보가 성공적인 수학자의 길을 걸어온 것에 반해, 기숙사 룸메이트였던 숀은 성공만을 쫓아다니며 잘난 체하기 바쁜 동창회에 나가기보다는 자기 인생에 충실한 사람이다. 극명하게 대비되는 길을 걸어온 두 사람은 식당에서 언쟁을 하게 된다.
- 윌은 숀과의 첫 만남에서 숀이 그린 그림을 보면서 그림의 의미를 현란한 지식을 동원해서 숀의 마음을 무차별적으로 공격하면서 갈등을 일으킨다.
- 윌과 친구들이 하버드 대학교 앞 술집에 놀러갔다가 하버드 대학교 학생들과 마찰을 빚는다.
- 윌과 다른 정신과 의사의 갈등이 있다.
- 램보 교수와 함께 공부를 하던 윌은 그의 제안으로 다양한 회사에서 면접을 보지만, 내키지 않는 회사들이기 때문에 회사 면접관들과 여러 가지 갈등의 모습을 보인다.

---

1) 역기능적 사고

상대방의 의도나 사건의 의미를 왜곡하여 오해하게 하는 인지적 오류(cognitive error)를 범하면 대인관계 상황이나 사건을 사실과 다르게 왜곡하거나 과장하게 되어 오해가 발생하게 되고, 이러한 오해는 대인관계에서 갈등을 초래하게 된다(권석만, 2005).

대인관계에서 갈등을 유발하는 역기능적 사고(dysfunctional thinking)의 종류는 다음과 같다.

첫째, 흑백논리적 사고(all or nothing thinking) 또는 이분법적 사고(dichotomous thinking)이다. 어떤 사건이든지 완전한 실패 아니면 대단한 성공, 또는 극단적으로 흑 아니면 백으로, 또는 전체를 맞거나 틀린 것으로(all or none), '내가 하는 행동이 옳고 상대는 틀리다'로, 타인의 반응을 '나를 좋아하고 있는가 혹은 싫어하고 있는가' '나를 받아들이는가 혹은 거부하는가' 둘 중의 하나로만 해석하여 이럴 수도 있고 저럴 수도 있다는 중간지대 없이 흑백논리로 현실을 파악하는 경우이다.

〈예〉 "그는 내 부탁을 들어주지 않았어. 그는 나에게 적대적인 거야."
　　　 "100점이 아니면 0점과 다를 바 없어."

영화에 적용하기

이 영화에서 이분법적 사고가 나타난 장면에 대해서 살펴보자.

- 하버드 대학교 앞 술집에서 윌은 잘난 척하는 하버드 대학교 학생에게 '자신의 견해 없이 남의 의견을 자기 것인 양 말하면서 남을 망신시키는 너는 비난받아 마땅하다.'고 몰아세운다.
- 윌은 어린 시절에 양아버지에게 학대를 당하면서, 타인은 신뢰할 만한 존재가 아니고 자신이 옳다고 생각하고 살아왔다.

둘째, 과잉 일반화이다. 한두 번의 사건에서 경험한 것으로 극단적인 신념을 형성해 일반적인 결론을 내린 후, 유사하지 않은 상황에까지 아무런 근거 없이 과잉 일반화하여 '모두' '항상' 등의 시각을 가지고 확대 적용하는 것이다.

영화에서 과잉 일반화가 나타난 장면에 대해서 살펴보자.

윌은 상담 선생님들을 만날 때마다 모든 상담자는 항상 다 공감은 하지 않고 사람의 마음을 함부로 분석한다고 미리 생각하고 만난다.

〈예〉 "어제 그 애의 생일에 초대받지 못했어. 나는 애들에게 인기가 없어."
　　　 (한두 번 실연당하고) "나는 '항상, 누구에게나' 실연당해서 연애를 못 할 거야."

셋째, 의미 확대 혹은 의미 축소이다. 대인 사건의 중요성이나 의미에 대해서 부적응적인 사람은 부정적 사건이나 불완전한 것의 의미는 크게 확대하고 긍정적이고 좋은 사건의 의미는 축소한다.

영화에서 의미 확대 혹은 의미 축소가 나타난 장면에 대해서 살펴보자.

• 숀이 윌에게 칭찬했을 때, 자신에 대해 장점이나 강점을 말해 주는 것을 별것이 아닌 것으로 의미를 과소평가한다.
• 스카일라가 윌에게 윌의 단점이나 약점을 말했을 때 매우 중요한 것으로 의미를 과대평가하면서 화를 낸다.

〈예〉 "그가 6시까지 여기에 온다고 했는데, 벌써 6시 10분이잖아. 10분이

나 늦을 거면서 어떻게 아무 말도 안 했던 거지?"

"이번 면접에 실패했으니 내 인생은 이제 끝났다."

"내가 취업에 성공한 것은 운이 좋아서야."

넷째, 개인화이다. 갈등은 자기 자신과 무관한 사건을 자신과 관련된 것으로 잘못 해석하기 때문에 일어난다. 다른 사람의 문제나 행동에 대해서 마치 자신과 관련된 것으로 잘못 해석하여 자기의 책임인 양 받아들이고 괴로워하는 것이다.

〈예〉 "팀장님의 기분이 언짢아 보이는구나. 내가 또 무슨 잘못을 했구나."

"교수님이 수업시간에 설명하는 예시는 분명 나를 염두에 두고 말

한 걸 거야."

"친구가 기분 나빠 보이는데 나 때문일 거야."

영화에 적용하기

영화에서 개인화가 나타난 장면에 대해서 살펴보자.

월의 친구들이 월이 어린 시절에 놀림을 당했던 경험을 자신의 일인 것처럼 개인화하여 월과 친구들이 집단 패싸움을 벌이다가 경찰에게 모두 잡혀가게 된다.

다섯째, 감정적 추리 또는 임의적 추리이다. 충분한 근거 없이 막연히 느껴지는 감정과 자기들이 경험한 한 가지 사건만 가지고 뚜렷한 증거도 없으면서 부정적 결론을 내리는 것이다.

〈예〉 "이번 시험에서 망쳐 버릴 거야. 나는 이것도 모르잖아."

영화에서 감정적 추리가 나타난 장면에 대해서 살펴보자.

월은 스카일라가 자신을 버릴 것이라고 감정적으로 추리하고 자신이 먼저 스카일라와 헤어질 것이라고 통보한다.

여섯째, 잘못된 명명이다. 자기 자신이나 다른 사람의 특성이나 행위를 기술할 때 '돌대가리' '성격이상자' '정신이상자' '변태' 등의 과장되거나 부적절한 명칭을 사용하여 개인의 행동을 그러한 명칭에 맞도록 유도하는 결과를 초래하는 것이다.

〈예〉 교실에서 한 번 문제를 일으킨 학생에게 '문제아'라고 이름을 붙여 버리는 것

영화에서 잘못된 명명이 나타난 장면에 대해서 살펴보자.

하버드 대학교 근처의 술집에서 하버드 대학교 학생이 월의 친구인 처키가 하버드 대학교 학생인 양 아는 척을 하는 것을 발견하고 '너는 미국 남부 시장경제의 발전사에 대해서 모를 것이다.'라고 미리 판단하였다.

일곱째, 독심술적 사고이다. 마치 다른 사람의 마음을 들여다볼 수 있는 독심술사처럼 모호한 단서에 의해서 다른 사람의 마음을 마음대로 추측하고 함부로 단정하는 것이다. 상대방의 마음을 확인할 방법이 없기 때문에 자신의 판단이 옳았다고 생각하면서 자신이 타인의 마음을 정확하게 꿰뚫어 볼

수 있는 능력을 지녔다고 믿는 경우가 많다.

2) 갈등 해결을 위한 방법

우리는 다른 사람들과 상호작용하는 과정에서 갈등을 경험하게 된다. 갈등은 좋은 것도 아니고 나쁜 것도 아니며, 다만 갈등을 어떻게 처리하느냐에 따라 좋거나 나쁜 결과를 가져오게 된다. 갈등을 해결하기 위해 서로 간에 문제를 어떻게 합리적으로 해결할 것인가에 초점을 두는 과정 속에서 성장하게 된다. 대인갈등을 건설적으로 해결하면 서로를 이해하는 기회가 되어서 인간관계를 더욱 강화할 수 있지만, 대인갈등이 잘 해결되지 못하면 서로에 대한 부정적인 감정이 커져 인간관계가 붕괴되기도 한다.

갈등이 초래되었을 때는 어떠한 방법으로 해결해 나가는 것이 바람직한 것일까? 일반적으로 사람들이 갈등을 해결하였다고 하지만, 실제로는 갈등을 회피함으로써 문제를 해결했다고 착각하는 경우가 많다. 갈등을 회피하면 지금 당장은 시끄럽지 않고 더 이상 시간과 에너지를 소비하지 않을 것이기 때문에 문제가 해결되었다고 착각하는 것이다. 하지만 언젠가 개선이 되기를 기다리면서 갈등을 방치하고 지속적으로 회피하게 된다면, 그 갈등을 덮으려 애써도 갈등이 내면에 쌓여 있으면서 관계에 지속적으로 그리고 간접적으로 영향을 미치기 때문에 대체로 비효율적인 갈등해결방법이라고 볼수 있다. 오히려 갈등을 표면으로 드러나게 하여 문제가 해결될 수 있도록 소통하면서 새로운 통찰을 가져오는 것이 갈등을 다루기 위해서 더 가치가 있을 것이다.

갈등을 효과적으로 다룰 때에 도움이 되는 몇 가지 지침에 대해 살펴보자.

첫째, 정직하고 개방적으로 의사소통을 해야 할 것이다. 갈등을 이야기하는 과정이 불편하고 에너지가 소모되지만 상호 간의 대화를 통해서 정직하게 교류한다면 감정의 오해로 인한 갈등을 줄이게 될 것이다.

둘째, 상대방의 문제성 있는 습관들을 기술할 때에는 be 언어를 사용하기보다는 do 언어를 사용해야 할 것이다. do 언어는 상대방의 문제가 되는 행동을 구체적으로 가리켜 표현하는 말이고, be 언어는 상대방의 문제가 되는 행동을 전반적인 성격특성이나 인격으로 확대시켜 표현하는 말이다. '너는 지저분하다.'라는 be 언어를 사용하는 것보다는 '네 책을 책상에 꽂아라.'와 같은 do 언어를 사용하면 상대방은 이 말에 대해서 덜 위협적으로 받아들이면서 자신의 행동을 조금은 변화하려고 할 것이다.

셋째, 상대방에게 모욕이나 위협, 분노, 증오 등 부정적인 정서반응을 일으키는 경향이 있는 부담스러운 단어들을 피하도록 해야 할 것이다.

넷째, 불평은 현재의 상황과 최근의 행동에 국한하도록 해야 할 것이다. 현재의 문제로부터 초점을 벗어나 과거의 불만을 끄집어내면 과거의 오래된 불만을 다시 자극하기 때문에 더 큰 갈등을 초래하여 비생산적이다.

다섯째, 문제로부터 감정을 분리해야 한다. 주변의 사건들을 모두 개인과 관련된 것으로 생각하여 감정에 휘말리기보다는 상황과 사건들을 합리적이고 객관적인 시각으로 본다면 갈등을 줄이게 될 것이다. 즉, 문제와 감정을 구별하지 않으면 무질서하여 혼란을 초래하지만, 문제를 감정과 구별해서 바라본다면 질서를 가져와서 문제를 객관적으로 바라보게 된다.

여섯째, 융통성을 가져야 한다. '옳다, 틀리다.'라는 이분법적 사고를 하기보다는 '다르다.' '그럴 수도 있고 그렇지 않을 수도 있다.'는 다양성의 시각을 가지고 융통성 있는 사고를 함으로써 자신의 방법만이 옳지는 않을 수도 있으며 여러 번의 시행착오 결과로 최종 해결책이 생길 수 있다는 관점을 가지는 것이다.

구체적인 갈등해결방법은 다음과 같다.

첫째, 제1의 방법은 승리적 방법이다. 승리적 방법은 두 사람의 갈등 상황에서 한 사람이 자신의 권위나 파워(power)로써 다른 사람을 이겨서 결국 자신의 생각과 지시에 따르게 하는 방법이다. 이 방법은 겉으로는 상대가 순응하는 것으로 보여서 별다른 문제가 없을지 모르나, 굴복당한 상대방의 입장에서는 욕구가 충족되지 않은 불쾌한 심리상태이므로, 협조하지 않으려는 수동공격성(passive-aggressive)을 가질 수도 있다. 이와 같이 승리적 방법은 상대방의 욕구를 좌절시킴으로써 자신의 목표를 추구하는 것이기 때문에 인간관계를 악화시키는 결과를 초래한다.

영화에 적용하기

영화에서 승리적 방법이 나타난 장면에 대해서 살펴보자.

- 월은 만나는 상담자들을 다양한 방법으로 굴복시켜서 더 이상 자신을 상담하지 못하게 하였다.
- 월이 내키지 않는 회사에 면접을 보러 간 상황에서 자신의 박식한 지식을 사용해서 면접관들을 굴복시켰다.

둘째, 제2의 방법은 패배적 방법이다. 패배적 방법은 두 사람의 갈등 상황에서 상대방이 너무 강압적으로 나와서 후유증이 두려워 그 사람에게 짐으로써 자신의 욕구를 포기하는 방법이다. 패배적 방법은 자신의 목표를 희생하는 것인데, 이는 불만과 좌절감이 증가하게 되어 인간관계가 약화되는 결

과를 초래한다.

셋째, 제3의 방법은 무패적 방법이다. 무패적 방법은 두 사람의 갈등 상황에서 두 사람 모두 승자가 되어서 서로의 욕구를 충족시키는 결과를 가져오는 방법이다. 이 방법은 각자의 양보와 타협을 전제로 하여 상호 이해, 상호 대화와 협력을 통하여 타인의 욕구 충족을 방해하지 않는 한도 내에서 자신의 욕구를 충족시키는 방법이다.

종합하면, 갈등이 일어났을 때 승리적 방법이나 패배적 방법은 일방적으로 어느 한 사람은 이기고 어느 한 사람은 지는 것이라고 할 수 있기 때문에 피하는 것이 좋고, 상대방과 갈등이 초래된 문제 상황을 논의하며 서로의 목표와 이익을 최대한 실현시키면서 서로의 욕구를 충족시킬 수 있는 무패적 방법으로 서로 합의할 수 있는 해결방법을 찾는 것이 가장 바람직한 방법이라고 볼 수 있다.

무패적 방법에는 대립된 갈등을 해결 가능한 문제로 전환시키는 방법과 공감을 사용하여 갈등을 해결하는 방법이 있다.

(1) 대립된 갈등을 해결 가능한 문제로 전환시키는 방법

① 문제를 정의한다.

인간관계에서 갈등이 생겼을 때에는 우선 상대방의 이야기를 듣는 것이 말하는 것보다 중요하다. 그다음 순서로 나의 이야기를 할 때에는 나 전달법으로 나의 욕구를 말하고 상대방의 욕구를 파악하여 문제를 명확히 정의하는 것이 무엇보다 필요하다. '우리의 갈등이 뭔지 모르겠다.'와 같이 혼란스러운 상태에 있는 것보다는 모든 것을 확실히 하기 위해 상호 간에 확인된 욕구를 다시 말하는 과정을 통하여 문제를 구체적으로 정의함으로써 문제를 보다 해결하기 쉽게 만들며, 서로가 해결 방안을 찾고 있다는 것을 분명히 이해하게 된다.

② 문제를 해결하기 위한 다양한 해결 방안을 만들어 낸다.

문제를 해결하기 위해 머릿속에 처음으로 번뜩 떠오르는 해결책을 택하려는 경향에서 벗어나 상대방의 이야기를 듣고 나 전달법을 사용하여 다양한 해결책을 만들어 내도록 하는 브레인스토밍(brain storming) 과정이 필요하다. 이때 서로의 해결책에 대한 평가나 비판은 피해야 다양한 해결책이 만들어질 수 있다.

③ 다양한 해결책 각각에 대해 객관적으로 평가한다.

두 번째 단계에서 제시된 다양한 해결책에 대해서 장점과 단점, 현실적인 계획, 시간적·경제적 소비, 장애물, 실천 가능성 등에 대해 나 전달법을 사용하여 구체적으로 평가하도록 한다. 각각의 해결책에 대해서 평가할 때 상대방의 만족이나 불만족을 나타내는 비언어적인 단서를 찾는다면, 서로의 욕구를 충족할 수 있는 방법을 택하는 데 도움이 될 것이다.

④ 상호 수용할 수 있는 해결책을 결정한다.

세 번째 단계에서 구체적으로 평가한 내용에 기초해서 상호 수용할 수 있는 해결책을 첫 번째 해결책, 두 번째 해결책, 세 번째 해결책 등과 같이 순서대로 결정하도록 한다. 이때 자신의 해결 방안을 강요하거나 설득하려는 잘못은 저지르지 말도록 한다. 나와 상대방 모두가 명확하게 이해하는지 확인하도록 하기 위하여 선택된 욕구와 해결책을 다시 말하고 모두가 볼 수 있는 곳에 적어 놓으면 나와 상대방 모두가 해결책을 명확하게 이해하는지 확인할 수 있기 때문에 도움이 되기도 한다.

⑤ 해결책을 수행한다.

네 번째 단계에서 결정된 해결책을 수행한다. 이때 누가, 언제, 무엇을 할 것인가를 구체적으로 정하고, 해결책에 관련된 사항을 나 전달법과 경청을 통해서 확인하여 그 계획을 기억하도록 하는 것도 도움이 되기도 한다.

⑥ 재평가를 한다.

수행한 첫 번째 해결 방안이 어떻게 활용되고 있는가를 확인하는 시간을 가져서, 해결책에 잘못된 점이 발견되거나 수행하기 어려운 새로운 사실이 알려지면 기꺼이 조정을 하기도 하고, 두 번째 해결책을 택하여 수행하는 융통성을 가지는 것도 필요하다.

나 전달법과 너 전달법

너 전달법

상대방에게 문제의 책임을 지우면서 상대방에게 직접 충고, 명령, 나무람, 비난 등의 뜻을 내포한 메시지를 전하는 것으로, 상대는 자존심이 상하고 불쾌하게 느끼기 때문에 생산적인 의사소통과 인간관계에 있어서 방해가 된다.

〈예〉 "너는 형편없구나."
"나잇값을 좀 해라."
"참 어리석은 짓을 했구나!"
"조용히 해!"

나 전달법

나 전달법은 너 전달법과는 달리 다음의 세 가지 요소를 포함하면서 자신의 감정을 표현하는 언어적 방법이다.

1) 상대의 행동을 단순하게 객관적으로 진술하는 것
'항상' '또' '맨날' 등과 같은 빈도부사를 사용하지 않고, '엉망진창' '뒤죽박죽'과 같은 가치판단이 개입되는 말을 사용하지 않는다.

제9장 굿 윌 헌팅: 교육, 경청, 갈등해결

2) 그 행동이 나에게 미치는 구체적 영향을 언급하는 것

   그 행동의 영향으로 당신이 해야 하거나(예: 더러운 것을 치우는 것, 시간 소비, 돈 낭비 등), 하고 싶은 것을 할 수 없도록 방해하는 것(예: 정각에 도착하지 못하게 됨, 전화를 할 수 없게 됨)을 언급하거나, 당신의 신체나 감각을 괴롭히는 것(예: 시끄러운 소리, 눈이 부심, 고통, 상처 등)을 언급하거나, 손실을 유발시키는 것(예: 접시를 깨뜨리는 것, 책의 분실 등)을 언급하는 것이다.

3) 그 결과 때문에 내가 느끼게 되는 나의 감정을 표현하는 것

   〈예〉 "당신이 나의 일에 참견을 하니(객관적 진술)

       내가 일을 하는 데 방해가 되어(구체적 영향)

       기분이 나쁩니다(나의 감정)."

(2) 공감을 사용하여 갈등을 해결하는 방법

공감을 사용하면 상대방의 입장에서 이해할 수 있기 때문에 갈등과 불일치는 최소화되거나 극복될 수 있을 것이다. 공감을 의미하는 empathy는 em(=into)과 pathy(=feeling)의 합성어로서 상대방의 표현 내용에 대한 사실적인 이해를 넘어 상대방의 주관적인 기분과 입장에 대한 정서적 이해이다. 공감을 통해서 '내 마음을 잘 알아준다.'는 느낌을 갖게 함으로써 상대방이 자신의 상황과 감정을 잘 이해하고 수용하고 있다는 느낌을 주면서 상대방에 대한 신뢰를 증대시키게 된다.

공감을 잘 하는 사람의 특성은 다음과 같다.

첫째, 상대방의 이야기를 상대방의 입장과 관점에서 이해하려고 노력한다. 이러한 점에서 자기중심적인 사람과 자신의 세계가 확실한 사람은 타인의 감정을 공감하기 어렵다.

둘째, 공감을 '감정이입'이라고 부르듯이, 상대방의 이야기에 담긴 사실적 의미 이면에 깔려 있는 정서적 의미를 포착한다. 이러한 점에서 자신의 감정

을 잘 자각하지 못하는 사람은 상대방의 감정을 공감하기 어렵다.

셋째, 자신이 느낀 감정을 상대방에게 적절하게 전달해 준다. 상대방이 느끼지 못한 감정을 정확한 언어로 표현해 주는 것은 상대방으로 하여금 자신이 충분히 이해받고 있다는 것을 느끼게 해 줄 것이다.

영화에 적용하기

공감을 사용하여 갈등을 해결한 장면에 대해서 살펴보자.

윌이 고민하고 갈등하는 내용에 대해서 정신과 의사 숀이 윌에게 "네 잘못이 아니야." "네 마음을 따라가렴. 그럼 괜찮을 거야."라고 말한 장면에서 윌은 자신이 이야기한 내용뿐 아니라 마음까지 숀으로부터 공감을 받으면서 자기 스스로를 믿게 되고, 그 힘으로 자신의 고민과 갈등을 해결해 나간다.

사진 출처: 네이버 영화.

이를 위해서는 상대방의 이야기를 주의를 집중하여 열심히 듣는 경청이 중요하다. 경청은 상대방이 보내는 소통 내용에 주의를 기울이고 그것을 이해하기 위해 노력하는 행동을 의미하며, 의사소통 기술에서 그 중요성이 점점 더 부각되고 있다.

경청하는 방법은 다음과 같다.

첫째, 상대방의 눈을 응시하고, 상대방 쪽으로 몸을 기울이고, 미소를 짓고, 고개를 끄덕이는 비언어적 행동을 통해서 상대방의 이야기에 주의를 집중하여 열심히 듣고 있다는 것을 표현하는 수동적으로 경청하는 방법이 있다.

둘째, 상대방의 이야기에 '아, 그랬구나!' '그래서?' '그래서 어떻게 되었는데?' 등과 같은 감탄사나 추임새 반응을 추가하면서 경청하는 방법이 있다.

셋째, 상대방의 말에 대한 자신의 이해를 전달하고 감정을 전달하여 상대방의 마음을 헤아려 주는 적극적 경청의 방법이 있다.

우리가 일반적으로 취하는 다섯 가지 입장에 대해 살펴보자.

① 나는 옳고 당신은 틀렸다.

'내가 하는 것이 옳고 네가 하는 것이 틀렸다.'는 사고로, 쉽게 남을 비난하고 공격하고 굴복시켜 상대방으로 하여금 생각을 바꾸어 나의 생각을 수용하도록 해서 승리자가 되려는 일방적인 방식이다. 이 방법은 상대방이 긴장, 원한, 분노의 감정을 갖게 되기 때문에, 갈등이 상호 수용할 수 있는 방법으로 해결된 것이 아니다.

② 당신은 옳고 나는 틀렸다.

'당신이 옳고 나는 틀렸다.'는 사고로, 자신의 해결책을 제시하지 않고 상대방의 입장에 쉽게 굴복해 버리려 하는 방식이다. 이 방법 또한 상대방에 대한 불만족의 감정을 계속 지니고 있을 수 있기 때문에 갈등이 상호 수용할 수 있는 방법으로 해결된 것이 아니다.

③ 둘 다 옳지만 동시에 둘 다 틀렸다.

각자의 처지에서 서로 옳다고 여겨지는 장점을 발견할 수 있겠지만, 동시에 틀리다고 여겨지는 단점도 쉽게 발견할 수 있는 방식이다.

④ 그 문제는 생각만큼 그렇게 중요한 것은 아니다.

우리가 갖고 있는 문제 자체는 지금의 나와 너의 관계의 회복에 비해 생각보다 그렇게 중요한 것이 아니라는 것을 알게 되면 그 문제 자체에 그렇게 집착할 필요가 없다는 사실을 이해하게 된다. 개인적으로 필자는 갈등이 생겼을 때 이 방법을 많이 사용한다. 인간관계의 위기를 경험해도 좋을 정도로 이 문제가 중요한지 아닌지를 생각하게 되는데, 그 문제의 중요성이 크지 않다는 것을 알게 되면 대인관계의 갈등이 쉽게 해결되는 것을 경험하게 된다.

⑤ 네 개의 입장은 모두 다 일리가 있다.

앞에서 설명한 네 가지의 입장 모두가 옳다고 인정하는 통합적인 사고와 초월적인 태도를 보이는 입장이다. 인간이 경험하는 일들은 흑백론에 사로잡혀 모든 것을 '옳고 그름'으로만 바라보는 이분법적인 입장으로는 해결되지 않는 것이 많다는 것을 알게 된다면, 상호 간의 만족을 최대화하기 위해서 서로 진실되게 노력하게 된다.

학생들의 영화 감상평

• 굉장히 울면서 본 영화, 〈굿 윌 헌팅〉이다. 나는 이런 식의 관계를 굉장히 좋아하는데, 〈죽은 시인의 사회〉 속의 교수님들, 즉 인생적으로 존경할 부분이 확실하지만 인간미가 넘치고 상대와 정서적 감정을 공유하여 나이 차에도 불구하고 특별한 관계로 나아갈 준비가 된 어른들은 매력적이다. 단순하게 선생-학생, 나이 많고 경험 많은 어른-어리고 경험 없고 치기 넘치고 재능 넘치는 아이가 아니라 인간 대 인간이 너무 좋고, 캐릭터 하나하나가 가진 상처들에 공감하고 그들의 성장을 응원하는 재미가 크다.

• 윌은 천재지만 학대, 파양 등으로 인해 상처를 받은 어린 소년의 모습을 가지고 있는 것을 보니 마음이 아팠다. 자신의 능력을 마음껏 발휘하지 못하는 상황이 안타까웠는데, 의사 숀이 상처가 많은 윌을 진심으로 대하고 도와주는 모습에 감동을 받았다. 또한 숀이 말한 진정한 상실감에 대해 나도 잠시 고민해 보았는데, 나는 진정한 상실감을 경험한 적은 없는 것 같다. 그 상실감을 이겨 낸 숀처럼 힘든 상황에서 주저앉지 않고 더욱 단단해지는 사람이 되고 싶다.

- 인간관계를 형성하고 유지하려면 마음을 열어 솔직함을 표현하고 서로를 인격적으로 대하여야 한다는 메시지를 얻었다. 나 또한 나의 감정을 숨기지 말고 나의 감정을 따라가며 내가 무엇에 열정이 있는지 나의 잠재력을 발휘해 보는 시간도 가져 보아야겠다. 나의 숨은 잠재력이 무엇인지 알 수 있는 방법에 대해 궁금해졌다.

- 이 영화를 보고 나서 당신 주변에는 좋은 사람들이 많이 있으며, 만약 자신에게 뛰어난 능력이나 잘하는 것이 있다면 숨기지 말고 꼭 펼치기를 바란다는 마음으로 〈굿 윌 헌팅〉을 강력히 추천한다. 윌은 숀과의 만남을 통해서도 변화하였지만, 늘 가까이에 있던 친구 척키가 "너의 재능을 썩히지 말고, 인생을 낭비하지 말아라."라고 진정한 조언을 하였기 때문이다.

- 윌의 방어적인 태도는 애착의 첫 단계부터 시작된 결핍 때문인 것 같다. 결핍된 것이 들통날까 봐 상대를 공격해서 강한 척함으로써 상황을 피하려는 윌이 기억에 남는다. 하지만 윌은 자신을 기다려 주고 믿어 준 숀에게서 스스로의 벽을 넘을 수 있는 용기를 얻었다고 생각한다. 나 역시 윌의 모습을 통해 스스로 바뀌기 위한 용기를 내는 계기가 되었다. 방어적으로 행동하던 윌이 마음을 열고 바뀌는 모습을 통해 나 역시 바뀔 수 있다는 것을 알게 되었다. 과거가 현재에 부정적 영향을 주었더라도 스스로 노력한다면 바뀔 수 있다는 것을 알려 주는 영화라고 생각해서 사람들에게 추천하고 싶다.

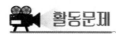 활동문제

활동 1. 영화 〈굿 윌 헌팅〉을 심리적 관점으로 분석해 보자.

심리적 관점	심리적 관점에 대한 질문	심리적 관점에 대한 답변 (수업시간에 배운 내용에 근거해서 쓰기를 권장)
인물	등장인물 중 가장 기억에 남는 인물은 누구인가? 긍정적 모델인가, 부정적 모델인가?	
관계	등장인물 중 누구와 누구의 관계가 가장 기억에 남는가?	
통찰	이 영화가 내게 주는 메시지는? 영화를 보고 중대한 결심을 했거나 인생이 변하였는가?	
과정	상황이나 문제를 해결하는 방법 중 가장 기억에 남는 것은?	
자신	어느 인물이 나와 가장 유사한가? 혹은 유사하지 않은가?	
분석	분노, 시기, 질투, 불안, 수치심, 기쁨, 사랑 등의 감정 중 어느 감정을 가장 많이 느꼈는가?	

활동 2 영화 〈굿 윌 헌팅〉을 창의적으로 생각하면서 자신의 삶에 적용해 보자.

창의적으로 적용할 수 있는 질문	창의적으로 적용할 수 있는 답변
영화 속 명장면과 그 이유?	
영화 속 대사와 그 이유?	
우리의 감정(불안, 기쁨, 공포, 희망 등)을 가장 극대화한 영화음악은?	
용기, 지혜, 호기심, 휴머니즘 같은 긍정 심리학의 가치를 주제로 담고 있는가?	
감독이 이 영화에서 말하고 싶은 것은?	
영화를 보고 한 중대한 결심 혹은 나의 삶에 영향을 미친 것은?	
이 영화의 제목을 달리한다면?	

활동 3. 최근 1년 동안 경험하고 있는 내적 혹은 외적 갈등을 떠올려 본 후에, 갈등을 효율적으로 해결할 수 있는 방법에 대해서 적어 보자.

문제는 무엇인가?				
문제를 해결하기 위한 대안	대안 1	대안 2	대안 3	대안 4
문제를 해결하기 위한 대안 탐색	장점			
	단점			
	장애물			
	시간적 · 경제적 소비			
상호 수용할 수 있는 해결책				

제9장 굿 윌 헌팅: 교육, 경청, 갈등해결

활동 4. 다음은 나 전달법을 연습할 수 있는 상황 예문이다. 나 전달법의 세 가지 구성요소를 모두 포함시키면서 나 전달법으로 표현해 보자.

---

1. 뉴스를 보는데 아이들이 너무 시끄럽게 떠들고 있다.

예) 내가 뉴스를 보는데 너희들이 떠드니 _____ (상황에 대한 객관적 진술)

　　내가 집중을 할 수가 없어서 _____ (나에게 미치는 영향)

　　힘들구나 _____ (내가 느끼는 감정)

2. 내일까지 업무보고를 해야 하는데 이 대리가 업무를 마치지 않은 채 퇴근해 버렸다.

_____ (상황에 대한 객관적 진술)

_____ (나에게 미치는 영향)

_____ (내가 느끼는 감정)

3. 민수가 환기가 안 되는 방에서 담배를 피우고 있다.

_____ (상황에 대한 객관적 진술)

_____ (나에게 미치는 영향)

_____ (내가 느끼는 감정)

4. 일이 많은데 작업시간에 박 과장이 동료와 이야기하고 있다.

_____ (상황에 대한 객관적 진술)

_____ (나에게 미치는 영향)

_____ (내가 느끼는 감정)

5. 일요일 아침이라 늦잠 자고 싶은데 텔레비전 소리를 크게 틀어 놓고 있다.

_____ (상황에 대한 객관적 진술)

_____ (나에게 미치는 영향)

_____ (내가 느끼는 감정)

6. 팀장이 일에 대한 자세한 설명 없이 업무를 지시했다.

_____ (상황에 대한 객관적 진술)

_____ (나에게 미치는 영향)

_____ (내가 느끼는 감정)

탐색문제

1. 어린 시절 가정폭력과 파양으로 마음의 상처를 받은 윌이 좋은 인간관계를 맺기 위해 필요한 것은 무엇일지에 대해서 토론해 보자.

2. 여러분에게 멘토가 있다면 누구인지, 그리고 나에게 어떤 영향을 주었는지에 대해서 토론해 보자.

3. 영화에서 주인공 윌은 램보 교수, 숀과 각각 갈등을 일으킨다. 그 이유는 무엇인지에 대해서 토론해 보자.

4. 영화 속에서 '네 잘못이 아니야.'라는 대사는 우리에게 많은 생각을 하게 한다. 여러분 스스로에게 '네 잘못이 아니야.'라고 해 주고 싶은 내용은 무엇인지에 대해서 생각해 보자.

5. 여러분이 숀이라면 윌에게 말해 주고 싶은 내용은 무엇이 있을지에 대해서 토론해 보자.

굿 윌 헌팅:
로저스 이론, 매슬로 이론

이 영화는 상처받은 어린이의 마음을 숨긴 채 방어적으로 왜곡되게 표현하면서 살아온 월이 공감과 경청을 통해서 건강하고 진솔한 어른으로 변해 가는 과정을 담고 있다. 우리도 실제로 누군가에게 마음을 표현할 때 있는 그대로의 마음을 진솔하게 이야기하고 있는가, 아니면 타인의 시선을 의식하면서 자신의 진짜 모습과는 다르게 왜곡하여 마음을 포장한 채 살아가고 있는가, 아니면 자신의 결핍된 부분을 채우려고 하는 것에만 급급하여 많은 것을 놓치고 살고 있지는 않은가에 대해서 한번 생각해 보아도 좋을 것 같다.

로저스 이론과 매슬로 이론의 인간관은 선천적 잠재력을 발휘할 수 있는 조건들, 즉 일치성, 무조건적 존중, 공감적 이해가 적절히 갖추어진다면 인간은 무한한 성장과 발전이 가능하다고 보는데, 〈굿 윌 헌팅〉이야말로 자신이 가지고 있는 잠재력을 실현하는 과정을 보여 주는 영화이기에, 이 영화를 로저스 이론과 매슬로 이론의 관점에서 살펴보는 것이 가능하다고 생각하였다. 이러한 과정을 통해서 자기 스스로를 아주 진실하게 들여다보면서 영화를 통해 치유가 될 수 있다는 것을 스스로에게 적용해 보기 바란다.

1. 로저스 이론

로저스(Rogers) 이론은 기본적으로 인간에 대한 깊은 신뢰를 바탕으로 인간을 자신의 잠재력을 실현할 수 있는 존재로 보기 때문에 인간중심적(person-centered) 이론이라고 불린다. 인간을 스스로 삶의 의미를 능동적으로 창조하는 미래지향적이고 자유롭고 합목적적이고 건설적인 존재인 동시에 아주 신뢰할 만한 존재로 보고 있다. 이와 같이 인간을 부적응상태로부터 건전한 상태로 회복할 수 있고 더 나아가서는 자신의 능력을 최대한으로 발달시킬 수 있는 존재로 본다는 면에서, 0세에서 5, 6세까지의 과거의 무의식적인 경험이 이후의 삶에 결정적인 영향을 미친다는 프로이트 이론과 구별된다.

1) 현상학적 장과 자기

인간은 좀 더 가치 있는 존재로 성장하고 좀 더 유능한 인간이 되고자 자신의 모든 잠재력을 실현화하는 자아실현 경향성(self-actualization tendency)을 선천적으로 가진 존재이다.

로저스는 인간은 똑같은 환경에서도 각자 주관적으로 다른 경험을 하면서 자신의 지각에 의해 자신의 운명을 개척할 수 있다고 보았다. 이러한 관점에서 개인의 세계는 체험의 세계이며, 개인에게 있어서 체험적 장은 곧 현실이다. 그래서 모든 행동은 그 자신만의 주관적인 경험의 세계이며, 한 개인의 현상학적인 장에 의해서 결정된다.

현상학적 장(phenomenal field)이란 대상이나 사건 그 자체가 아니라 개인이 대상이나 사건을 어떻게 지각하고 이해하는가 하는 것으로, 경험하는 개인만이 알 수 있는 자신의 참조틀이다. 즉, 현상학적 장이란 한 주어진 순간에 개인이 체험하는 모든 것을 가리킨다. 개인이 행동하는 방식은 외적 현실이 아니라 자신의 현상학적 장에 의존하기 때문에, 우리는 삶의 주체로서 오감을 통해서 매 순간에 경험하고 느끼는 감정을 중시한다. 유기체로서 개인은 계속해서 변화하는 세계인 현상학적 장에서 살아가면서 자기실현을 위해 주체적으로 삶을 주도하며 살아간다.

현상학적 장 중에서 개인이 자신 혹은 자기로 보는 현상학적 장이 있는데, 이 부분이 자아(self)이다. 자아는 로저스 이론에서 핵심적인 개념인데, 실제적 자아는 실제로 있는 그대로의 자아개념을 의미하며, 이상적 자아는 개인이 가장 소유하고픈 자아개념으로 개인이 높게 가치를 부여하는 지각과 의미를 포함한다. 실제적 자아와 이상적 자아 간에 괴리가 크면 클수록 적응에 어려움을 겪게 되고 신경증으로까지 발전되기도 한다.

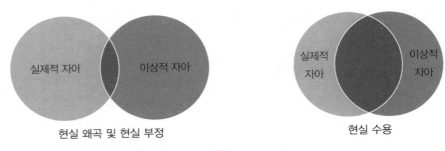

[그림 10-1] 실제적 자아와 이상적 자아

현실 왜곡 및 현실 부정

현실 수용

영화에 적용하기

영화에서 실제적 자아와 이상적 자아가 나타난 장면에 대해서 살펴보자.

윌의 이상적 자아는 하버드 대학교에 다니는 여자친구와 계속 만나고 싶은 마음이지만, 실제적 자아는 매사추세츠 공대의 청소부이고, 과거 수차례의 폭력 사건에 연루되어 수감되었다가 두 가지 조건을 걸고 석방된 상태이다.

실제적 자아와 이상적 자아 간의 괴리감이 크다 보니 자신의 상황을 부정하고 왜곡하게 된다. 그래서 스카일라에게 거짓말이 들통날까 봐 자신의 형제자매 관계를 말할 때 현실을 왜곡하여 과장된 대답을 하게 된다.

2) 실현화 경향성

유기체는 하나의 기본적 경향성과 추구를 가지고 있는데, 그것은 경험하는 유기체를 실현하고 유지하고 향상시키는 것이다(Rogers, 1951). 실현화 경향성은 모든 생명체를 전진시켜 주는 타고난 성질로서 유전적 소질 속에 들어가 있어서 모든 생리적 욕구 및 심리적인 욕구와 관련되면서 유기체를 성장시키고 발달을 촉진하며 성취를 향해 전진해 나갈 수 있게 한다. 다시 말하면, 실현화 경향성은 유전적으로 프로그램되어 있는 인간의 모든 변화에 기여한다. 예를 들면, 아이가 태어나서 배밀이를 하고, 앉고, 기고, 서고, 걷고, 뛰는 것이 해당된다.

하지만 이러한 변화가 유전적으로 결정되어 있을지라도 인간의 노력과 고통과 투쟁 없이는 발달에 대한 진전은 이루어지지 않는다. 아이가 배밀이를 할 때 무릎이 까지기도 하고, 앉으려고 할 때 중심을 잡지 못해서 넘어지기도 하고, 걸을 때 몇 걸음 떼지도 못하고 넘어지기도 하고, 뛰놀 때 넘어져 피가 나기도 하면서 인간의 발달이 이루어지는 것이다.

실현화 경향성의 개념을 자아에 적용한 것이 자아실현 경향성인데, 인간은 자아를 유지하고 향상시키고 실현시키려는 자아실현 경향성에 의해 동기화된다. 자아실현 경향성을 통해 경직성에서 융통성으로, 고정성에서 유연성으로, 의존성에서 독립성으로 변화하면서 인간은 단순한 실체에서 복잡한 실체로 성장해 나가게 된다. 따라서 자아를 실현하면서 자신의 타고난 잠재력을 실현하는 과정에는 긴장 감소가 따르는 것이 아니라 고통과 노력이 수반된다.

실현화 경향성은 태어날 때부터 잠재해 있기 때문에 다양한 경험을 통해서 자아실현 경향성을 발현할 수 있다. 그래서 로저스는 심리적으로 건강한 사람은 모든 경험에 개방적으로 되어 자기에 대한 가치를 형성해 간다고 하였다. 따라서 우리 각자가 매 순간 무엇을 경험하고 있는가가 무엇보다 중요하며, 다양한 경험을 통해 자아실현 경향성을 발휘하면서 살아간다는 관점에서 로저스는 '인생은 지속적인 변화의 과정이다.' '인간은 되어 가는 과정(becoming)으로 존재한다.'고 하였다.

윌은 자아실현 경향성을 발휘하면서 살았는가에 대해서 살펴보자.

윌은 새아빠가 술에 취한 날이면 직접 채찍을 고르게 하는 가정폭력과 어린아이가 감당할 수 없는 고통 속에서 살면서, 자신은 사랑받을 자격이 없는 사람이라고 생각하며 자아실현 경향성의 욕구를 발휘하지 못하고 살았을 것이다.
하지만 정신과 의사 숀을 만남으로써 자아실현 경향성의 욕구대로 살게 되면서 사랑하는 연인 스카일라를 찾아가게 되고, 영화에서는 보여지지 않았지만 자신의 잠재능력을 발휘하는 일을 찾으면서 지속적인 변화의 과정을 거칠 것이다.

3) 가치의 조건화

우리는 경험을 통해서 가치를 형성하는 것이 중요하지만, 아동은 성장하면서 가장 영향력 있는 부모의 양육태도에 따라서 가치의 조건화를 형성하게 된다. 가치의 조건화는 외적 준거에 따라 평가하는 데서 비롯된다. 인간은 성장하면서 사랑과 애정에 대한 욕구 충족이 중요해지기 때문에 아동의 성장에 있어서 몇몇 타인의 사랑과 애정은 상당히 중요한 위치를 차지하게 된다. 그래서 이들 중요한 타인들이 사랑과 인정을 주거나 주지 않는 것은 아동에게 상당한 영향을 미칠 수 있다. 가치의 조건화 속에서 의미 있는 대상으로부터 긍정적 자기존중을 받기 위해 자신의 내적 경험을 무시한 채 자기의지와 관계없이 겉으로 최선을 다하는 척하여 착한 아이가 되려고 한다. 또한 그것에 반하는 어떤 경험도 회피하고 왜곡하고 부정하려고 하면서 자아실현 경향성이 방해되어 자신이 주관적으로 경험하는 세계에 폐쇄적이게 된다. 즉, 부모의 가치조건에 따라서 부모가 원하는 것을 할 때만 긍정적 자기존중을 받게 되는 착한 아이가 되는 것이고, 부모가 원하지 않는 것을 하면 나쁜 아이가 되기 때문에, 아동은 더 이상 나쁜 아이가 되지 않기 위해 자기가 경험하는 것을 왜곡하고 부정하게 된다. 가치의 조건화에 따른 행동은 실현화 경향성을 이루려는 인간의 경험과 마찰을 일으켜 위협을 느끼게 되어 개인의 주관적 경험을 왜곡하고 부정하게 만들면서 자아실현 성향이 차단되거나 봉쇄된다.

이와 같이 다양한 타인에 의해 수용되는 사고와 감정 및 행위는 자신의 유기체적 평가과정에 의해 수용되는 경험들과는 다를 수 있기 때문에, 자신의 자아개념과 유기체적 경험 사이에 상당한 괴리가 발생하게 된다. 자기개념과 유기체적 경험의 괴리가 확대되면 점점 더 불안해지고 공포를 야기하며 심리적 부적응 상태를 나타내게 되고 성숙한 인간이 되는 것을 방해하게 된다.

또한 남이 보는 나와 내가 보는 나 사이에 차이가 나게 되면서 자기개념에서 차이가 발생한다. 우리 모두를 사회화시키는 뼈대를 제공해 주는 가치의 조건들에 지나치게 집중하고 다른 국면들을 지각하지 못하면 우리의 성장과 실현의 잠재력은 줄어든다. 유기체에게 평가과정이 생기면서 자아실현 경향성은 방해를 받고, 점차 자기답게 살기가 어렵게 된다. 이는 인간으로 하여금 제한되고 비효율적인 방식으로 기능하게 하고, 긴장과 불안을 경험하게 하는 원인이 된다.

이러한 긴장과 불안을 감소시키기 위한 방법으로 인간은 (현상적) 자기와 유기체(경험) 사이의 일관성을 유지하려고 현실을 왜곡하거나 거부하게 된다. 즉, 자기개념과 일치하는 방식으로 경험들을 지각하려고 한다. 예를 들면, 자기가 똑똑하다고 생각했는데 취업에 실패하면, '그 회사의 면접이 불공평했다. 면접관이 엉망이다.'라고 주장하며 의미를 왜곡하게 된다. 자기개념과 불일치하는 경험들은 개인에게 위협으로 지각될 수 있으며, 위협이 강할수록 자기구조가 더욱 경직되고 방어적이게 되기도 하기 때문에 유기체적 경험들을 더욱더 거부하거나 왜곡시킨다. 이러한 거부와 왜곡 때문에 현실을 있는 그대로 완전히 체험하지 못하게 되는 악순환을 가져오게 된다.

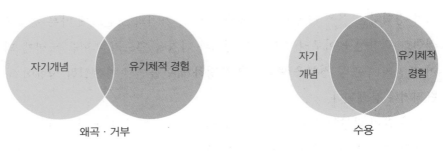

왜곡 · 거부   수용

[그림 10-2] 자기개념과 유기체적 경험

영화에 적용하기

가치의 조건화가 나타난 장면에 대해서 살펴보자.

두 번째로 등장한 정신과 의사를 만나는 장면에서 윌은 램보 교수에게 긍정적 관심을 받기 위해서 자기의지와 관계없이 겉으로 최선을 다하는 척하여 착한 아이가 되려고 하지만, 자기개념과 유기체적 경험 사이에 불일치가 생기면서 결국에는 정신과 의사에게 공포감을 주는 행동을 하게 된다.

4) 신뢰관계 형성을 촉진하기 위한 세 가지 조건

우리는 누군가 다른 사람에 대해서 평가하거나 비난하는 것이 자신을 바라보는 시선뿐만 아니라 타인과의 관계에 얼마나 부정적으로 작용하는지에 대해서 살펴보았다. 이와 같이 우리 대부분은 가치의 조건화에 의해서 자아실현 경향성을 발휘하면서 살아가지 못하는 경우가 많기 때문에, 심리적 건강을 위해서는 유기체적 경험과 자기개념을 통합하여 자신의 뒤틀리고 왜곡된 부분을 스스로 들여다볼 뿐만 아니라 타인을 있는 그대로 수용해 줄 수 있는 유연함을 가지는 것이 필요하다.

이를 위해서는 부모가 제공했던 가치 평가적이고 조건적인 관계와는 다른 새로운 관계를 형성하는 것이 필요하다. 자아실현 경향성의 욕구를 충족하면서 새로운 신뢰관계를 형성하기 위한 세 가지 조건은 가치의 조건화가 아닌 일치성(genuineness), 무조건적 긍정적 존중(unconditional positive regard), 공감적 이해(empathic understanding)이다.

(1) 일치성

일치성은 지금-여기에서 경험하는 자신의 감정이나 태도를 있는 그대로 솔직하게 느낀 것을 타인에게 개방하는 것을 의미하며, 진솔한 태도인 일치성은 진솔성, 사실성, 개방성, 투명성, 현재성과 동의어이다. 일치성은 신뢰관계 형성을 위한 세 가지 조건 중에서 가장 기본이 되는 태도로서 지적인 조작이나 역할게임을 멈추고 모든 경험에 개방되어 있는 것이다. 부정적이든 긍정적이든 솔직하고 진실하고 일관성 있게 자신의 감정을 표현하고, 적어도 거짓말을 하지 않고 꾸미지 않으며, 이랬다 저랬다 하지 않는 것을 뜻한다. 일치성을 유지하기 위해서는 자신의 감정을 표현하기에 앞서 자신의 감정이 무엇인지를 파악해야 할 필요가 있으며, 자신의 가치관과 신념이 무엇이며 자기의 태도와 가치관이 상대방에게 어떤 영향을 줄지를 항상 예민하게 파악하는 것이 중요하다. 즉, 자기수용, 자기신뢰, 높은 수준의 자각을 갖는 것이 도움이 된다.

일치성 태도를 통해서 인간 대 인간의 만남이 가능해지고 상대방의 개방적 자기탐색을 촉진하도록 하여 지금-여기에서 경험하는 감정을 자각하고 자신을 신뢰하게 만든다. 다음은 일치성에 대한 예시이다.

다음의 예시 중에서 높은 수준의 일치성을 보인 문항은 무엇일까요?

A: 도대체 집이라고 마음에 드는 구석이 하나도 없어요.

B: ① 당신이 집에 정을 붙이지 못해 저도 걱정이 되는군요.

② 당신 마음에 드는 게 뭐가 있습니까?

③ 제게 뭔가 말하고 싶은 게 있는 것 같은데, 그렇게 말씀하시니 걱정이
    되는군요.

④ 그래도 정을 붙이려고 애써야 하지 않겠습니까?

⑤ 꼭 그렇게 말할 필요는 뭐가 있습니까?

이장호, 금명자(2004).

영화에 적용하기

숀의 일치성이 나타난 장면에 대해서 살펴보자.

숀은 윌과의 상담과정에서 지금-여기 경험에서 느낀 감정을 솔직하게 표현하는 과정을 통하여 윌과 진솔하게 대화할 수 있었고, 상담을 통해서 알게 된 진실한 인간관계의 가치를 윌이 여자친구와 친구들과의 관계에 적용해 보았다.

사진 출처: 네이버 영화.

(2) 무조건적 긍정적 존중

무조건적 긍정적 존중이란 무조건 타인의 기분대로 비위를 맞추라는 의미는 아니며, 인간은 인간 자체로서 가치가 있고 인간에 대한 존중이 우선한다는 뜻이다. 무조건적 긍정적 존중은 좋고 나쁨의 평가와 판단 없이 가치의 조건화를 버리고 그의 가치와 잠재력에 대한 믿음을 가지고 행동을 수용하고 존중하는 태도를 갖는 것을 의미하며, 비소유적 온화, 돌봄, 칭찬, 수용, 존경 등과 동의어이다. 우리는 쉽게 타인의 행동을 자신의 기준에 따라 판단하고 평가하는 경향이 있기 때문에 상대방을 무조건적으로 수용하는 것은 쉬운 일이 아니다. 하지만 무조건적 긍정적 존중을 받은 사람은 의미 있는 사람에게 긍정적 존중

을 얻기 위해 형성한 가치의 조건화를 변화시키면서 자아실현 경향성을 회복할 수 있게 되고, 믿어 주고 관심을 기울이는 태도를 통해서 새로운 상황에 부딪힐 때에도 좀 더 융통적이고 적응적으로 변화하게 된다. 다음은 무조건적 긍정적 존중에 대한 예시이다.

다음의 예시 중에서 높은 수준의 긍정적 존중을 보인 문항은 무엇일까요?

A: 부모님이 저한테 너무 많은 기대를 하고 계세요.

　관심도 많으시고 너무 잘해 주시니까 오히려 부담이 돼요.

B: ① 당신도 이제 성인이라는 것을 부모님이 모르고 계시는군요.

　② 부모님 입장이 돼 보세요. 어떻게 그런 생각을 할 수 있어요?

　③ 부모님이 잘해 주셔도 불만이군요.

　④ 당신 혼자서 대부분 일을 훌륭하게 할 수 있는데도 부모님이 일일이 간섭하려 하시는군요.

　⑤ 부모님이 공연한 참견을 많이 해 신경이 많이 쓰이는군요.

이장호, 금명자(2004).

영화에 적용하기

손의 무조건적 긍정적 존중이 나타난 장면에 대해서 살펴보자.

첫 번째 정신과 의사는 매우 권위적인 사람으로 윌에게 처음부터 판단하고 평가하는 태도를 취했기 때문에, 윌은 그 의사를 전적으로 믿고 신뢰하기 어려웠을 것이다. 하지만 아버지의 학대로 인해서 왜곡된 방식으로 살아가고 있던 윌이 정신과 의사인 손으로부터 무조건적 긍정적 존중을 받음으로써 자신의 감정에 솔직해지게 되고 자신의 성장과 변화에 대해서 책임을 질 수 있게 된다.

(3) 공감적 이해

공감적 이해는 자신이 직접 경험하지 않고도 상대방의 주관적이고 현상학적인 세계를 거의 같은 내용과 수준으로 정확하고 민감하게 이해하는 것이다. 공감적으로 이해한다는 것은 상대방이 말하는 내용뿐만 아니라 그의 감정, 태도 및 신념처럼 쉽게 관찰할 수 없는 내면적인 것까지도 정확하게 의미를 포착하는 것이다.

상대방이 나의 입장에서 공감적으로 이해한다는 것을 느끼게 되면, 우리는 이전에는 깨닫지 못했던 인간 존재의 의미 등을 탐색하게 되고 자신이 누구인가를 충분히 인식하고 이해받고 있다는 느낌을 갖게 되어 서로를 보다 신뢰하게 되면서 자신의 비밀스러운 이야기를 깊이 드러내게 된다.

공감적 이해를 하기 위해서는 무엇보다도 경청이 필요하다. 경청이란 말하는 사람의 말과 얼굴 표정, 몸짓을 통해 표현하는 모든 것에 주의를 기울이고 관심 어린 태도로 듣는 것을 의미한다. 경청이야말로 대화의 기본 과정이며, 상대방의 말을 통하여 그 사람의 마음까지 헤아리게 된다. 자신의 편견을 버리고 도덕적 판단을 유보한 채 상대의 이야기에 귀 기울이는 것은 상대로 하여금 더 솔직하고 개방적으로 표현하도록 촉진하는 기능을 하며, 자신이 가치 있는 존재로 받아들여진다는 느낌을 갖게 한다. 또한 누군가로부터 경청을 받았던 경험을 통해서 타인의 말에도 경청을 잘 하게 되어 효과적인 의사소통이 이루어지게 되며, 자신뿐만 아니라 타인도 수용할 수 있는 사람으로 성장하게 된다. 다음은 공감적 이해에 대한 예시이다.

다음의 예시 중에서 높은 수준의 공감적 이해를 보인 문항은 무엇일까요?

A: 우리 집은 왜 그리도 시끄러운지 모르겠어요. 집에서는 영 공부할 마음이 나지 않아요.

B: ① 당신이 공부할 때 식구들이 좀 조용히 해 주었으면 좋겠다는 말이군요?

　② 좀 시끄러워도 참고 하시면 되지 않습니까?

③ 뭐가 시끄럽다고 그러세요? 공부하기 싫은 마음에 핑계도 많아지는
　거죠.

④ 그래, 집이 시끄러우니까 공부하기 힘들지요?

⑤ 식구들이 좀 더 조용히 해 주면 공부를 더 잘 할 수 있을 것 같다는 말
　이지요?

이장호, 금명자(2004).

손의 공감적 이해가 나타난 장면에 대해서 살펴보자.

손이 윌의 감정에 이입하고 공감적인 태도를 보이면서 윌은 손에게 지금까지 마음속 깊이 감추어 둔 자신만의 비밀을 털어놓게 되고, 손도 자신의 과거의 상처에 대해서 자기개방을 하게 된다.

사진 출처: 네이버 영화.

　로저스는 건강한 성격을 가진 사람을 충분히 기능하는 사람(fully-functioning person)으로 보았는데, 그 특징은 다음과 같다.

　첫째, 자신의 잠재력을 발휘하는 사람이다. 자신이 가진 무궁무진한 가능성을 발휘하면서 독창적인 사고력으로 창조적 삶을 살아갈 수 있다.

　둘째, 유기체에 대한 신뢰를 가진 사람이다. 어떤 비행을 저지른 사람이라도, 어떤 정신병에 걸린 사람일지라도, 인간은 무조건적 긍정적 존중을 충분

히 받는 경험을 한다면 자신의 잠재력을 자기 스스로 발휘할 수 있다.

셋째, 경험에 개방적인 사람이다. 다양한 경험에 개방적이므로 긍정적인 정서뿐 아니라 부정적인 정서도 개방적으로 경험할 수 있다.

넷째, 매 순간을 충실하게 사는, 즉 실존적 삶을 사는 사람이다.

다섯째, 자유롭게 선택할 수 있는 자유의식을 가진 사람이다.

영화에 적용하기

윌은 앞으로 충분히 기능하는 사람으로 살아갈까에 대해서 살펴보자.

영화의 마지막 장면에서 윌은 여자친구 스카일라에 대한 깊은 사랑의 감정이 있다는 것을 깨닫고 사랑과 일을 찾아서 떠난다. 영화를 통해서 윌의 미래가 어떻게 되었는지를 알 수는 없지만, 윌은 상담을 통해 발견한 자신의 잠재력을 실현하면서, 자신에 대한 신뢰감을 가지고, 다양한 경험을 회피하지 않으며 경험하고, 순간순간 충실하게 선택하고 책임을 지며, 자유로운 삶을 살아갈 것이라고 여겨진다.

사진 출처: 네이버 영화.

---

2. 매슬로 이론

매슬로(Maslow)는 인간의 행동을 활성화하는 욕구를 다섯 가지 욕구, 즉 생리적 욕구(physiological needs), 안정과 안전의 욕구(safety needs), 소속과 사랑의 욕구(love/belonging needs), 자존감의 욕구(esteem needs), 자아실현의 욕구

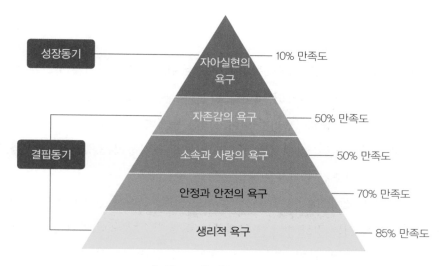

[그림 10-3] 매슬로의 욕구위계

(self-actualization needs)로 위계적으로 구분하고, 이들 간의 발달적 관계를 피라미드 구조로 설명하면서 욕구위계이론을 주장하였다([그림 10-3] 참조).

1) 생리적 욕구

매슬로의 욕구위계 중에서 가장 낮은 위계에 있는 것으로, 식욕, 성욕, 수면, 갈증, 호흡, 배설 등과 같이 개체가 생존하기 위한 기본적인 조건을 공급받기 위한 것으로 다른 동기에 비해 기본적이고 일차적이고 본능적인 욕구이다. 생존 그 자체가 매일매일의 관심사인 사람들에게 있어서는 생리적 욕구가 무엇보다 중요하지만 중산층에게는 생존의 욕구 충족이 더 이상 중요하지 않을 수 있다. 하지만 생리적 욕구는 대부분의 사람이 85%의 만족도를 보일 만큼 강력한 욕구이기 때문에, 기본적인 생리적 욕구가 충족되지 못한다면 다른 단계의 욕구들의 충족이 차단될 수 있다.

2) 안정과 안전의 욕구

신체적·감정적 위험으로부터 보호받을 수 있고 안전해지기를 바라는 욕구이며, 공포와 불안으로부터 벗어나 안전한 삶을 지속적으로 유지하려는 안정의 욕구이기도 하다. 우리가 살아가면서 통제력을 잃지 않을까 하는 두려움과 관련되어 있는, 삶에서 안정감과 질서를 유지하려는 욕구로서, 예를 들면 안정된 작업조건과 고용보장을 원하는 욕구이다.

우리는 이 욕구에 70%의 만족도를 보이고 있다. 그래서 건강한 성인은 위험한 상황에서 어느 정도 반응을 억제하는 것을 학습해 오면서 안정성을 유지하려고 한다. 이와 같이 일반적으로 우리는 안정과 안전의 욕구를 충족시키고 있지만 신경증 성인과 정신상태가 불안정한 성인에게는 어느 정도의 조직과 질서가 삶을 유지하는 데 필요하기 때문에 이 욕구는 그들에게는 더욱 중요하다. 또한 유아에게는 질서가 전혀 없는 완전한 자유가 아이의 안전 욕구를 위협하고 유아는 자신 스스로를 지도할 수 없기 때문에 유아에게도 이 욕구는 더욱 중요하다.

3) 소속과 사랑의 욕구

생리적 욕구, 안정과 안전의 욕구가 충족되면 우리의 동기는 삶의 사회적 부분에 집중되면서 의미 있는 집단에 무리를 지으며 친밀하게 소속되고 싶어 하고, 집단의 구성원과 사랑을 주고받는 등 정서적 교류를 하고자 한다. 이 욕구는 타인과 소통하고 우정을 쌓고 애정을 주고받고 집단 속에서 함께 지내면서 다른 사람과의 친밀하고 밀접한 관계를 통해서 충족되지만, 실제로는 과학기술이 발달된 현대 사회에서 사람 사이의 직접적인 상호작용이 감소하여 좌절되기가 쉽기 때문에 이로 인해서 힘들어하는 사람을 보게 되는 경우가 많다. 우리는 이 욕구에 50%의 만족도를 보이고 있다.

4) 자존감의 욕구

인간은 어디에 속하려고 하는 욕구가 어느 정도 만족되면 그 이상을 원하게 되는데, 자신이 가치 있는 존재라는 것을 느끼고자 하며 자기긍지와 자기만족을 느끼기 위해 자신을 발전시키고자 한다. 이에는 숙달감과 권력감에 대한 두 가지 하위 욕구가 있다. 숙달감은 내적으로 자신이 강하다는 느낌, 성취감, 실생활에서의 자신감, 독립과 자유에 대한 욕구이다. 권력감은 명성 또는 위엄, 인정, 타인의 주의 획득, 중요한 인물로서 받는 대우, 높은 평가에 대한 욕망 등과 같이 타인으로부터 인정받으면서 집단 내에서 어떤 지위를 확보하려는 욕구로서, 예를 들면 포상, 승진, 명성, 인정에 대한 욕구이다. 우리는 이 욕구에 50%의 만족도를 보이고 있다.

5) 자아실현의 욕구

자존감의 욕구가 충족되면 자신의 능력과 잠재력을 발휘하면서 계속적인 자기계발을 통하여 성장하고 싶어진다. 그래서 앞에서 설명한 네 가지 욕구가 충족되었다 하더라도 자신의 잠재력을 발휘하지 못하는 사람은 불안할 것이다. 자아실현의 욕구는 자신이 가지고 있는 잠재력을 충분히 표현하고 실현하려는, 즉 도전적인 과업과 창의성을 개발하려는 욕구로서 인간에게 있어서 최상위의 욕구이다. 이 욕구는 한 번 충족되더라도 그 뒤에도 계속해서 이 욕구의 지배를 받기 때문에, 실현 그 자체가 목적이 되는 끊임없이 추구되는 욕구이다. 우리는 이 욕구에 10%의 만족도를 보이고 있다.

인간은 삶에 의미와 만족을 주는 일련의 선천적 욕구들에 의해서 동기화된다. 욕구는 그 자체로서 본능적이지만 이러한 욕구를 충족시키기 위해 각자가 하는 행동은 선천적인 것이 아니며 각자가 학습한 행동을 하게 되기 때문에 사람마다 행동에서 큰 차이를 보이게 된다.

[그림 10-3]에서처럼 다섯 가지 욕구에는 서열이 있으며, 낮은 위계의 하위 욕구로부터 높은 위계의 상위 욕구로 발달해 간다. 즉, 생리적 욕구와 안정과 안전의 욕구가 상위의 욕구들에 우선하며, 하위 욕구가 충족되지 않으면 상위 욕구로의 발달이 이루어지지 않는다. 예를 들면, 배고프고 목마르고 위험에 쫓기는 상황에서 자존감의 욕구나 자아실현의 욕구는 뒤로 밀려나게 된다.

음식물과 물을 찾고 위험으로부터 벗어나려는 욕구가 우선시되며, 생리적 안전을 바라는 가장 낮은 심리적 욕구가 1차적으로 가장 중요성을 가지고 강렬하게 작용하다가 차차 존경, 자부, 독립을 구하는 욕구로 변형되며, 아름다움을 구하고 자아실현을 구하는 상위의 높은 가치에 대한 승화는 하위의 욕구가 이루어진 후에 발달하게 된다. 이와 같이 상위 단계 욕구는 개인의 발전과정에서 나중에 나타나며 단순한 생존에 덜 필요하다. 그 결과로 우리는 자아실현의 욕구에 10% 정도의 만족을 보이면서 자신이 가진 잠재력을 최대로 발휘하지 못하고 살아가고 있다고 볼 수 있다.

매슬로는 자아실현의 욕구를 성장동기(growth-based-motives)라 하였고, 그 하위 단계의 욕구를 결핍동기(deficiency-based-motives)라 하였다.

결핍욕구는 단지 결핍된 것에만 관심을 가져서 이를 충족시킴으로써 불유쾌한 상태를 벗어나서 긴장을 감소시키는 것을 목적으로 한다. 아마도 현재의 삶에서 특정한 욕구가 덜 충족되면 될수록 그 욕구에 대한 갈망은 더욱 강해질 것이다. 반면, 성장동기는 우리의 체험을 확장하고 삶을 풍부하게 하는 것을 목적으로 한다. 그래서 성장동기는 내적인 욕구를 만족시키기 위해 노력하지만, 이러한 노력의 궁극적 방향은 욕구 충족을 통한 긴장의 감소가 아니라 긴장을 가져오더라도 자아실현을 추구하는 것이다.

그렇다면 왜 우리는 자동적으로 자아실현을 성취하지 못하는가?

첫째, 자아실현 욕구가 피라미드 구조의 맨 위에 위치하듯이, 인간 동기

중 가장 약한 것이며 다른 동기나 환경의 지배를 받는다. 물론 중요한 시험을 앞두고서는 가장 강한 욕구인 배고픔을 기꺼이 참아 가면서도 공부를 하여 자아실현의 욕구를 충족하는 것처럼 동기의 배열에 예외가 있기도 하다. 하지만 대체로 자아실현 욕구는 대체적으로는 낮은 수준의 하위 욕구가 모두 만족된 환경에서만 가능하기 때문에 자아실현을 성취하지 못하고 있다.

둘째, 자신들의 능력과 잠재성을 높이 발휘하려면 어느 정도의 모험과 긴장과 용기와 노력을 필요로 한다. 또한 인간은 자신을 알게 되는 것에 대해 어떤 두려움과 회의를 가지고 있어서 자신에 대해 알려고 들지 않기 때문에 자아실현을 성취하지 못하고 있다.

영화에 적용하기

성장동기 혹은 결핍동기에 대해서 살펴보자.

윌은 숀을 만나기 전에는 결핍동기에 의해서 움직인 인물이다. 상대방이 자신의 결핍된 것을 건드릴까 봐 불안해하면서 방어하고 자신의 상처를 드러내려고도 하지 않고 사랑하는 사람의 상처도 품어 주지 못했다. 이와 같이 윌은 결핍동기에 의해서 움직인 인물로, 결핍이 채워져도 결핍에 대한 두려움을 가지고 여자친구 스카일라와 성숙한 사랑을 할 수 없었다. 하지만 정신과 의사인 숀을 만남으로써 성장동기에 의해서 움직이는 인물로 변하면서, 자신의 가능성과 잠재력을 발휘하는 삶을 살기 위해서 사랑하는 스카일라를 찾아 나서는 모험에 용기를 내어 보는 것을 알 수 있다.

매슬로는 역사적으로 널리 알려진 인물들(예: 링컨, 아인슈타인, 간디 등)을 선정하여 이들로부터 발견할 수 있었던 훌륭한 특징을 알아보면서 자아실현을 하는 사람들의 특징을 다음과 같이 서술하였다.

① 현실을 왜곡하지 않고 정확하고 완전하게 지각한다.

② 자신, 타인, 사물 일반을 있는 그대로 수용한다.

③ 자신을 있는 그대로 꾸밈없이 나타내고 자기표현을 억제하지 않고 자율적으로 한다.

④ 자기 자신보다 문제에 집중하는 경향이 있다.

⑤ 혼자 떨어져서 자신만의 생활을 가지려 한다.

⑥ 자율적이고, 물리적 · 사회적 환경에 구애받지 않는다.

⑦ 생활 속에서 겪는 모든 것에 대해 신선한 안목을 가지고 있고 삶의 가치를 인정한다.

⑧ 신비체험, 즉 절정체험(peak experience)을 한다.

⑨ 다른 사람들과 인간적 유대감을 느끼고 우정과 사랑을 지닌다.

⑩ 소수의 사람과 깊은 대인관계를 가진다.

⑪ 모든 사람에게 관대하고 평등하게 대하는 민주적 이상을 중요시하는 가치관을 갖고 있다.

⑫ 상당히 윤리적이다.

⑬ 독창적이고 새로운 것을 추구하고 창의적이다.

⑭ 적대감이 없는 철학적인 유머감각을 가지고 있다.

⑮ 문화적 압박에 동화되지 않으며, 사회, 정치, 인종의 유혹에 쉽게 넘어가지 않는다.

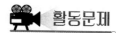

활동 1. 내가 지금까지 본 영화 중에서 충분히 기능하는 사람의 특징이 두드러지게 나타난 영화들을 써 보자.

	영화 제목	구체적인 내용
잠재력을 발휘하는 사람		
유기체에 대한 신뢰를 가진 사람		
경험에 개방적인 사람		
실존적 삶을 사는 사람		
자유의식을 가진 사람		

활동 2. 매슬로의 다섯 가지 욕구를 충족하고 있는 활동을 〈굿 윌 헌팅〉의 등장인물을 택하여, 그리고 여러분 스스로에게 적용하여 적어 보자.

	〈굿 윌 헌팅〉의 등장인물	나의 욕구를 충족하고 있는 사람, 사물, 활동 등
생리적 욕구		
안정과 안전의 욕구		
소속과 사랑의 욕구	예) 윌은 친구들과 있으면 사랑과 소속의 욕구가 충족된다.	
자존감의 욕구		
자아실현의 욕구		예) 나는 성공하기 위해서 자격증 준비를 하고 있다.

제10장 굿 윌 헌팅: 로저스 이론, 매슬로 이론

활동 3. 다음은 여러분 스스로를 잘 알고 이해하기 위한 활동이다.

'나는 현재 어떤 사람인가?' '나는 미래에 어떤 사람이기를 원하는가?' '남에게 보이는 나는 어떤 사람인가?'에 대해서 적어 보시오.

번호	나는 현재 어떤 사람인가?	나는 미래에 어떤 사람이기를 원하는가?	남에게 보이는 나는 어떤 사람인가? (부모, 친구, 연인 등)
1			
2			
3			
4			

결과: 나는 _____ 알게 되었다.

　　　 나는 _____ 놀랐다.

　　　 나는 _____ 고마웠다.

활동 4. 지금까지 내가 들은 칭찬과 내가 남에게 해 준 칭찬 중에서 가장 기억에 남는 것들을 써 보자.

번호	나에게 칭찬을 해 준 대상	내가 들은 칭찬
1		
2		
3		
4		

번호	내가 칭찬을 해 준 대상	내가 해 준 칭찬
1		
2		
3		
4		

제10장 굿 윌 헌팅: 로저스 이론, 매슬로 이론

1. 지금까지 누군가로부터 무조건적 긍정적 존중과 공감적 이해를 받아 본 적이 있는지에 대해서 생각해 보자.

2. 윌의 '주관적 현상학적 세계'는 어떠했을지에 대해서 토론해 보자.

3. 윌의 '자아실현 경향성'은 영화의 후반부로 갈수록 변화하고 있다. 윌의 변화과정에 영향을 준 인물과 그 심리적 기제에 대해서 토론해 보자.

4. 여러분의 절정 경험은 무엇인지에 대해서 토론해 보자.

5. 지난 몇 년 동안에 여러분이 자아실현을 위하여 선택하고 결심했던 중요한 내용에 대해서 토론해 보자.

6. 여러분의 주변에서 자아실현하는 사람의 특성을 가장 많이 보이고 있는 사람은 누구인지를 떠올려 보자.

7. 자아실현하는 사람의 특성들 중에서 내가 가지고 있는 특성은 무엇이고, 가장 발달하지 않은 특성은 무엇인지 생각해 보자.

8. 여러분이 중요한 결정을 할 때, 안정 대 성장이라는 동기적 힘들 사이에서 긴장과 경쟁을 인식한 적이 있는가? 이러한 갈등에 직면할 때, 여러분은 주로 어느 방향으로 움직이는 경향이 있는가? 이에 대해서 토론해 보자.

9. 여러분이 지금까지 경험한 적이 있는 가장 깊고 의미 있는 관계에 대해서 생각해 보자.

10. 로저스 이론과 매슬로 이론으로 영화를 볼 때 흥미롭고 도움이 되는 점에 대해서 생각해 보자.

11. 로저스 이론과 매슬로 이론을 배운 후 스스로에 대해 알게 된 몇 가지 중요한 사항은 무엇이 있는지에 대해서 생각해 보자.

제11장

베일리 어게인: 감정관리

개봉 연도: 2018년	
감독: 라세 할스트롬	
배우: 브릿 로버트슨, 조시 게드, 데니스 퀘이드	

베일리 어게인

영화를 선정한 이유

이 영화는 반려견과의 소소한 일상 속에서 다양한 감정을 경험하면서 사는 것이 실제로 행복에 다가갈 수 있는 길이라는 것을 보여 주는 영화이다. 이 영화는 '우리가 살아가면서 다양한 감정을 느끼는 것이 행복에 어떻게 영향을 미치는가?' '긍정적인 감정과 부정적인 감정을 함께 느끼는, 즉 양가감정을 느끼는 인간은 자신의 감정에 솔직해지면서 어떻게 삶이 유연해질 수 있는가?'라는 물음을 던지면서 자신의 솔직한 감정에 대한 시각을 가질 것을 촉구한다. 이 영화를 통해 우리에게 친근한 반려견과 함께 등장하는 다양한 인물의 복잡 미묘한 감정에 대해서 살펴봄으로써 인간이 가지고 있는 다양한 감정에 대해서 알고, 더 나아가서 자신의 감정을 건강하게 표현하는 방법에 대해서 심리학적 측면에서 살펴보려고 한다.

이든의 이야기를 통해서 사랑, 슬픔, 질투, 자기금지감, 분노, 불안 등의 다양한 감정이 잘 드러나고 있으며, 이든이 사고로 다리를 다친 이후에는 사람들과의 관계에서 자신의 감정을 억압하고 회피하였지만 영화 후반부에서는 자신의 감정을 솔직하게 바라보면서 감정을 건강하게 표현하는 것을 나타낸 영화이다. 또한 다른 등장인물들과 반려견의 관계를 통해서 희로애락의 다양한 감정이 억압되지 않은 채 그대로 솔직하게 나타나고 있다.

우리는 살아가면서 의도하든 의도하지 않든 간에 많은 사람과의 관계에서 사랑을 주기도 하고 사랑을 받기도 하고, 분노를 주기도 하고 분노를 받기도 하고, 상처를 주기도 하고 상처를 받기도 하면서 다양한 양가감정을 느낀다. 이 영화 속에 등장하는 인간의 여러 모습을 통해 분노와 좌절, 슬픔과 아픔, 절망과 희망, 웃음과 탄식 등이 동반된 인생의 파노라마를 경험함으로써 감정에 대한 이해의 폭을 넓히고 지금껏 들추어 보지 못했던 마음의 안쪽까지 만나 보는 흥미로운 여행을 하기를 기대한다.

사진 출처: 네이버 영화.

인간은 출생 시에는 막연한 흥분 상태로 태어나지만, 타인과의 관계 속에서 기쁨, 애정, 분노, 불안, 우울, 공포, 시기, 질투 등과 같은 다양한 분화된 감정을 지니게 된다.

감정은 흔히 기본감정과 복합감정으로 구분된다. 기본감정의 수는 학자마다 다르게 주장되고 있는데, 공포(fear), 분노(anger), 기쁨(joy), 슬픔(sadness), 수용(acceptance), 혐오(disgust), 기대(expectancy), 놀람(surprise) 등 여덟 개의 기본감정이 모든 인간에게 공통적으로 나타난다고 한다. 반면, 복합감정은 이러한 기본감정들이 혼합되어 사랑, 복종, 경외, 실망, 후회, 경멸, 공격, 낙관 등 다양한 복합감정이 산출된다. 플러치크(Plutchik)의 정서바퀴(emotional wheel)가 [그림 11-1]에 제시되어 있는데, 여덟 개의 기본감정은 인접해 있을수록 유사한 정도를 나타내며, 바퀴의 양극에 있는 감정들은 서로 반대되는 관계임을 나타낸다.

감정(feeling) 또는 정서(emotion)는 외부적 자극에 대한 반응으로 경험하게 되는 느낌을 의미하는데, 다음과 같은 특징을 지니고 있다.

첫째, 감정은 신체적이고 생리적인 반응(근육 긴장, 심장박동, 소화액 분비, 피부의 온도와 습도의 변화)을 수반한다. 예를 들면, 분노를 느낄 때 얼굴이 빨개지고 심장박동과 맥박이 빨라지는 것을 알 수 있다.

둘째, 감정은 행동을 촉진한다. 사랑과 수용의 감정을 느끼면 애착과 보호 행동을 하게 되며, 불안과 공포를 느끼면 위험으로부터 도피하는 행동을 하게 되고, 분노와 혐오감을 느끼면 공격자에 대응하여 물리치는 공격적 행동을 하게 된다.

셋째, 감정은 얼굴 표정을 통해서 가장 즉각적으로 표현된다. 어렸을 때에는 얼굴 표정이 천진난만하고 자연스럽게 겉으로 드러나지만, 성장하고 사회화가 이루어지면서 인간은 자신의 얼굴 표정을 겉으로 드러내지 않을 수 있게 된다.

이와 같이 인간의 감정은 행동, 사고, 생리기능과 밀접하게 연결되어 있는 만큼, 우리가 영화를 통해서 만나게 되는 장면과 영화음악으로 우리의 감정을 극대화하는 경험을 한다면 삶이 더욱 풍성해지고 유연해지고 감정 균형을 이루면서 살아가게 될 것이다.

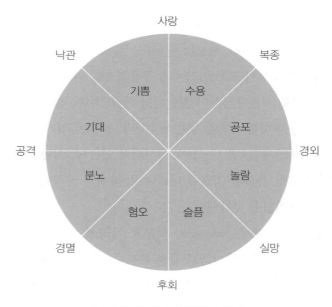

[그림 11-1] 플러치크의 정서바퀴

출처: 민경환(1995).

감정의 특징이 나타난 장면에 대해서 살펴보자.

1) 생리적 반응 수반
- 이든이 한나와 사랑할 때 생리적 변화가 일어날 것이다.
- 엘리가 죽었을 때 카를로스가 너무도 슬퍼서 격렬하게 운다.

2) 행동 촉진
- 아버지가 베일리를 집 밖으로 쫓아냈지만 이든이 베일리를 너무도 사랑하기 때문에 자신의 침대에서 재우면서 베일리를 보호하려는 행동을 보인다.
- 술주정뱅이 아버지와 어머니가 싸울 때 이든이 소리를 지르면서 화내는 행동을 한다.

3) 얼굴 표정을 통해서 즉각적으로 표현
- 영화 속에 등장하는 다양한 주인공이 베일리를 대할 때 함박웃음을 지으면서 기쁨을 표현한다.
- 티나가 학교에서는 감정을 드러내지 않고 친구들을 만나지만 반려견과 있을 때에는 천진난만한 표정을 그대로 드러낸다.

1. 기쁨

기쁨은 원하는 목표가 달성되었거나 그러한 목표가 달성되어 가고 있다고 생각될 때와 같이 긍정적인 사건이나 변화로 인해 느끼는 흥분된 감정이다. 예를 들면, 부모, 교수, 상사로부터 업적과 능력을 인정받을 때 우리는 기쁨을 느낀다.

기쁨의 감정을 느끼게 되면 웃는 모습으로 얼굴 표정이 변하고, 타인에 대해서도 관대해지고, 이타적 행동이 늘어나고, 미래에 대해 낙관적이고 희망적인 사고가 증대되고, 불안과 죄책감 등의 부정적인 감정으로부터 해방감을 느끼면서 삶에 대한 만족도가 높아진다.

기쁨이 나타난 장면에 대해서 살펴보자.

- 이든이 반려견 베일리를 키우려고 할 때에 아버지의 반대가 있었지만, 결국은 베일리와 함께 살게 되었다.
- 외로움 속에서 생활하던 마야가 반려견 티노와 함께 남자친구와 데이트하면서 자신감을 얻었고, 결국은 결혼하게 되었다.
- 젊은 시절에 헤어졌던 이든과 한나가 나이가 들어서 결국 결혼하게 되었다.

2. 자기긍지감

자기긍지감은 자신의 성취에 대한 타인 및 자신의 긍정적 평가에 의해서 자신이 스스로 가치 있는 소중한 존재라고 느낄 때 경험하는 감정이다. 구체적으로 설명하면, 첫째, 자신의 성취와 업적에 대해서 스스로 긍정적인 평가를 하게 될 때 느끼는 감정이고, 둘째, 자신의 성취에 대해서 주변의 사람들이 '당신은 참 대단한 일을 했다. 당신의 성취에 대해서 격찬을 보낸다. 당신은 참으로 유능하다.'라는 반응을 보일 때 스스로 '나는 가치 있고 유능하고 대단한 사람이다.'라는 생각과 더불어 스스로 자신이 가치 있는 존재라는 생각을 가지게 되는 것이다.

자기긍지감이 있는 사람은 어떤 일에서든 성공할 수 있다는 자기효능감과 자신감이 높을 뿐만 아니라 미래에 대한 낙관적 생각이 증가하고, 다른 사람을 대할 때에도 당당하고 자기주장적인 행동을 보인다.

자기긍지감의 특징이 나타난 장면에 대해서 살펴보자.

- 이든이 축구를 잘해서 원하는 대학에 진학하게 되어 장학금도 받게 되었다.
- 엘리가 자랑스러운 경찰견이 되어 카를로스와 함께 다니면서 사람을 구조하였다.

3. 사랑과 애정

사랑과 애정은 좋아하는 사람에 대한 긍정적 감정으로서, 인간이 결코 포기할 수 없는 강력한 욕구이다. 사랑과 애정은 상대방이 자기의 주요한 욕구를 충족시켜 주거나 자기가 소중히 여기는 속성, 즉 능력이라든가 아름다움 등을 나타낼 때 그 인간관계에서 경험하는 긍정적인 감정을 말한다(장성화, 2009). 사랑의 감정을 느끼게 되면 그 사람에 대한 호의적인 관심과 아울러 접근적·헌신적 행동을 하게 되고, 그 사람과 가까이 있고 싶은 강렬한 욕구가 생겨나면서 그 사랑을 지속하기 위해 상대방이 원하는 대로 자신이 달라지려고 노력한다.

사랑의 감정은 세 가지의 인간관계 경험에 뿌리를 두고 있는데, 첫 번째는 부모에 대한 아이의 사랑이고, 두 번째는 자녀에 대한 부모의 사랑이고, 세 번째는 연인들이 느끼는 낭만적 사랑이다.

사랑의 특징이 나타난 장면에 대해서 살펴보자.

- 카를로스가 처음에는 반려견 엘리가 침대로 올라와서 자는 것을 허락하지 않았지만, 엘리를 사랑하면서 자신의 침대에 올라와서 자도록 하였다.

- 마야가 사랑에 빠지면서 남자친구와 산책하고, TV, 영화도 보면서 함께하는 활동이 증가하였다.
- 한나는 이든을 사랑하였기 때문에 이든이 사고로 다리를 다친 이후에도 이든을 도와주고 보호하려고 하였다.
- 조부모와 어머니는 이든을 사랑하기 때문에 이든이 어떠한 상황에 처해 있든지 간에 이든을 위해서 최선을 다하였다.

4. 분노

분노는 대인관계에서 파괴적인 역할을 하는 강력한 부정적 감정의 하나이다. 우리는 개인의 신체나 소유물이 손상되었을 때, 비난, 무시, 모욕, 비하, 경멸, 푸대접 등을 받아 개인의 인격이 손상되었을 때, 개인이 추구하는 목표달성이 방해받고 좌절되었을 때 분노를 느낀다.

흔히 분노 감정은 공격적 행위를 한 대상을 향해 공격하고 싶은 충동을 일으키지만, 공격적 충동을 느꼈다고 모두 공격적인 행동을 하는 것은 아니며, 분노 감정이 매우 강력하거나 대체로 상대방이 약할 때 공격충동이 행동화되는 경향이 있다.

분노의 표출방식은 다음과 같다.

(1) 대치 행동

대치 행동(displacement)은 분노유발자가 강하여 직접적인 공격행동이 불가능한 경우에 분노를 일으킨 강한 대상이 아닌 약한 제3의 대상에게 분노 감정을 대치하여 공격행동을 표출하는 방법이다. 예를 들면, 엄마에게 꾸지람을 들은 자녀가 강아지에게 화풀이하거나 유리창을 깨는 행동, 자신보다

약한 미성년자를 성폭행하는 성범죄, 아동범죄 등과 같은 것이다.

(2) 수동적 공격

수동적 공격(passive aggression)은 상대방에게 공격성을 계속 가지고 있으면서 겉으로는 분노를 가지고 있다는 티를 내지는 않지만 상대방을 간접적으로 괴롭히는 방법이다. 겉으로는 한결같이 "아……. 네……. 맞아요……. 아무 거나 좋아요."라고 하지만 속으로는 공격성이 계속 남아 있어서 결국에는 우연을 가장하여 실수를 하고 상대방과의 약속을 어기는 행동으로 나타나기도 한다.

(3) 분노 감정을 내향화하는 방법

다른 사람에게 분노 감정을 표출하는 것은 너무도 어려운 일이라고 생각하기 때문에 오히려 자신에게 분노 감정을 표출하여 우울하거나 자기비하를 하거나 자살을 시도하는 것으로, 정신건강상으로 볼 때 가장 좋지 않은 방법이다. 우리가 살아가면서 문제가 생길 때 그 원인이 내 탓일 때도 있고 상대방 탓일 때도 있으므로, 정신적으로 건강하기 위해서는 문제의 원인을 나에게만 돌리기보다는 외부의 탓으로 돌리는 것도 때로는 필요하다. 무엇보다도 자기 자신이 가장 소중하다는 것을 깨닫도록 하여 자신을 함부로 대하지 않고 자기 자신을 사랑하도록 하는 것이 가장 중요하다.

(4) 승화의 방법

스포츠를 통해 발산하거나 영화와 같은 창조적인 작업에 매진함으로써 사회적으로 용인된 건설적인 방법으로 분노 감정을 해소하는 성숙한 방법이다.

(5) 용서

자기통제력이 강하거나 종교적 또는 철학적 가치관에 근거한 사람이 할 수 있는 방법으로서, 분노 감정을 스스로 해소하는 가장 성숙하고도 어려운 방법이다.

그렇다면 분노를 잘 느끼는 사람은 어떤 사람일까? 엘리스(Ellis)는 분노를 잘 느끼는 사람들에 대해 다음과 같이 분석하고 있다.

첫째, 삶에 있어서 옳고 그름을 중요시하며, 옳고 그름에 대해 이분법적이고 절대적인 정의를 내리는 경향이 있다. 예를 들면, '어른에게 예의 바른 행동을 하는 것은 옳은 것이며 어른에게 예의 바르지 않은 행동을 하는 것은 옳지 못하다.'는 이분법적 사고를 강하게 가지고 있는 것이다.

둘째, 선악의 정의에 기초하여 옳은 일은 행해야 하며 악한 일은 행하면 안 된다는 계율을 타인에게 강요한다. 예를 들면, '어른에게 예의 바르지 않은 행동을 하는 것은 나쁜 것이다.'라는 개인적 계율을 다른 사람에게 암묵적으로 강요하고 이러한 계율을 지키지 못하는 사람에게 분노를 느끼는 것이다.

셋째, 계율을 어긴 것에 대해서 과장된 평가를 하여 단죄하고, 더 나아가서 처벌을 하게 된다. 예를 들면, '어른에게 예의 바르지 않은 행동을 하다니! 이런 일은 도저히 인간으로서 할 수 없는 일이다. 당신은 사람도 아니다. 결코 그렇게 행동해서는 안 된다. 이런 일을 하다니 도저히 참을 수 없다.' 등의 단죄를 하면서 '그런 행동을 한 당신은 비난받아야 하고 처벌되어야 한다.'라고 당위성을 부과하여 상대방을 처벌하는 것이다.

5. 불안과 공포

불안은 막연하고 모호한 위험에 대한 반응인 반면, 공포는 구체적이고 임박한 강력한 위험에 대한 반응으로, 불안과 공포는 서로 구분되는 개념이다. 예를 들면, 지진을 실제로 경험한 상황에서는 공포를 느끼는데, 뭔가 흔들림이 있기는 하지만 어디서 흔들리고 있는지에 대해서 불확실한 상황에서는 불안을 느끼게 된다.

일반적으로 불안은 다음과 같은 특성을 지니고 있다.

첫째, 개인의 능력과 인격이 평가되는 상황에서 불안을 경험하게 된다. 예를 들면, 잘 보이고 싶고 높은 평가를 받고자 하는 상대 앞, 멋진 이성, 면접, 발표, 회의 상황에서는 더욱 불안해진다. 특히 일상적인 대화 상황보다는 사장님 앞에서 발표를 하게 되는 상황에서 더욱 불안해진다.

둘째, 낯선 사람, 낯선 상황에서처럼 상대방의 반응을 예측할 수 없거나 적대적인 태도를 지니고 있다고 판단될 때 불안이 높아진다. 상대방이 어떻게 반응할 것인지를 예측할 수 없어서 위협적인 상황으로 지각하기 때문에 불안이 높아진다.

셋째, 낯선 상황에서의 대처능력에 대한 자신이 없을 때 불안이 더욱 증대된다. 이는 어떤 상황에서도 적절하게 대처할 수 있고 극복하고 이길 수 있다는 자신감이 충만할 때는 불안이 감소할 수 있다는 것을 의미하기도 한다.

불안과 공포에 대한 대처행동은 다음과 같다.

(1) 회피와 도피

가장 많이 사용하는 방법으로서 위험하고 두려운 상황을 벗어나는 것이다. 그러나 사회 속에서 살아가는 우리가 불안하다고 해서 이성, 취업 면접, 직장 상사 등을 회피할 수는 없고 늘 안전한 상황으로 도망갈 수도 없으므로, 회피는 그 당시만의 상황을 모면하는 것일 뿐 실제적으로는 비효과적일 때가 많다. 불편하다고 해서 마냥 회피할 수는 없고, 회피하다 보면 오히려 그 상황에 적절하게 대처하는 행동을 배울 기회를 잃게 된다. 매우 안전한 상황에서 어느 정도 견딜 수 있는 약한 강도의 불안 상황부터 자꾸 접하게 되면 대처할 수 있다는 자신감이 증대되어, 높은 강도의 불안 상황을 접하더라도 불안 없이 그 상황을 마주 대할 수 있게 되기도 한다. 예를 들어, 발표 불안이 있는 사람은 발표를 자꾸 피하기보다는 소수의 사람이 있는 좀 더 안전한 상황에서 발표해 보면서 자신감을 얻게 되면, 점차 다수의 사람이 있는 곳에서도 발표를 하면서 불안을 극복하게 되는 것이다.

(2) 위험 상황을 기다리며 경계하며 대비하기

불안과 공포가 엄습해 오면 동공이 확대되고 혈압이 상승하며 몸의 근육이 긴장하고 발생할 위험 상황에 대해 주의를 기울이며 경계를 하고 행동이 조심스러워진다. 예를 들면, 공포영화를 볼 때 공포 장면이 어떤 순간에 예기치 못하게 나올지 모르기 때문에 불안해서 경계하고 경직된 상태로 영화를 보게 되는 경우가 있다. 어떤 사람에게는 매우 긴장되고 불쾌하며 고통스럽게 느껴지기도 하여 공포 영화를 보지 않고, 또 다른 사람에게는 이러한 긴장 상태를 영화를 통해서 느끼는 것이 즐겁기 때문에 공포 영화를 보기도 한다.

(3) 불안을 감소시키기 위한 행동하기

불안과 공포를 경험하게 되면 자신도 모르게 무의식중에 불안을 감소하기 위해서 줄담배를 피우거나 커피를 마시거나 부산하게 발을 떨거나 손을 비비는 방어행동을 하게 된다. 예를 들면, 수업시간 전에 발표를 앞둔 학생들이 쉬는 시간에 흡연을 하는 행동이나 다리를 떨거나 손톱을 물어뜯는 행동을 하는 경우이다.

(4) 분노를 느끼고 선제공격하기

불안을 느끼는 상황에서 자신이 불안을 느낀다는 것을 상대방이 알아차리게 되면 자신을 약한 사람으로 볼까 봐 겁나서, 오히려 먼저 화를 내어 강한 사람으로 보이도록 함으로써 내면적으로 불안한 자신의 심리상태를 해소하는 것이다. 이와 같이 우리는 자신이 불안하다는 것을 인정하기도 어렵고 불안을 견디는 것도 어렵기 때문에, 불안을 그대로 표현하기보다는 오히려 분노, 우울, 혹은 강박으로 표출함으로써 자신이 불안하다는 것을 느끼지 않을 수도 있다.

일반적으로 불안을 잘 느끼는 사람은 다음과 같은 특성을 보인다.

첫째, 일상에서 경험하는 긍정적인 결과에 주의하기보다는 부정적인 결과를 초래할 수 있는 위험요소에 주의를 기울이고 예민하게 반응하여 '나를 싫어하지 않을까? 무시하지 않을까? 무리한 요구를 하지 않을까?' 하는 생각을 가지고 비호의적이고 거부적인 상대방의 행동에 대해서 더욱 선택적인 주의를 기울인다. 예를 들면, 어떤 사람이 나에게 인사를 하지 않았을 때 그 사람이 나를 싫어하지 않을까 생각하는 것이다.

둘째, 위험한 일이 일어날 확률을 과대평가하는 경향이 있다. 그래서 불안이 발생할 확률을 사실보다 확대하여 불안감을 더욱 조성하는 경향이 있다. 예를 들면, 회사에서 동료 직원이 자신에 대해서 좋지 않은 이야기를 할 가능성을 지나치게 높게 평가함으로써 불안이 높아지게 되는 경우가 있다.

셋째, 두려워하던 위험한 일이 실제로 발생할 경우에 초래될 부정적 결과를 과대평가하는 경향이 있다. 앞의 예에서처럼 동료 직원이 좋지 않은 이야기를 할 경우, 자신에게 돌아올 결과와 영향을 과장해서 예상한다. 예를 들면, 회사생활이 매우 괴로울 것이라거나 그가 다른 사람들에게 나에 대해서 나쁜 소문을 퍼뜨릴 것이라는 등의 부정적 결과를 비현실적으로 과장해서 예상하면서 더욱 불안해한다.

넷째, 이러한 부정적 결과가 실제로 발생할 경우, 대응하는 자신의 대처능력에 대해서 과소평가하는 경향이 있다. 동료 직원이 자신에 대한 나쁜 소문을 퍼뜨린다고 하더라도 이를 회복시킬 수 있는 능력이 자신에게 있다고 믿으면 불안은 감소한다(권석만, 2005).

영화에 적용하기

불안을 감소시키기 위한 행동이 나타난 장면에 대해서 살펴보자.

반려견 베일리가 이든의 아버지가 귀하게 여기는 기념주화를 삼켜서 아버지에게 혼날 상황이 되어 이든이 불안해하다 보니 베일리조차도 함께 불안을 느끼게 되어 빙글빙글 도는 행동을 반복하게 된다.

---

6. 죄책감과 수치감

죄책감(guilty)은 거짓말을 하거나 물건을 훔치거나 타인에 대해 성적인 상상을 하는 등의 부도덕한 행위나 소망, 타인의 불행이 자신의 책임이라고 생각될 때와 같이 도덕적 기준에 비추어 잘못한 행동에 대해 느끼는 감정이다. 죄책감을 느끼면 후회하기도 하고, 속죄하기도 하고, 보상행동으로 상대방에게 입힌 피해를 복원하는 행동을 하기도 하고, 자해행동을 하기도 하고, 변명과 합리화로 상대방의 피해에 대한 자신의 책임을 축소하기도 하고, 투사를 하여 상대방의 잘못으로 책임을 전가함으로써 죄책감에서 벗어나기도 한다.

수치심은 이상적인 자기 모습에 비추어 볼 때 어리석은 자신의 행동에 대해 스스로 비난하는 자기처벌적인 이차적 감정이다. 특히 자신의 어리석은 행동으로 인해 다른 사람의 웃음거리가 되어 조롱당하거나 무시와 모욕을

당하게 되면 강한 수치감을 느끼게 된다. 수치심을 느끼면 자기비하를 하게 되고, 때로는 우울감으로 발전하기도 하고, 때로는 자해행위를 하기도 하며, 수치스러운 행동이 타인의 책임이라고 판단되면 그 사람에 대한 분노로 나타나기도 한다. 그러나 수치감에 대한 주된 반응은 자신의 초라한 모습을 감추고 다른 사람 앞에 나서는 것을 회피하는 것이다. 그래서 수치감은 스스로 해소하기 어려운 감정이며 오래도록 자신을 괴롭힐 수 있는 감정으로서, 최근에 상담 분야에서 중요하게 다루어지고 있는 감정이다.

이러한 수치심을 극복하기 위해서는 두 가지 방법이 있다.

첫 번째 방법은 자신이 저지른 실수를 다른 사람들도 저지른다는 것을 인정하면서 있는 그대로의 자기 자신을 용서하는 것이다. 자신의 이상적 기준에 이르지 못한 불완전하고 미숙한 자신의 일부를 스스로 인정하고 수용하는 것이다.

두 번째 방법은 자신의 긍정적이고 당당한 모습을 두 배로 강화하여 초라함을 보상하는 방법이다(권석만, 2005).

영화에 적용하기

죄책감이 나타난 장면에 대해서 살펴보자.

영화에는 나타나지 않았지만, 토드는 자신이 불을 지른 행위로 인해서 이든이 다리를 다쳐 더 이상 운동선수로 생활을 하지 못하게 된 것에 대해서 토드 자신의 책임이라고 생각하게 되었다면 죄책감을 가지고 살 것이다.

수치심이 나타난 장면에 대해서 살펴보자.

이든이 친구들과 함께 있는데 술주정뱅이 아버지가 나타났다. 이든은 자신은 유능하고 당당하다는 자기 모습에 대한 기대를 가지고 있는데 그 순간 친구들의 웃음거리가 된 것 같다고 느꼈다면 이든은 수치심을 느꼈을 것이다.

7. 슬픔

슬픔은 기본적으로 사랑하는 사람과 사별했거나 이별했을 때, 다른 사람으로부터의 긍정적인 관심과 애정을 상실했을 때, 신체의 일부를 크게 손상당하거나 지위를 잃어버리는 경우와 같이 자신의 중요한 가치나 역할을 상실했을 때 느끼는 인간의 정서적 반응으로서 인간관계에서 흔히 경험되는 고통스러운 감정이다. 특히 그러한 상실이 어떠한 방법으로도 복원할 수 없는 것일수록, 자신에게 중요한 사람일수록, 그리고 그러한 상실을 예상하지 못한 상태에서 갑자기 발생할수록 슬픔은 더욱 커진다.

슬픔의 표현방식은 다음과 같다.

첫째, 슬픔에 대한 일차적 반응은 슬픈 감정을 표출하는 애도행동이다. 상실의 아픔이 괴로워서 눈물을 흘리고 통곡을 하는 등 슬프고 괴로운 감정을 표출하게 되는 것이다.

둘째, 무행동(inactivity)이다. 외부활동과 외부에 대한 관심과 욕구가 줄고 자기 속으로 침잠하여 두문불출하고 즐거운 활동을 멀리하는 것이다.

셋째, 상실한 사람에 대한 과거 기억을 떠올리고 괴로운 경험에 대해서 후회하기도 하는 등 반추하는 행동이 나타난다.

넷째, 다른 사람의 도움이나 정서적 지지를 추구하는데, 주변 사람들의 지지는 슬픔을 극복하는 데 커다란 도움이 된다. 슬픔을 다른 사람에게 표현하고 아픔을 다른 사람으로부터 충분히 공감받는 것이 슬픔을 이겨 내는 가장 효과적인 방법이라고 볼 수 있다.

다섯째, 슬픔으로 인한 고통이 심할 경우에는 떠나간 사람에 대한 분노와 원망이 나타나기도 한다.

여섯째, 상실의 슬픔은 시간의 흐름과 더불어 자연적으로 회복되는 것이 일반적인데, 장기간 지속되는 경우에는 우울, 절망의 상태로 발전할 수 있다.

8. 질투

질투는 삼각관계 속에서 느끼는 감정으로, 두 사람 사이의 애정관계를 위협하는 경쟁상대에 대해 느끼는 감정이다. 즉, 사랑하는 사람이 자기가 아닌 타인에게 애정을 준다고 지각할 때 현재의 애정관계가 약화되거나 종결될지도 모른다는 불안감이 질투의 주요한 일부를 이룬다. 아울러 경쟁상대에 대한 분노 감정도 질투의 일부를 이룬다. 불안과 분노가 혼합되어서 질투는 매우 고통스러운 감정이 된다. 또한 우리가 질투를 가지고 있다는 것을 유치하다고 느껴서 외현적으로 표출하기 어렵기 때문에 간접적으로 은밀하게 표현하므로 해소하기 어려운 고통스러운 감정이다.

하지만 한 조사에서 성인의 과반수 정도가 자신을 질투심이 많은 사람이라고 응답한 것을 볼 때(Pines & Aronson, 1983), 질투심은 몇몇 사람만이 느끼는 감정이 아니라 인간이 느끼는 보편적인 감정이라고도 볼 수 있다.

9. 외로움

외로움은 타인과 단절되어 고립되어 있는 상태에 대한 정서적 반응으로서, 현대인들은 외로움을 많이 느끼며 살아가고 있다. '군중 속의 고독'이라는 말처럼 우리는 많은 사람 속에서도 외로움을 느끼기도 하는데, 이러한 외로움이 심하고 장기화된다면 이는 우울감으로 변하게 된다.

외로움은 타인과의 관계가 기대에 미치지 못하여 그들과 의미 있는 관계를 맺지 못하고 홀로 단절되어 있다는 생각에서 유발된다. '믿고 신뢰할 사람이 아무도 없다.' '나는 혼자다.' '나를 위해 주는 사람은 아무도 없다.'라는 생각을 가지게 되면서 외로움이 장기화되면 우울감으로 변하게 된다.

특히 외로움은 개인이 관계를 맺고 있는 사회적 연결망이 좁을수록, 절친한 친구나 연인이 없을 경우에, 타인에 대한 의존적 욕구가 강한 사람인 경우에 쉽게 외로움을 느끼는 경향이 있다. 외로움을 많이 느끼는 사람은 자기가치감이 낮고 자신과 타인을 부정적으로 평가하는 경향이 있다. 그래서 다른 사람들이 자신을 거부할 것이라는 기대를 가질 뿐만 아니라 타인을 불신하는 행동을 통해서 다른 사람들로부터 거부당할 가능성이 높은 행동을 많이 하는 경향이 있다.

> **영화에 적용하기**
>
> **외로움이 나타난 장면에 대해서 살펴보자.**
>
> 카를로스가 엘리를 만나기 전에, 마야가 티노를 만나기 전에, 이든이 다리를 다치는 사고 후에 외로움 속에서 살았을 것이다.

 활동문제

활동 1. 영화 〈베일리 어게인〉을 심리적 관점으로 분석해 보자.

심리적 관점	심리적 관점에 대한 질문	심리적 관점에 대한 답변 (수업시간에 배운 내용에 근거해서 쓰기를 권장)
인물	등장인물 중 가장 기억에 남는 인물은 누구인가? 긍정적 모델인가, 부정적 모델인가?	
관계	등장인물 중 누구와 누구의 관계가 가장 기억에 남는가?	
통찰	이 영화가 내게 주는 메시지는? 영화를 보고 중대한 결심을 했거나 인생이 변하였는가?	
과정	상황이나 문제를 해결하는 방법 중 가장 기억에 남는 것은?	
자신	어느 인물이 나와 가장 유사한가? 혹은 유사하지 않은가?	
분석	분노, 시기, 질투, 불안, 수치심, 기쁨, 사랑 등의 감정 중 어느 감정을 가장 많이 느꼈는가?	

활동 2 영화 〈베일리 어게인〉을 창의적으로 생각하면서 자신의 삶에 적용해 보자.

창의적으로 적용할 수 있는 질문	창의적으로 적용할 수 있는 답변
영화 속 명장면과 그 이유?	
영화 속 대사와 그 이유?	
우리의 감정(불안, 기쁨, 공포, 희망 등)을 가장 극대화한 영화음악은?	
용기, 지혜, 호기심, 휴머니즘 같은 긍정심리학의 가치를 주제로 담고 있는가?	
감독이 이 영화에서 말하고 싶은 것은?	
영화를 보고 한 중대한 결심 혹은 나의 삶에 영향을 미친 것은?	
이 영화의 제목을 달리한다면?	

활동 3. 부정적인 감정 형용사에 대해서 적어 보자.

부정적인 감정 형용사에 대한 내용을 구체적으로 기술하는 활동을 통해 부정적인 감정을 막연하게 느끼고 무작정 억누르기보다는 감정을 해소하고 건강하게 감정을 표현하는 방법에 대해서 생각해 보자.

질문	내용
내가 자주 느끼는 주된 감정은 무엇인가?	예) 답답함
내가 두려워하는 것은?	
내가 제일 걱정되는 것은?	
내가 표현하기 힘든 감정은 무엇인가?	
나는 어떤 상황에서 불안한 감정을 느끼는가?	
나는 불안할 때 어떻게 하는가?	
나는 어떤 상황에서 분노 감정을 느끼는가?	
나는 화날 때 어떻게 하는가?	

탐색문제

1. 감정 없이 지식으로, 머리로만 세상을 산다면 여러분의 삶이 어떠할지에 대해서 토론해 보자.

2. 자신에게 가장 익숙한 감정의 이름을 찾아 보자.

3. 강아지들이 네 명의 주인공에게 어떻게 감정과 정서를 끌어내는지에 대해서 토론해 보자.

4. 영화 속 인물 중에서 누구의 삶이 가장 매력적으로 느껴지는지에 대해 토론해 보자.

5. 영화 속 인물들이 각기 다른 고민 속에서 자신의 방법으로 선택을 하는 과정이 나타나 있다. 여러분이 그들의 친구라면 각 인물에게 뭐라고 말해 줄 수 있을지에 대해서 생각해 보자.

베일리 어게인: 행동주의 이론

이 영화는 현재 우리나라의 반려동물이 860만인 시대에 반려동물은 집에서 기르는 동물을 넘어서 한 가족 같은 존재가 되고 있다는 것을 보여 주고 있다. 사람과 반려견이 함께 시간을 보내는 모습은 이제 흔한 풍경이다. 견주에게는 한없이 소중하고 사랑스러운 반려견일지라도, 누군가는 반려견에 물려 피해를 입게 되어 공포의 대상으로 느낄 수 있다는 점에서 반려견을 사랑스러운 존재로 교육시키기 위해서는 어떻게 교육을 해야 할지 한 번 생각해 보아도 좋을 것 같다.

행동주의 이론의 인간관은 대체적으로 학습이란 경험의 결과로 발생하는 행동의 변화로 정의되어, 모든 행동은 주어진 환경에 의해서 결정된다고 본다. 우리의 삶에 있어서 적응적이건 부적응적이건 간에 대부분의 행동이 학습되었다고 보는데, 〈베일리 어게인〉에서는 반려견이 첫 번째 견주와의 관계에서 학습한 경험이 네 번에 걸친 반려견의 환생을 통해서도 기억되고 있다는 것을 보여 주기 때문에, 이 영화야말로 행동주의 이론의 관점에서 살펴보는 것이 가능하다고 생각하였다. 이러한 과정을 통해서 반려견과의 관계뿐만 아니라 현재 나의 행동이 어떤 환경에 의해서 학습되었는지를 자각하면서, 앞으로 나의 삶을 풍성하게 변화시키기 위해서 어떤 환경에 노출되고 학습하며 살아갈지에 대해서 스스로 적용해 보기 바란다.

행동주의 이론은 개, 쥐, 고양이, 비둘기, 침팬지와 같은 동물들을 실험 대상으로 하여 연구된 결과들을 인간에게 적용해서 인간의 행동을 자극 (stimulus: S)과 반응(response: R) 간의 연합의 산물로 보는 학습심리학의 연구결과를 토대로 발달하였다.

행동주의를 보급하는 데 기여한 왓슨(Watson)은 "나에게 열두 명의 건강한 아동을 보내 주십시오. 그리고 그들이 내가 고안한 특별한 세계에서 자라도록 해 주십시오. 나는 무선으로 어느 한 명을 골라서 내가 선택할 수 있는 어떤 유형의 전문가, 즉 의사, 변호사, 예술가, 상업가 그리고 심지어 거지와 도둑이 되도록 훈련시킬 수 있다는 것을 보장합니다."라고 외쳤다. 이와 같이 동물실험을 통해 얻은 결과를 인간에게 적용하여 인간을 단순하게 이해하고 있고, 인간을 환경에 수동적으로 반응하는 기계와 같은 수동적 존재로 보고 있다. 따라서 과거의 무의식적인 경험이 이후의 삶에 결정적인 영향을 미친다는 프로이트 이론과 구별되며, 인간을 자유롭고 합목적적이고 건설적인 존재인 동시에 아주 신뢰할 만한 존재로 보는 로저스 이론 및 매슬로 이론과도 구별된다.

행동주의적 관점의 학습이론은 파블로프(Pavlov)의 고전적 조건형성 (classical or respondent conditioning) 이론, 손다이크(Thorndike)와 스키너 (Skinner)의 조작적 조건형성(operant conditioning) 이론 등이 대표적이다.

1. 파블로프의 고전적 조건형성 이론

파블로프는 동물의 타액 분비과정을 연구하여 생리학 분야에서 최초로 노벨상을 받은 러시아의 소화생리학자이다. 파블로프는 개의 침샘 일부를 외과적으로 적출하여 특수한 관을 통해 침을 흘려 보내 침 분비량을 측정할 수 있는 장치를 고안하여 먹이가 개의 입 속에 들어갈 때마다 나오는 침 분비량을 연구하고 있었다. 파블로프는 개에게 이런 실험실 상황을 여러 번 경험하게 한 어느 날, 먹이를 주지 않았음에도 불구하고 파블로프의 발자국 소리를 듣고 개가 침을 흘리는 것을 우연히 보게 되면서 이 현상을 체계적으로 연구하여 고전적 조건형성 이론을 만들었다.

1) 고전적 조건형성 과정

1단계인 조건형성 이전 단계에서는 배고픈 개에게 음식을 제공하였을 때

개의 입 안에서 타액이 분비되었다. 이때 음식은 타액을 분비하게 하는 무조건자극(Unconditioned Stimulus: UCS)이 된다. 무조건자극이란 대개는 이전의 경험(조건형성 경험) 없이 반사를 통해서 자동적으로 반응을 일으키는 자극을 말한다. 타액 분비는 무조건반응(Unconditioned Response: UCR)이라 하는데, 무조건자극에 대한 원래의 반응이다.

2단계인 연합과정에서는 중성자극인 발자국 소리를 들려준 후 곧바로 무조건자극인 음식을 반복적으로 제시하다 보면 조건화 형성과정이 이루어졌다.

3단계인 조건형성 완성 단계에서는 마침내 개가 발걸음 소리만 듣고도 타액을 분비하게 되었다. 발자국 소리는 처음엔 중성자극이었지만 무조건자극인 음식과 반복적으로 짝지어짐으로써 조건자극(Conditioned Stimulus: CS)이 되어서, 무조건자극인 음식을 제시할 때처럼 타액 분비를 유발하게 된다. 개가 발자국 소리만 듣고도 타액을 분비할 때 그 타액을 조건반응(Conditioned Response: CR)이라 한다. 조건반응이란 조건자극에 대해, 즉 원래는 반응을 일으키지 않았던 자극에 대해 학습되거나 습득된 반응을 말한다. 즉, 조건반응은 조건자극(CS)과 조건반응(CR)의 반복적 연결로써 발생한다.

[그림 12-1] 고전적 조건형성: 파블로프의 실험

단계	세부과정		
1단계 조건형성 이전	음식(무조건자극)	——————▶	침(무조건반응)
	발자국 소리(중성자극)	——————▶	무반응
2단계 연합과정 (조건화 형성과정)	발자국 소리(중성자극) + 음식(무조건자극)	——————▶	침(무조건반응)
3단계 조건형성 완성	발자국 소리(조건자극)	——————▶	침(조건반응)

- 무조건자극(Unconditioned Stimulus: UCS)
- 무조건반응(Unconditioned Response: UCR)
- 중성자극(Neutral Stimulus: NS)
- 조건자극(Conditioned Stimulus: CS)
- 조건반응(Conditioned Response: CR)

고전적 조건형성 절차를 이용하여 인간의 공포도 학습된다는 것을 알게 된 대표적인 예는 왓슨과 레이너(Watson & Rayner, 1920)가 알버트(Albert)를 대상으로 한 실험이다. 생후 11개월 된 알버트는 처음에는 흰쥐를 좋아하였는데, 흰쥐를 만질 때마다 매번 커다란 굉음을 듣게 하자 깜짝 놀라면서 흰쥐에 대한 공포감을 학습했다. 이때 커다란 굉음은 공포를 유발하므로 무조건자극이 되고, 굉음과 흰쥐가 반복적으로 짝지어 연합되면서 흰쥐에 대한 공포를 학습하게 되는 것이다. 이 실험을 통해 왓슨과 레이너(Watson & Rayner, 1920)는 공포증과 같은 정서반응이 고전적 조건형성 과정을 통해 습득될 수 있다고 결론을 내렸지만, 그들의 실험은 어린 알버트에게 공포를 학습시켰다는 점에서 윤리적으로 많은 비판을 받았다.

이러한 관점으로 살펴볼 때, 공포증 및 다른 정서반응들이 어떻게 학습되

🎯 〈표 12-2〉 공포반응의 고전적 조건형성 과정

단계	세부과정		
1단계 조건형성 이전	큰 굉음(무조건자극)	➡️	공포(무조건반응)
	흰쥐(중성자극)	➡️	무반응
2단계 연합과정 (조건화 형성과정)	흰쥐(중성자극) + 큰 굉음(무조건자극)	➡️	공포(무조건반응)
3단계 조건형성 완성	흰쥐(조건자극)	➡️	공포(조건반응)

는가를 설명할 수 있을 것이다. 예를 들면, 병원에서 주사를 맞아서 고통을 당한 아이는 병원이라는 말만 들어도 공포반응을 나타내거나 두려움, 긴장과 같은 정서반응을 나타낸다. 혹은 학창시절 교장 선생님으로부터 호된 꾸중을 듣고 힘들었던 경험이 있는 사람은 커서 직장에서 교장 선생님과 비슷한 느낌의 상사를 보면 괜히 긴장하고 피하게 된다. 또한 학창시절에 수학을 못해서 꾸지람을 들었던 아이가 성인이 되어서도 수학문제만 보면 긴장하게 되는 경우도 마찬가지이다. 한편, 고전적 조건형성의 과정을 적절히 활용하여 긍정적 정서적 반응과 생리적 반응을 조건화시켜서 학습이 즐겁게 기다려지도록 도울 수 있을 것이다. 가령 유아들이 영어를 배울 때 게임을 하면서 영어를 처음 접하게 되면 영어가 재미있고 신나는 정서경험과 조건화되면서 영어를 더 효과적으로 학습하게 되는 것이 그 활용 예가 될 것이다.

이와 같이 인간은 성장하면서 외부 자극과 그에 따른 자신의 생리적 · 정서적 반응을 경험하고 이를 연합시켜 어떤 상황에 특정 정서나 생리적 반응을 조건화시킨다. 고전적 조건형성은 공포, 근육 긴장의 증가, 타액 분비, 혹은 땀 분비, 혈압의 상승 등과 같은 불수의적 정서나 생리적 반응들의 학습에 초점을 둔다.

고전적 조건형성이 나타난 장면에 대해서 살펴보자.

단계	세부과정	
조건형성 이전	쓰다듬는 행동 (무조건자극) —→	꼬리를 흔드는 행동 (무조건반응)
	베일리 이름(중성자극) —→	무반응
연합과정 (조건화 형성과정)	쓰다듬는 행동 (무조건자극) + 베일리 이름(중성자극) —→	꼬리를 흔드는 행동 (무조건반응)
조건형성 완성	베일리 이름(조건자극) —→	꼬리를 흔드는 행동 (조건반응)

사진 출처: 네이버 영화.

2) 고전적 조건형성의 주요 개념

• 자극의 일반화(stimulus generalization): 조건형성 과정에서 일단 조건반응
이 특정 자극에 대해서 확립되면 그와 유사한 자극에 비슷한 반응을 보
이는 것을 말한다. 파블로프의 발자국 소리에 침을 흘리는 개는 다른 사
람의 발자국 소리에도 침을 흘렸는데, 이것이 자극의 일반화의 예이다.

• 변별(discrimination): 조건형성에서 특정 자극과 다른 자극을 구별하는

과정으로, 자극의 일반화와 반대되는 개념이다. 파블로프의 발자국 소리가 들릴 때에는 항상 먹이가 제시되지만 다른 사람의 발자국 소리에는 먹이가 제시되지 않기 때문에, 처음에는 다른 사람의 발자국 소리에도 침을 흘리던 개가 나중에는 파블로프의 발자국 소리에만 침을 흘리게 되는 것이 그 예이다.

- 소거(extinction): 학습 후 계속해서 무조건자극(음식) 없이 조건자극만 제시되면 이전에 연합되었던 조건반응이 소멸되는 것을 말한다. 가령 파블로프가 연구실에서 맡은 업무가 바뀌어서 발자국 소리가 들려도 더 이상 개에게 먹이가 제공되지 않으면 개는 더 이상 침을 흘리지 않는 것이 그 예이다. 즉, 조건형성 이전 과정으로 되돌아가는 것이다.
- 자발적 회복(spontaneous recovery): 소거 후, 시간 간격을 두어 다시 조건자극을 제시하면 소거된 것으로 보였던 조건반응이 재생되는 현상이다. 즉, 소거 후 일정 시간이 경과한 후에 파블로프가 다시 걸어와 먹이를 주면 다시 파블로프의 발자국 소리에 침을 흘리는 조건반응이 회복되는 것이 그 예이다.

영화에 적용하기

자극의 일반화, 변별, 소거, 자발적 회복이 나타난 장면에 대해서 살펴보자.

- 자극의 일반화: 베일리라는 자신의 이름을 듣고 꼬리를 흔드는 행동이 조건형성이 되면, 주인이 다른 강아지의 이름을 불러도 꼬리를 흔드는 행동을 하는 것이다.
- 변별: 주인이 베일리를 부를 때에는 항상 쓰다듬으면서 이름을 부르지만 다른 이름을 부를 때에는 더 이상 쓰다듬지 않기 때문에 베일리 이름에 대해서만 꼬리를 흔들게 된다.
- 소거: 베일리가 다른 주인에게 입양되었을 경우에, 새 주인이 쓰다듬으면서 자신의 이름인 베일리를 부르지 않기 때문에, 베일리라고 불러도 꼬리를 흔드는 행동이 사

라지게 된다.

- 자발적 회복: 소거 후 시간이 지나서 첫 번째 주인인 이든을 만났을 때 이든이 베일리라고 부르면 꼬리를 흔드는 행동이 다시 일어나는 것이다.

사진 출처: 네이버 영화.

고전적 조건형성의 원리에서처럼 우리의 행동과 감정이 학습에 의해서 형성되었다면 이미 형성되어 있는 행동과 감정도 학습을 통해 제거할 수 있다. 이에 왓슨의 제자 존스(Jones)는 공포를 제거하는 여러 가지 기법을 연구하여 역조건형성(counterconditioning)을 이용하여 이미 형성되어 있는 공포반응을 제거하는 데 성공하였다. 역조건형성의 기본 원리는 제거해야 하는 반응을 다른 행동으로 대치하는 것인데, 이때 이 둘은 양립할 수 없는 반응이어야 한다. 3세 아이 피터(Peter)는 이미 토끼에 대한 심한 공포증을 가지고 있었는데, 피터에게는 과자를 먹는 행동이 공포와 양립될 수 없는 가장 이완된 반응이었다. 그래서 피터가 과자를 먹는 행동을 할 때 실험자들은 공포 대상인 토끼를 피터와 함께 있는 방의 가장 먼 쪽에 가져다 놓았다. 피터가 과자를 먹는 행동을 계속하면서 멀리 있는 토끼를 지켜볼 수 있게 되자 점점 더 가까이에 토끼를 가져다 놓았고, 그러한 과정이 반복되면서 마침내 피터는 토끼를 무릎에 올려놓고 과자를 먹을 수 있게 되었다.

우리가 영화를 보는 것도 역조건형성으로 설명할 수 있다. 공포를 가지고 있는 사람이 직접 공포 상황에 맞닥뜨리는 것은 너무 감당할 수 없기 때문에, 팝콘 등 맛있는 것을 먹으면서 공포영화를 보게 된다면 공포반응을 서서히 감소시킬 수 있게 된다.

⊚ 〈표 12-3〉 역조건형성 과정

단계	세부과정	
조건형성	토끼 ⟶ 공포	
	먹는 행동 ⟶ 이완반응	
역조건형성 과정(점차적으로 제시)	먹는 행동(이완반응) + 토끼(공포)	
역조건형성	토끼 ⟶ 이완반응	

영화에 적용하기

역조건형성이 나타난 장면에 대해서 살펴보자.

마야는 이성친구에 대한 불편감을 가지고 있는 사람이다. 관심이 있지만 불편한 남자친구와 함께 있는 상황에서 양립할 수 없는 편안한 반응을 주는 것은 집에서 늘 함께 있는 반려견 티노의 존재이다. 따라서 티노와 함께 있을 때 남자친구를  만나는 것은 마야에게 그리 큰 불편감을 주지 않았을 것이다. 그래서 마야가 티노와 함께 남자친구를 만나는 시간을 많이 가지면서 둘은 결국 결혼을 하게 된다.

단계	세부과정	
조건형성	남자 ⟶ 불편감	
	반려견 티노 ⟶ 이완반응	
역조건형성 과정 (점차적으로 제시)	반려견 티노(이완반응) + 남자(불편감)	
역조건형성	남자 ⟶ 이완반응	

사진 출처: 네이버 영화.

2. 손다이크와 스키너의 조작적 조건형성 이론

고전적 조건형성은 공포나 밝은 불빛에 의한 눈의 동공 수축, 무릎반사, 뜨거운 커피포트에 손을 댔다가 반사적으로 피하는 행동, 심장박동 증가, 침 분비, 혹은 땀 분비, 혈압 증가 등과 같은 불수의적 정서나 생리적 반응들의 학습에 초점을 두고 자극에 대한 반응의 기제로 학습을 설명하는 것이다. 하지만 인간의 모든 행동이 불수의적이고 자동적이고 비의도적이며 비자발적이지만은 않다. 인간은 자신이 원하는 결과를 얻기 위해 자신을 둘러싼 환경을 의도적이고 능동적으로 조작할 수 있는 존재이기에 고전적 조건형성으로는 인간의 많은 행동을 설명할 수 없다.

스키너(Skinner)는 고전적 조건형성의 원리들이 인간의 학습된 행동의 일부분만을 설명한다고 생각했다. 그는 대부분의 인간의 학습된 행동은 외부 자극에 수동적으로 반응하는 것이 아니라 조작되는 것이라고 생각했다. 손다이크(Thorndike)와 스키너는 조작적 조건형성 이론의 대표적인 학자로, 조작적 조건형성의 이론을 발전시키는 데 많은 공헌을 하였다. 손다이크가 조작적 조건형성 이론의 토대를 마련하였다면, 스키너는 이를 심화시켜 조작적 조건형성 이론을 완성하였다고 볼 수 있다.

1) 손다이크

손다이크는 파블로프와 같은 시대에 살면서 전혀 다른 맥락에서 조건형성 이론을 제안하였다. 손다이크는 고양이를 문제상자(problem box)라는 실험장치에 넣고 문제상자 바로 앞에 먹이를 놓은 후 고양이가 탈출하는 과정을 관찰하였다. 상자 안에 갇힌 배고픈 고양이는 상자 밖으로 탈출하기 위해 상자 여기저기, 구석구석을 돌아다니고 뛰고 벽을 긁기도 하는 등 수많은 행동

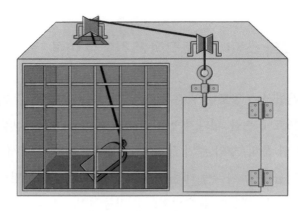

[그림 12-2] 손다이크의 실험

을 하였고, 그러다가 우연히 지렛대를 눌러서 문이 열려 성공적으로 탈출할 수 있게 되었다. 이와 같이 동물들이 사고하기보다는 시행착오를 통하여 우연히 탈출하였으므로 손다이크는 이를 시행착오학습이라 하였다.

문제상자를 탈출한 고양이를 다시 가두어 같은 실험을 반복하면 고양이가 지렛대를 눌러 문제상자를 탈출하는 시간이 점점 짧아지고, 나중에는 고양이를 문제상자 속에 넣자마자 곧바로 지렛대를 눌러 탈출하게 된다. 이를 두고 학습은 우연적으로 일어나며 보상이 뒤따른 정반응은 점진적으로 각인되고 보상이 뒤따르지 않은 오반응은 각인되지 않기 때문에, 학습은 점진적이고, 자동적이며, 기계적으로 일어난다고 결론지었다.

손다이크는 고양이를 문제상자에 넣고 탈출하는 과정을 관찰하면서 학습에 대한 원리를 정리하여 제안하였다.

첫째, 연습의 법칙(law of exercise)이다. 연습의 법칙이란 시행이 거듭될수록 정확한 반응은 많아지고 부정확한 반응은 적어진다는 것이다. 우연히 문제상자 탈출을 성공한 고양이는 왜 탈출했는지 모른다. 다시 문제상자에 넣어 이전과 같은 실험 상황에 놓으면, 자신이 왜 탈출했는지는 모르지만 뭔가를 해서 탈출했다는 경험을 했으므로 처음보다 더 열심히 뛰고, 울고, 돌아다니고, 긁고, 누르는 온갖 행동을 하게 되고, 이렇게 해서 탈출하는 데 소요되는 반응 시간은 처음보다 단축되었다.

둘째, 효과의 법칙(law of effect)이다. 효과의 법칙이란 고양이가 문제상자 안에서 지렛대를 누르는 행동을 하는데, 이때 보상이 되는 먹이가 맛있고 좋을수록 탈출을 위해 지렛대를 누르는 행동이 더욱 활발하게 일어난다는 것이다. 만약 맛이 없으면 지렛대를 누르는 행동은 소거된다. 이는 탈출행동 이후에 제공되는 보상과 처벌의 효과에 의하여 다음 행동이 결정된다는 것을 나타낸다. 즉, 특정 행동 이후에 만족스러운 결과(효과)가 나타나면 다음번에 이전과 같이 만족스러운 결과를 얻었던 행동이 나타날 확률이 증가하며, 불만족스러운 결과가 나타나면 행동이 감소한다는 것이다. 요약하면, 효과의 법칙이란 만족스러운 효과를 일으키는 행동은 활발하게 증가한다는 것이다.

셋째, 준비성의 법칙(law of readiness)이다. 준비성의 법칙이란 고양이가 배가 고플수록 더 적극적으로 탈출을 학습한다는 것이다. 즉, 학습자가 학습할 준비가 되어 있을 때 학습한다면 학습의 효과를 얻을 수가 있고, 준비가 되어 있지 않을 때 학습한다면 학습의 효과를 얻을 수가 없다는 것이다. 이는 흔히 타이밍의 효과, 적재적소의 원리와 일맥상통한다.

영화에 적용하기

학습에 대한 원리가 나타난 장면에 대해서 살펴보자.

준비성의 법칙: 마지막 주인이 베일리를 무책임하게 키우다가 성견이 되니까 버렸다. 버려진 베일리는 배고픈 상황이 되다 보니 첫 주인인 이든을 찾아서 달리는 행동을 더 적극적으로 하게 되었다.

2) 스키너

스키너는 미국의 심리학자로, 왓슨의 영향을 받아 사회문화적 외부환경에서 제공되는 자극이 인간의 행동을 결정한다는 입장을 취했다. 그리고 손다이크가 제안한 조작적 조건형성의 개념을 보다 체계화하고 완성시켰다.

스키너는 쥐와 비둘기를 대상으로 연구하였는데, 쥐를 전기자극이 가해지는 상자에 넣어 쥐가 지렛대를 누르면(비둘기의 경우 단추를 쪼면) 문이 열려 먹이가 제공되거나 바닥에 흐르던 전기충격과 같은 혐오자극을 멈추어 주는 실험을 하였다. 쥐가 지렛대를 누르는 반응은 처음에는 우발적으로 발생하는데 반응의 결과로서 먹이를 계속 받으면 마침내 지렛대 누르기와 먹이를 연결하도록 조건화하는 것이다. 또는 쥐가 지렛대를 누를 때 전기충격이 멈추도록 하면, 쥐가 전기충격과 같은 혐오자극을 피하기 위해 지렛대를 누르는 행동이 증가하게 된다. 즉, 먹이가 주어지는 결과는 다음 행동을 위한 새로운 자극이 되어 2차 행동결과를 유발하고, 이 행동결과는 다시 3차 행동결과를 유발하게 되는 것이다. 먹이가 제공되었는데 만족스러웠다면 이 경험은 쥐가 지렛대를 누르는 2차 행동을 더욱 촉진할 것이다. 만약 먹이가 맛이 없고 만족스럽지 못했다면 이 결과는 2차 행동을 오히려 감소시킬 것이다. 가령 '저 먹이는 맛이 없으니까 먹고 싶지 않아. 그러니까 지렛대를 누를 필요가 없어.'라고 쥐가 생각할지도 모른다.

이것이 곧 강화의 개념이 된다. 고전적 조건형성이 자극(발자국 소리)에 초점을 두는 것과 달리, 조작적 조건형성은 행동결과에 초점을 둔다. 스키너의 조작적 조건형성은 쥐가 먹이가 주어지는 보상결과에 의해서 지렛대 누르는 행동을 의도적·능동적으로 한다는 점에서 고전적 조건형성과 다른 관점을 취한다. 지렛대 누르는 행동을 했더니 보상이 따르게 되자 지렛대 누르는 행동이 증가하게 되었다. 즉, 쥐가 지렛대를 누르는 행동을 하는 것은 쥐 자신이 능동적으로 그 행동을 할지 말지를 결정하여 나타난 결과이며 쥐가 환경

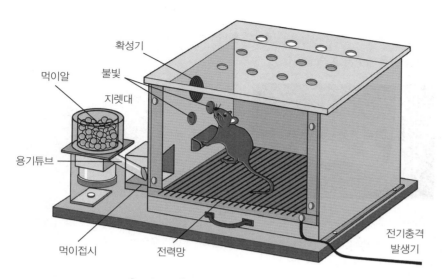

[그림 12-3] 조작적 조건형성: 스키너의 실험

조작적 조건형성이 나타난 장면에 대해서 살펴보자.

- 베일리가 이든에게 달려가는 행동을 할 때마다 이든으로부터 보상(먹이, 미소, 쓰다듬는 행동 등)을 받다 보니, 이든에게 달려가는 행동이 증가하게 된다.
- 이든이 던진 공을 베일리가 점프해서 물고 이든에게 돌아올 때마다 이든으로부터 보상(먹이, 미소, 쓰다듬는 행동 등)을 받다 보니, 베일리는 이든이 던진 공을 점프해서 받으려는 행동이 증가하게 된다.

- 마야가 음식을 먹을 때 티노에게도 주니, 마야가 먹을 때마다 티노가 음식을 기다리는 행동이 증가하게 된다.

- 엘리가 구조견으로서 훈련받을 때 임무를 수행할 때마다 보상(먹이, 미소, 쓰다듬는 행동 등)을 받다 보니, 구조를 해야 하는 상황에서 정확하게 임무를 수행하는 행동이 증가하게 된다.

사진 출처: 네이버 영화.

을 조작하는 것으로, 음식을 얻거나 전기자극을 회피하기 위한 수단 및 도구로서 나타났기 때문에 이를 조작적 조건형성이라 한다.

(1) 강화

강화(reinforcement)란 보상(reward)이나 강화물(reinforcer)이 주는 효과이고, 강화물(reinforcer)이란 강화를 하는 데 쓰이는 물건 또는 자극들이다. 가령 사탕, 돈, 칭찬 등이 흔한 강화물이며, 반응의 빈도를 증가시키는 모든 자극을 의미한다. 일반적으로 사탕이나 돈, 칭찬 등이 행동을 증가시키는 강화물이라고 이해되지만 꼭 그렇지는 않아서, 모든 강화물이 누구에게나 같은 효과를 갖지는 않는다. 가령 유아들에게 사탕은 좋은 강화물이지만, 당뇨병이 있는 어른들에게는 그렇지 않을 수 있기 때문이다. 이는 강화물을 사용하여 학습효과를 높이는 것이 좋지만, 대상이 어떤 것을 강화물로 반응할지 잘 살펴보고 선택적으로 사용하는 것이 필요함을 시사한다.

강화는 어떤 행동에 뒤따르는 사건(결과)이 그 행동을 다시 야기할 가능성을 증가시킬 때마다 일어나는데, 크게 정적 강화와 부적 강화로 나뉜다. 정적 강화(positive reinforcement)란 행동 후 긍정적인 자극을 제시하여 행동의 강도와 빈도를 증가시키는 것으로, 주로 사탕, 돈, 칭찬, 인정 등과 같은 유쾌한 자극, 즉 보상을 줌으로써 강화하는 방법이다. 이에 반해 부적 강화(negative reinforcement)란 행동 후 혐오자극을 제거함으로써 행동의 강도와 빈도를 증가시키는 것이다. 무관심, 소음, 숙제, 비웃음, 부모의 화, 굴욕, 기아 등과 같은 위협적이며 불유쾌한 자극을 제거하기 위하여 어떤 행동을 하게 만드는 것이다. 가령 듣기 싫은 소음이 발생할 때 소음을 없애기 위해서 음악을 이어폰으로 듣는 행동을 증가시켰다면 부적 강화가 일어난 것이다.

스키너의 실험으로 돌아가 적용시켜 본다면, 음식이 주어져서 고양이가 지렛대 누르는 행동을 증가시킨 것은 정적 강화이고, 전기충격이 있을 때 고양이가 지렛대를 누르는 행동을 했더니 전기충격이 제거되었다면 전기충격을 없애기 위해서 지렛대 누르는 행동을 증가시킨 것이기 때문에 부적 강화가 일어난 것이다.

(2) 처벌

정적 강화이든 부적 강화이든 강화는 행동의 빈도를 증가시키는 것인데 반해, 처벌(punishment)은 어떤 행동에 뒤따르는 결과가 그 행동을 다시 야기할 가능성을 감소시킬 때 일어난다. 처벌은 원하지 않는 행동을 감소시키고자 할 때 주어지는 것으로서, 반응의 결과가 따르는 행동의 빈도를 감소시킨다.

처벌은 크게 수여성 처벌(정적 처벌)과 제거성 처벌(부적 처벌)로 나뉜다.

먼저 수여성 처벌(presentation punishment)은 체벌, 전기충격, 큰 소리, 벌점 부과, 과제 부과 등과 같은 혐오스럽고 고통스러운 자극을 제시함으로써 행동을 감소시키는 것을 말한다. 즉, 행동 뒤에 출현하는 자극이 그 행동을 억제하거나 감소시키는 것이다. 가령 지각을 하여 벌점을 받게 되면 다음부터 학생은 벌점을 받지 않으려고 지각하는 행동이 감소할 것이다.

제거성 처벌(removal punishment)은 특정 행동에 대해 긍정 자극을 철회, 제거함으로써 반응의 빈도가 감소하는 것이다. 부모가 학생의 용돈, 핸드폰, 장난감, 게임시간 등을 빼앗는 것이나 외출금지 등이 그 예로서, 제거성 처벌을 '강화로부터의 타임아웃(time out from reinforcement)'이라고 한다.

〈표 12-4〉 자극의 유무와 행동의 증감에 따른 강화와 처벌의 유형 비교

과정 \ 결과	행동의 증가(+): 강화	행동의 감소(-): 처벌
자극의 제시(+)	정적 강화 예) 사탕, 음식, 칭찬, 상, 안아 주기	수여성 처벌 예) 벌점, 과제, 전기쇼크, 체벌, 야단치기
자극의 제거(-)	부적 강화 예) 안전벨트의 소음 제거	제거성 처벌 예) 특권 박탈

영화에 적용하기

정적 강화, 부적 강화, 수여성 처벌, 제거성 처벌이 나타난 장면에 대해서 살펴보자.

- 정적 강화: 이든이 베일리와 함께 생활함으로써 웃음, 기쁨을 얻게 되는 것이 해당된다.

- 부적 강화: 마야가 외로웠을 때, 티노를 입양함으로써 외로움에서 벗어나게 되는 것이 해당된다.

- 수여성 처벌: 불을 지른 토드가 경찰에 잡혀가는 것이 해당된다.
- 제거성 처벌: 베일리가 이든 아버지의 기념주화를 삼켰을 때, 이든의 아버지가 베일리를 집에서 쫓아내서 창고에 있도록 하여 이든과 함께 있는 즐거운 시간을 뺏는 것이 해당된다.

사진 출처: 네이버 영화.

고전적 조건형성의 주요한 개념들이 조작적 조건형성에도 적용될 수 있다.

- 자극의 일반화: 자신이 이전에 학습한 것을 바탕으로 자극의 일반화가 일어난다. 행동에 선행되는 자극은 행동이 수행되면 강화가 일어날 것인가에 원인을 제공하기 때문에 비슷한 자극에 대해서 행동을 학습하게 되면 그와 유사한 자극에 비슷한 행동을 보이는 것을 말한다. 스키너 실험에서 먹이에 대해서 지렛대를 누르는 행동을 학습한 쥐는 비슷한 먹이를 보게 되면 지렛대를 누르는 행동을 하게 되는데, 이것이 자극의 일반화의 예이다.
- 변별: 우리는 어떤 상황(자극)에서 우리의 행동이 강화될 것 같은가 혹은 다른 상황(자극)에서 같은 행동이 강화되지 않을 것인가에 대한 변별을 학습하게 되는데, 이는 자극의 일반화와 반대되는 개념이다. 스키너 실험에서 지렛대를 누르면 항상 먹이가 제시되지만 비슷한 먹이에 대해서는 지렛대를 눌러도 먹이가 제시되지 않기 때문에, 쥐가 스키너 실험에서 제공되는 먹이와 다른 먹이를 변별하게 된다.
- 소거: 반응이 강화를 통해 그것의 빈도가 증가된 이후에 주어진 상황에서 더 이상 강화가 제시되지 않아서 그러한 반응이 강화되는 것이 완전히 중단되면 유사한 상황에 직면할 때 그 반응이 일어날 빈도는 감소될 것이다. 이렇게 형성된 조작행동이 줄어들거나 나타나지 않는 것을 소거라고 말한다. 스키너 실험에서, 실험 상황에서 먹이 없이 실험을 계속한다면 행동에 선행되는 자극은 행동이 수행되면 강화가 일어날 것인가에 원인을 제공하지 않기 때문에 지렛대 누르는 행동이 소멸할 것이다.
- 자발적 회복: 소거 후, 시간간격을 두어 다시 주어진 상황에서 강화를 제시하면 소거된 것으로 보였던 조작행동이 재생되는 현상이다. 스키너 실험에서 소거 후 일정 시간이 지나고 나서 지렛대 누르는 장치와 먹이를 보여 주면 다시 먹이를 얻기 위해서 지렛대 누르는 행동이 회복되는 것이 그 예이다.

정적 강화. 자극의 일반화. 변별. 소거. 자발적 회복이 나타난 장면에 대해서 살펴보자.

조작적 조건형성으로 '이든이 럭비공을 던지면 베일리가 점프하면서 잡아서 물고 이든에게 돌아오는 행동'을 적용해 보자.

• 정적 강화는 베일리가 럭비공을 점프하면서 잡아서 물고 이든에게 왔더니 이든이 머리를 쓰다듬는 강화물을 제시하는 것이다.

• 자극의 일반화는 베일리가 럭비공과 비슷한 공을 보면 점프하면서 잡아서 물고 돌아오는 행동을 하는 것이다.

• 변별은 럭비공을 물고 돌아오면 이든이 머리를 쓰다듬는 행동을 하지만 다른 공을 물고 왔을 때에는 머리를 쓰다듬어 주는 행동을 하지 않는다면. 베일리가 두 개의 공을 구별하게 되는 것이다.

• 소거는 럭비공을 물고 돌아와도 이든이 더 이상 머리를 쓰다듬는 행동을 하지 않는다면. 럭비공을 점프하면서 잡아서 물고 오는 행동이 사라지는 것이다.

• 자발적 회복은 소거 후 중년의 이든을 다시 만나게 되니 베일리가 럭비공을 점프하면서 잡아서 물고 오는 행동이 다시 일어나는 것이다.

사진 출처: 네이버 영화.

활동문제

활동 1. 고전적 조건형성의 원리를 적용한 예를 써 보고, 자극 일반화, 변별, 소거, 자발
적 회복을 적용하여 써 보자.

단계	세부과정
1단계 조건형성 이전	(무조건자극) → (무조건반응) (중성자극) →
2단계 연합과정 (조건화 형성과정)	+ (중성자극) (무조건자극) → (무조건반응)
3단계 조건형성 완성	(조건자극) → (조건반응)
자극 일반화	
변별	
소거	
자발적 회복	

활동 2   조작적 조건형성의 원리를 적용한 예를 써 보고, 정적 강화, 자극의 일반화, 변별, 소거, 자발적 회복을 적용하여 써 보자.

단계	세부과정
정적 강화	
자극의 일반화	
변별	
소거	
자발적 회복	

활동 3. 고전적 조건형성, 조작적 조건형성, 정적 강화, 부적 강화, 수여성 처벌, 제거성 처벌, 자극의 일반화, 변별, 소거, 자발적 회복 개념이 잘 나타난 영화에 대해서 자유롭게 적어 보자.

	영화 제목	구체적인 내용
고전적 조건형성		
조작적 조건형성		
정적 강화		
부적 강화		
수여성 처벌		
제거성 처벌		
자극의 일반화		
변별		
소거		
자발적 회복		

제12장 베일리 어게인: 행동주의 이론

탐색문제

1. 여러분의 습관(예: 흡연, 미루기, 지각, 늦잠 자기, 손톱 물어뜯는 행동, 폭식 등) 중 하나를 선택하여 그러한 습관들이 어떻게 조건형성되었는지를 써 보자.

2. 여러분의 습관(예: 흡연, 미루기, 지각, 늦잠 자기, 손톱 물어뜯는 행동, 폭식 등) 중 하나를 선택하여 지금 현재 가지고 있는 습관을 어떻게 바꿀 수 있는지를 행동주의 개념(강화, 처벌, 고전적 조건형성, 조작적 조건형성 등)과 함께 구체적인 계획을 세워 보자.

3. 행동주의 이론으로 영화를 볼 때 흥미롭고 도움이 되는 점에 대해서 생각해 보자.

4. 행동주의 이론을 배운 후 스스로에 대해서 알게 된 몇 가지 중요한 사항은 무엇이 있는지에 대해서 생각해 보자.

부록

심리에 관련된 영화

1. 한국심리학회(koreanpsychology.or.kr) 추천 영화

1	전쟁, 유태인학살, 무기력	〈피아니스트 (The Pianist)〉 (2015 재개봉)	
2	사춘기, 성장	〈보이후드(Boyhood)〉 (2014)	

3	감정	〈인사이드 아웃 (Inside Out)〉(2015)
4	심리상담, 심리치료	〈굿 윌 헌팅 (Good Will Hunting)〉 (2016 재개봉)
5	삶의 가치와 의미	〈포레스트 검프 (Forrest Gump)〉 (2016 재개봉)
6	희망, 우정, 9 · 11 사건	〈레인 오버 미 (Reign Over Me)〉 (2007)

7	정신분열증	〈셔터 아일랜드 (Shutter Island)〉 (2010)	
8	강박증	〈이보다 더 좋을 순 없다 (As Good As It Gets)〉 (1998)	
9	정신분열증	〈뷰티풀 마인드 (A Beautiful Mind)〉 (2002)	
10	인간의 사악함	〈파리대왕 (Lord of the Flies)〉 (1992)	

사진 출처: 네이버 영화.

2. 『Movie and Mental Illness』(Danny Wedding, Mary Ann Boyd, Ryan M. Niemiec) 속 추천 영화

1	강박장애	〈에비에이터(The Aviator)〉(2005)
		〈매치스틱 맨(Matchstick Men)〉(2003)
		〈추한 사랑(Dirty Filthy Love)〉(2005)
		〈이보다 더 좋을 순 없다(As Good As It Gets)〉(1998)
2	외상 후 스트레스 장애	〈7월 4일생(Bom on the Fourth of July)〉(1990)
3	공황장애	〈파인딩 포레스터(Finding Forrester)〉(2001)
4	공포증	〈현기증(Vertigo)〉(1958)
		〈엘링(Elling)〉(2001)
		〈배트맨 비긴즈(Betman Begins)〉(2005)
		〈카사블랑카여, 다시 한번(Play It Again, Sam)〉(1972)
5	해리장애	〈싸이코(Psycho)〉(1962)
		〈언노운 화이트 메일(Unknown White Male)〉(2005)
		〈파리, 텍사스(Paris, Texas)〉(1984)
		〈악몽(Sybil)〉(1976)
		〈프라이멀 피어(Primal Fear)〉(1996)
6	신체형 장애	〈페르소나(Persona)〉(2013)
		〈신의 아그네스(Agnes of God)〉(1987)
		〈한나와 그 자매들(Hannah and Her Sisters)〉(1986)
		〈세이프(Safe)〉(1995)
		〈건축가의 배(The Belly of an Architect)〉(1987)
7	심리적 스트레스와 신체적 장애	〈잠수종과 나비(The Diving Bell and the Butterfly)〉(2008)
		〈천사의 아이들(In America)〉(2002)
		〈워터 댄스(The Waterdance)〉(1992)
		〈듀엣 포 원(Duet for One)〉(1988)
		〈신부의 아들(Son of the Bride)〉(2001)
		〈필라델피아(Philadelphia)〉(1994)

		〈트랜스 시베리아(Transsiberian)〉(2012)
		〈뮤직 위딘(Music Within)〉(2007)
		〈스테이션 에이전트(The Station Agent)〉(2006)
		〈오아시스(Oasis)〉(2002)
8	양극성 장애	〈블루 스카이(Blue Sky)〉(1994)
		〈미스터 존스(Mr. Jones)〉(1994)
		〈마이클 클레이튼(Michael Clayton)〉(2007)
9	우울증	〈더 비지터(The Visitor)〉(2012)
		〈여인의 향기(Scent of A Woman)〉(1993)
		〈아메리칸 스플렌더(American Splender)〉(2003)
10	자살	〈모래와 안개의 집(House of Sand and Fog)〉(2005)
		〈디 아워스(The Hours)〉(2003)
		〈죽은 시인의 사회(Dead Poets Society)〉(1990)
		〈세븐 파운즈(Seven Pounds)〉(2009)
11	성격장애	〈노인을 위한 나라는 없다(No Country for old Men)〉(2008)
		〈리플리(The Talented Mr. Ripley)〉(2000)
		〈선셋 대로(Sunset Boulevard)〉(1950)
		〈별난 커플(The Odd Couple)〉(1968)
		〈노트 온 스캔들(Notes on a Scandal)〉(2006)
		〈위험한 정사(Fatal Attraction)〉(1988)
		〈아메리칸 뷰티(American Beauty)〉(2000)
		〈시계태엽 오렌지(A Clockwork Orange)〉(1971)
		〈바틀바이(Bartleby)〉(2001)
		〈찰리와 초콜릿 공장(Charlie and the Chocolate Factory)〉(2005)
12	정신분열병과 망상장애	〈샤인(Shine)〉(1997)
		〈스위티(Sweetie)〉(1995)
		〈클린, 쉐이번(Clean, Shaven)〉(1994)
		〈탄생(Birth)〉(2004)
		〈스파이더(Spider)〉(2005)

		〈뷰티풀 마인드(A Beautiful Mind)〉(2002)
		〈캔버스(Canvas)〉(2006)
		〈내겐 너무 사랑스러운 그녀(Lars and the Real Girl)〉(2008)
		〈어두운 유리를 통해(Through a Glass Darkly)〉(1961)
		〈히 러브스 미(He loves Me, He loves Me Not)〉(2003)
13	두부외상	〈메멘토(Memento)〉(2001)
		〈분노의 주먹(Raging Bull)〉(1980)
		〈워터프론트(On the Waterfront)〉(1956)
		〈룩아웃(The Lookout)〉(2007)
14	치매	〈아이리스(Iris)〉(2002)
		〈어웨이 프롬 허(Away from Her)〉(2008)
		〈야만인들(The Savages)〉(2007)
		〈마틴을 위한 노래(A Song for Martin)〉(2001)
		〈알츠하이머 케이스(The Memory of a Killer)〉(2005)
		〈노트북(The Notebook)〉(2004)
15	적대적 반항장애와 품행장애	〈라이프 애즈 어 하우스(Life as a House)〉(2001)
		〈마이 퍼스트 미스터(My First Mister)〉(2004)
		〈코러스(The Chorus)〉(2005)
		〈13살의 반란(Thirteen)〉(2003)
		〈키즈(Kids)〉(1995)
16	주의력 결핍 과잉행동장애	〈썸서커(Thumbsucker)〉(2005)
17	역기능적 가족	〈화니와 알렉산더(Fanny and Alexander)〉(1996)
		〈리틀 미스 선샤인(Little Miss Sunshine)〉(2006)
		〈판의 미로(Pan's Labyrinth)〉(2006)
18	아동기 정신분열병	〈푸줏간 소년(The Butcher Boy)〉(1999)
19	정신지체	〈포레스트 검프(Forrest Gump)〉(1994)
		〈니키와 지노(Dominick and Eugene)〉(1991)
		〈아이 엠 샘(I am Sam)〉(2002)

		〈폴린느와 폴레트(Pauline and Paulette)〉(2001)
		〈더 링어(The Ringer)〉(2005)
		〈생쥐와 인간(Of Mice and Men)〉(1992)
20	자폐증	〈레인맨(Rain Man)〉(1989)
		〈모짜르트와 고래(Mozart and the Whale)〉(2007)
		〈브레이킹 앤 엔터링(Breaking and Entering)〉(2006)
		〈검은 풍선(The Black Balloon)〉(2008)
21	수면장애	〈머시니스트(The Machinist)〉(2005)
		〈인썸니아(Insomnia)〉(2002)
22	섭식장애	〈첫사랑(Primo Amore)〉(2004)
		〈처음 만나는 자유(Girl, Interrupted)〉(2000)
23	충동조절장애	〈오닝 마호이(Owning Mahowny)〉(2003)
		〈절도광(Klepto)〉(2003)
		〈해피 고 럭키(Happy Go-Lucky)〉(2008)
		〈오스카와 루신다(Oscar and Lucinda)〉(1997)
24	적응장애	〈멋진 인생(It's a Wonderful Life)〉(1946)
		〈미스언더스탠드(The Upside of Anger)〉(2008)
25	폭력과 신체적, 성적 학대	〈전사의 후예(One were Warriors)〉(1995)
		〈폭력의 역사(A History of Violence)〉(2007)
		〈시계태엽 오렌지(A Clockwork Orange)〉(1971)
		〈호텔 르완다(Hotel Rwanda)〉(2006)
		〈시티 오브 갓(City of God)〉(2005)
		〈쉰들러 리스트(Schindler's List)〉(1994)
		〈미스틱 리버(Mystic River)〉(2003)
		〈피고인(The Accused)〉(1989)
		〈몬스터(Monster)〉(2004)

26	치료	〈케이 팩스(K-Pax)〉(2003)
		〈보통 사람들(Ordinary People)〉(1980)
		〈친밀한 타인들(Intimate Strangers)〉(2006)
		〈굿 윌 헌팅(Good will Hunting)〉(1998)
		〈칼리가리 박사의 밀실(The Cabinet of Dr. Caligary)〉(1920)
		〈데이빗 앤 리사(David and Lisa)〉(1962)
		〈뻐꾸기 둥지 위로 날아간 새(One Flew Over the Cookoo's Nest)〉(1977)
		〈스네이크 핏(The Snake Pit)〉(1948)
		〈내겐 너무 사랑스러운 그녀(Lars and the Real Girl)〉(2008)
		〈앤트원 피셔(Antwone Fisher)〉(2003)

3. 영상영화치료학회 선정 힐링 시네마

영상영화치료학회(http://cinematherapy.co.kr)에서 소개한 힐링 시네마 열 편을 연도별로 소개하도록 하겠다.

2021년도	
1위	〈노매드랜드(Nomadland)〉(2020)
2위	〈세자매〉(2020)
3위	〈자산어보〉(2019)
4위	〈미나리〉(2020)
5위	〈루카(Luka)〉(2016)
6위	〈소울(Soul)〉(2021)
7위	〈혼자 사는 사람들〉(2021)
8위	〈갈매기〉(2021)
9위	〈기적〉(2020)
10위	〈너에게 가는 길〉(2021)

2020년도	
1위	〈찬실이는 복도 많지〉(2019)
2위	〈작은 아씨들(Little Women)〉(2019)
3위	〈미안해요, 리키(Sorry We Missed You)〉(2019)
4위	〈빈폴(Beanpole)〉(2019)
5위	〈뷰티풀 데이 인 더 네이버후드(A Beautiful Day in the Neighborhood)〉(2019)
6위	〈남매의 여름밤〉(2019)
7위	〈주디(Judy)〉(2019)
8위	〈카잔자키스(Kazantzakis)〉(2018)
9위	〈파티마의 기적(Fatima)〉(2020)
10위	〈페인 앤 글로리(Pain and Glory)〉(2019)

2018년도	
1위	〈코코(Coco)〉(2017)
2위	〈리틀 포레스트〉(2018)
3위	〈1987〉(2017)
4위	〈셰이프 오브 워터(The Shape of Water)〉(2017)
5위	〈소공녀〉(2018)
6위	〈미쓰백〉(2018))
7위	〈신과 함께: 인과 연〉(2018)
8위	〈레이디 버드(Lady Bird)〉(2018)
9위	〈어느 가족(Shoplifters)〉(2018)
9위	〈완벽한 타인〉(2018)
9위	〈보헤미안 랩소디(Bohemian Rhapsody)〉(2018)

*특별언급: 〈로마(Roma)〉(2018)

〈버닝(Burning)〉(2018)

2017년도	
1위	〈매기스 플랜(Maggie's Plan)〉(2015)
2위	〈맨체스터 바이 더 씨(Manchester by the Sea)〉(2016)
3위	〈7번째 내가 죽던 날(Before I Fall)〉(2017)
4위	〈괜찮아요, 미스터브래드(Brad's Status)〉(2017)
5위	〈덩케르크(Dunkirk)〉(2017)
6위	〈문라이트(Moonlight)〉(2016)
7위	〈파도가 지나간 자리(The Light Between Oceans)〉(2016)
8위	〈아이 캔 스피크〉(2017)
9위	〈택시운전사〉(2017)
10위	〈내가 죽기 전에 가장 듣고 싶은 말(The Last Word)〉(2017)

2015년도	
1위	〈인사이드 아웃(Inside Out)〉(2015)
2위	〈내일을 위한 시간(Two Days One Night)〉(2014)
3위	〈포스 마쥬어: 화이트 베케이션〉(2014)
4위	〈화장〉(2014)
5위	〈위플래쉬〉(2014)
6위	〈스틸 앨리스(Still Alice)〉(2014)
7위	〈와일드(Wild)〉(2014)
8위	〈빅 히어로(Big Hero 6)〉(2014)
9위	〈위 아 영(While We're Young)〉(2014)
10위	〈땡큐, 대디(The Finishers)〉(2014)

2014년도	
1위	〈님아 그 강을 건너지 마오〉(2014)
2위	〈비긴 어게인(Begin Again)〉(2013)
3위	〈동경가족(Tokyo Family)〉(2013)
4위	〈와즈다〉(2012)
5위	〈국제시장〉(2014)
6위	〈안녕, 헤이즐(The Fault in Our Stars)〉(2014)
7위	〈Her〉(2013)
8위	〈수상한 그녀〉(2014)
9위	〈마담 프루스트의 비밀정원(Attila Marcel)〉(2013)
10위	〈보이후드(Boyhood)〉(2014)

2013년도	
1위	〈라이프 오브 파이(Life of Pi)〉(2012)
2위	〈러스트 앤 본(Rust & Bone)〉(2012)
3위	〈송 포 유(A Song for You)〉(2012)
4위	〈파파로티〉(2012)
5위	〈올 이즈 로스트(All Is Lost)〉(2013)
6위	〈변호인〉(2013)
7위	〈어바웃 타임(About Time)〉(2013)
8위	〈마지막 사중주(A Late Quartet)〉(2012)
9위	〈그렇게 아버지가 된다(Like Father, Like Son)〉(2013)
10위	〈그래비티(Gravity)〉(2013)

4. 『영화치료의 기초: 이해와 활용』(김은하 외, 2016) 속 추천 영화

1) 가족상담 장면에 유용한 영화 목록

1	가족소개, 가족의 의미 탐색	〈길버트 그레이프(What's Eating Gilbert Grape)〉(1994)
		〈좋지 아니한가〉(2007)
		가족 시네마 중 〈순환선〉(2012)
		〈가족의 탄생〉(2006)
		〈그렇게 아버지가 된다(Like Father, Like Son)〉(2013)
2	남녀의 차이, 만남 그리고 결혼	〈해리가 샐리를 만났을 때(When Harry Met Sally…)〉(1989)
		〈오만과 편견(Pride and Prejudice)〉(2006)
		〈건축학개론〉(2012)
		〈봄날은 간다〉(2001)
3	가족생활주기	〈Story of Us〉(2000)
4	양육박탈	〈마음이〉(2006)
		〈집으로〉(2002)
		〈아무도 모른다(Nobody Knows)〉(2005)
5	장애를 가진 가족	〈말아톤〉(2005)
		〈나의 왼발(My Left Foot)〉(1991)
		〈블랙(Black)〉(2009)
6	새로운 가족의 동향	〈스텝맘(Stepmom)〉(1999)
		〈완득이〉(2011)
7	가정폭력	〈똥파리〉(2009)
		〈빈집〉(2004)

8	상실	〈그대를 사랑합니다〉(2011)
		〈친정엄마〉(2010)
		〈애자〉(2009)
		〈그 남자가 아내에게(A Good Husband)〉(2010)
9	치매	〈세상에서 가장 아름다운 이별〉(2011)
		〈그대를 사랑합니다〉(2011)
		〈노트북(The Notebook)〉(2004)
10	경험적 가족상담	〈우리들의 행복한 시간〉(2006)
11	다세대 중심 가족상담	〈샤인(Shine)〉(1997)

2) 진로상담 장면에 유용한 영화 목록

1	과학자	〈바이센테니얼 맨(Bicentennial Man)〉(2000)
		〈아일랜드(The Island)〉(2005)
		〈투모로우(The Day After Tomorrow)〉(2004)
		〈쥬라기 공원(Jurassic Park)〉(1993)
		〈콘택트(Contact)〉(1997)
		〈점퍼(Jumper)〉(2008)
2	의사나 간호사	〈패치 아담스(Patch Adams)〉(1999)
		〈닥터 모로의 DNA(The Island Of Dr. Moreau)〉(1997)
		〈진주만(Pearl Harbor)〉(2001)
		〈닥터 지바고(Doctor Zhivago)〉(1978)
		〈유망의생(Doctor Mack)〉(1995)
		〈사랑의 기적(Awakenings)〉(1991)
		〈무기여 잘 있거라(A Farewell To Arms)〉(1962)
		〈감기〉(2013)

3	경찰관	〈살인의 추억〉(2003)
		〈마이 뉴 파트너〉(2008)
		〈인정사정 볼 것 없다〉(1999)
		〈공공의 적〉(2002)
4	기자	〈리틀 빅 히어로(Accidental Hero)〉(1993)
		〈더 페이퍼(The Paper)〉(1994)
		〈로마의 휴일(Roman Holiday)〉(1955)
		〈대통령의 음모(All the President's Men)〉(1976)
5	음악가	〈피아노의 숲(The Piano Forest)〉(2008)
		〈아마데우스(Amadeus)〉(1985)
		〈지휘자를 위한 1분(One Minute for Conductors)〉(2014)
		〈피아니스트의 전설(The Legend Of 1900)〉(2002)
		〈도리화가〉(2015)
6	화가	〈반 고흐: 위대한 유산(The Van Gogh Legacy)〉(2014)
		〈파리의 고갱(The Wolf At The Door)〉(1986)
		〈로빙화(魯氷花: The Dull-Ice Flower)〉(1993)
		〈프리다(Frida)〉(2003)
		〈미인도〉(2008)

3) 영화 속 이색 직업

	영화	직업
1	〈스카우트〉(2007)	선수 스카우터
2	〈어린왕자(The Little Prince)〉(2015)	폴리 아티스트
3	〈아마겟돈(Armageddon)〉(1998)	유정굴착 전문가
4	〈어바웃 어 보이(About A Boy)〉(2002)	아동심리 음악치료사
5	〈미녀는 괴로워〉(2006)	연예기획사 매니저

6	〈데이브(Dave)〉(1993)	대통령
7	〈빌리 엘리어트(Billy Elliot)〉(2001)	발레리노
8	〈결혼하고도 싱글로 남는 법(Prête-moi ta main)〉(2007)	조향사
9	〈광식이 동생 광태〉(2005)	예술제본가
10	〈셜록 홈즈(Sherlock Holmes)〉(2009)	탐정
11	〈시암 썬셋(Siam Sunset)〉(2000)	컬러리스트
12	〈인 디 에어(Up In The Air)〉(2010)	해고 전문가
13	〈키친〉(2009)	양산 디자이너
14	〈봄날은 간다〉(2001)	사운드 엔지니어
15	〈내 남자친구의 결혼식(My Best Friend's Wedding)〉(1997)	음식 평론가
16	〈인사동 스캔들〉(2009)	미술품 복원 전문가

4) 적성 요인을 설명할 수 있는 영화 목록

1	언어력	소설가	〈은교〉(2012)
		시인	〈시〉(2010)
2	수리력		〈뷰티풀 마인드(A Beautiful Mind)〉(2002)
			〈굿 윌 헌팅(Good Will Hunting)〉(1998)
3	추리력		〈양들의 침묵(The Silence Of The Lambs)〉(1991)
			〈셜록 홈즈(Sherlock Holmes)〉(2009)
4	공간능력		〈건축학개론〉(2012)
5	지각능력		〈인사동 스캔들〉(2009)
6	과학능력		〈퀴리 부인(Madame Curie)〉(1946)
7	집중능력		〈스톤〉(2014)
8	색채능력		〈시암 썬셋(Siam Sunset)〉(2000)
9	사고능력		〈왓 위민 원트(What Women Want)〉(2001)

5. 『영화 심리학: 영화로 전해주는 마음 이야기』(소희정, 2019) 속 추천 영화

1	인지행동적 접근 영화	〈프리 라이터스 다이어리(Freedom Writers)〉(2007)
		〈소울 서퍼(Soul Surfer)〉(2011)
2	정신분석적 접근 영화	〈몬스터 콜(A Monster Calls)〉(2017)
3	정서중심적 접근 영화	〈조커(Joker)〉(2019)
		〈데몰리션(Demolition)〉(2016)
		〈결혼 이야기(Marriage Story)〉(2019)
		〈벌새〉(2019)
4	인간중심 접근영화	〈굿 윌 헌팅(Good Will Hunting)〉(1998)
5	매슬로의 자아실현 영화	〈김씨 표류기〉(2009)
6	실존주의 접근 영화	〈체리 향기(Ta'm E Guilass)〉(1998)
7	의미치료 접근 영화	〈잠수종과 나비(The Diving Bell And The Butterfly)〉(2008)
8	대상관계적 접근 영화	〈인사이드 아웃(Inside Out)〉(2015)
9	교류분석적 접근 영화	〈대학살의 신(Carnage)〉(2012)

참고문헌

고려대학교 부설 행동과학연구소 편(2009). 심리척도 핸드북. 서울: 학지사.

권석만(2005). 젊은이를 위한 인간관계 심리학. 서울: 학지사.

권석만(2012). 현대 심리치료와 상담이론. 서울: 학지사.

김계현(1995). 상담심리학. 서울: 학지사.

김수지(2005). 대인관계 향상을 위한 상호작용적 영화치료의 효과. 고려대학교 대학원 박사학위논문.

김유숙, 박승호, 김충희, 김혜련(2007). 자기실현과 정신건강. 서울: 학지사.

김은하, 김은지, 방미나, 배정우, 이승수, 조원국, 주순희(2016). 영화치료의 기초: 이해와 활용. 서울: 박영사.

노안영, 강영신(2005). 성격심리학. 서울: 학지사.

류현수, 이정숙, 김주아(2007). 가족관계와 복지. 서울: 동문사.

민경환(1995). 성격, 정서 및 동기. 권석만 외 공저, 심리학개론(pp. 240-275). 서울: 박영사.

소희정(2019). 영화 심리학: 영화로 전해주는 마음 이야기. 서울: 박영story.

이경남(2013). 기독청년의 내적 치유를 위한 영화치료 경험에 관한 연구. 서울신학대학교상담대학원 석사학위논문.

이장호, 금명자(2004). 상담연습교본. 서울: 법문사.

이종목, 이계윤, 김광운(2003). 스트레스를 넘어 건강한 삶 가꾸기. 서울: 학지사.

장성화(2009). 쉽게 풀어 쓴 인간관계론. 서울: 동문사.

Anderson, D. D. (1992). Using feature films as tools for analysis in a psychology and law course. *Teaching of Psychology, 19*(3), 155-158.

Anderson, N. (1968). Likableness ratings of 555 personality-trait words. *Journal of*

Personality and Social Psychology, 9, 272-279.

Ansbacher, H. L., & Ansbacher, R. R. (Ed.). (1964). *The individual psychology of Alfred Adler*. New York: Harper & Row.

Argyle, M., & Henderson, M. (1984). The rules of friendship. *Journal of Social and Personal Relationships, 1*(2), 211-237.

Aronson, E., & Linder, D. (1965). Gain and loss of esteem as determinants of interpersonal attractiveness. *Journal of Experimental and Social Psychology, 66*, 583-588.

Bandura, A. (1977). *Social learning theory* (2nd ed.). Englewood Cliffs, NJ: Prentice-Hall.

Baumgardner, S. R., & Crothers, M. K. (2008). *Positive Psychology*. 안신호, 이진환, 신현정, 홍창희, 정영숙, 이재식, 서수균, 김비아 공역(2009). 긍정심리학. 서울: 시그마프레스.

Bowlby, J. (1969). *Attachment and loss, Vol. 1: Attachment*. New York: Basic Books.

Buber, M. (1923). *Ich und Du*. 표재명 역(2001). 나와 너. 서울: 문예출판사.

Buber, M. (1923). Ich und Du, trans. Andreas Schmidt. Online. Available HTTP: http://www.buber.de/de/index. html (accessed 7 March 2000).

Bulter, L, D., & Palesh, O. (2004). Spellbound: Dissociation. *Journal of Trauma & Dissociation, 5*, 61-87.

Burger, J. M. (2000). *Personality* (5th ed.). New York: Collier Books.

Cape, G. S. (2003). Addiction, stigma and movies. *Acta Psychiatrica Scandinavica, 107*(3), 163-169.

Dickens, W. J., & Perlman, D. (1981). Friendship over the life-cycle. *Personal Relationships, 2*, 91-122.

Gergen, K. J. (1991). *The saturated self: Dilemmas of identity in contemporary life*. New York: Basic Books.

Hjelle, L. A., & Ziele, D. J. (1992). *Personality theories: Basic assumptions, research, and applications* (3rd ed.). New York: McGraw-Hill.

Jourard, S. (1971). *Self-disclosure*. New York: Wiley.

Koch, G., & Dollarhide, C. (2000). Using a popular film in counselor education:

Good Will Hunting as a Teaching Tool. *Counselor Education and Supervision, 39*, 203–210.

Marcia, J. E. (1966). Development and validation of ego-identity status. *Journal of Personality and Social Psychology, 3*(5), 551.

Mosak, H, H., & Drekurs, R. (1967). The life tasks III, the fifth life task. *Individual Psychologist, 5,* 16–22.

Park, N., & Peterson, C. (2005). The Values in Action Inventory of Character Strengths for Youth. In K. A. Moore & L. H. Lippman (Eds.), *What do children need to flourish? Conceptualizing and measuring indicators of positive development* (pp. 13–23). New York: Springer.

Park, N., Peterson, C., & Seligman, M. E. P. (2004). Strengths of character and well-being. *Journal of Social and Clinical Psychology, 23,* 603–619.

Park, N., Peterson, C., & Seligman, M. E. P. (2005). Strengths of character and well-being among youth, Unpublished manuscript. University of Rhode Island.

Peterson, C. (2006). *A primer in positive psychology.* New York: Oxford University Press.

Pines, A., & Aronson, E. (1983). Antecedents, Correlates, and Consequences of Sexual Jealously. *Journal of Personality, 51,* 108–136.

Plutchik, R. (1980). *Emotion: A psychoevolutionary synthesis.* New York: Harper & Row.

Rogers, C. R. (1951). *Client-centered therapy: Its current practice, implicationns, and theory.* Boston: Houghton Mifflin Company.

Seligman, M. E. P. (2002). Positive psychology, positive prevention, and positive therapy. In C. R. Snyder, & S. J. Lopez (Eds.), *Handbook of positive psychology* (pp. 3–9). London: Oxford University Press.

Seligman, M. E. P., Rashid, T., & Parks, A. C. (2006). Positive psychology. *American Psychologist, 11,* 774–788.

Seligman, M. E. P., Steen, T. A., Park, N., & Peterson, C. (2005). Positive psychology progress: Empirical valuation of interventions. *American Psychologist, 60,* 410–421.

Sharf, R. S. (2000). *Theories of psychotherapy & counseling* (2nd ed). Pacific Grove: Brooks/Cole Publishing Company.

Watson, J. B. (1925). *Behaviorism*. New York: Norton.

Watson, J. B., & Rayner, R. (1920). Conditional emotional reactions. *Journal of Experimental Psychology, 3*, 1-4.

Wedding, D., Boyd, M. A., & Niemiec, R. M. (2010). *Movies And Mental Illness* (3rd ed.). 곽호완, 장문선, 구본훈, 배대석 공역(2012). 영화와 심리학. 서울: 학지사.

Weitn, W., Lloyd, M. A. Dunn, D. S., & Hammer, E. Y. (2008). *Psychology Applied to Modern Life*. 김정희, 강혜자, 이상빈, 박세영, 권혁철 공역(2009). 생활과 심리학. 서울: 시그마프레스.

Wolz, B. (2005). *E-motion Picture Magic: A Movie Lover's Guide to Healing and Transformation*. 심영섭, 김준형, 김은하 공역(2004). 시네마 테라피. 서울: 을유문화사.

네이버 영화 https://movie.naver.com

한국심리학회 http://www.koreanpsychology.or.kr

한국영상영화치료학회 http://www.cinematherapy.co.kr

찾아보기

저자 소개

김은영(Kim, Eun Young)
이화여자대학교 교육심리학과 학사
이화여자대학교 교육심리학과 석사(상담전공)
독일 Erlangen-Nürnberg 대학교 심리학과 박사 수료
이화여자대학교 심리학과 박사(상담전공)
상담심리 전문가 1급(한국심리학회)
여성심리 전문가 1급(한국심리학회)
동서울대학교 학생상담센터 상담책임교수 역임
현 동서울대학교 교양교육센터 교수

주요 저서

교육학 이해: 교육심리학적 측면(공저, 동문사, 2010)
인간관계의 이해와 적용(동문사, 2015)
상담으로 극복하는 섭식장애(내하출판사, 2018)

심리학자가 보는
영화 속 심리
Psychology in the Movie

2022년 8월 20일 1판 1쇄 인쇄
2022년 8월 30일 1판 1쇄 발행

지은이 • 김은영
펴낸이 • 김진환
펴낸곳 • ㈜ **학지사**

04031 서울특별시 마포구 양화로 15길 20 마인드월드빌딩
대표전화 • 02-330-5114   팩스 • 02-324-2345
등록번호 • 제313-2006-000265호

홈페이지 • http://www.hakjisa.co.kr
페이스북 • https://www.facebook.com/hakjisabook

ISBN 978-89-997-2724-5 03180

정가 20,000원

출판미디어기업 학지사

간호보건의학출판 **학지사메디컬** www.hakjisamd.co.kr
심리검사연구소 **인싸이트** www.inpsyt.co.kr
학술논문서비스 **뉴논문** www.newnonmun.com
교육연수원 **카운피아** www.counpia.com